Paul Brand & Philip Yancey
Alfred Salomon (Hrsg.)

DU HAST MICH WUNDERBAR GEMACHT

Paul Brand & Philip Yancey

Du hast mich wunderbar gemacht

Herausgegeben und ins Deutsche übertragen von
Alfred Salomon

Illustrationen von
Charles Shaw

BURG VERLAG Stuttgart · Bonn

Ursprünglich in den USA erschienen unter dem Titel:
FEARFULLY AND WONDERFULLY MADE

ISBN 3-922801-54-4

Verlagsauslieferung: BURG VERLAG, Untere Au 41,
7123 Sachsenheim 3, Tel.: (0 71 47) 60 91
Schutzumschlag: Helm Renz, Haan
Herstellung: Ebner Ulm

Inhalt

Denn du hast meine Nieren bereitet
und hast mich gebildet im Mutterleib.
Ich danke dir dafür,
daß ich wunderbar gemacht bin.

Psalm 139, 13-14

Zur deutschen Übersetzung

Man kann wortwörtlich übersetzen. Und man kann sinngemäß ins Deutsche übertragen. Das ist dann zugleich eine schriftstellerische Aufgabe. Sie ist dann als gelungen zu bezeichnen, wenn man ihr die fremdsprachliche Vorlage nicht mehr anmerkt. Wenn der Leser das Gefühl hat, dem Buch liege das Manuskript eines deutschen Autors zugrunde.

Ich bin Schriftsteller und nicht Übersetzer. Ich habe mich deshalb bemüht, das, was der Autor im englischen Sprachtext zu Papier gebracht hat, so ins Deutsche zu übertragen, daß der Leser das hier Gedruckte als seine eigene, deutsche Sprache empfindet. Diese Übertragung ist also – das muß ich bekennen – von meinem persönlichen Stil geprägt.

Doch auch zum Inhaltlichen muß ich etwas sagen. Die angelsächsische Christenheit ist geschichtlich andere Wege geführt worden als wir. Darum haben Bilder, die wir gemeinsam verwenden, inhaltlich oft eine andere Bedeutung gewonnen. Das gilt auch für die in der Theologie verwendeten Bilder und Begriffe. Akzente sind hier und dort verschieden gesetzt.

Ich habe darum auch theologisch nicht starr übersetzt, sondern übertragen. Ich habe dabei darauf geachtet, daß das, was Dr. Brand dem Sinne nach meint, nicht verfälscht wird. Doch ich habe die theologischen Inhalte in den Zusammenhang deutscher lutherischer Theologie gestellt.

Das gilt auch für das Hauptthema „Leib Christi auf Erden". Brand und Yancey malen das Bild holzschnittartiger aus. Sie vertreten – so könnte man überspitzt sagen – so etwas wie eine paulinische Christusmystik. Wir können das so schwer nachvollziehen. Ich bin darum bei der Übertragung dieses Bildes mehr den Spuren Luthers gefolgt. Ich hoffe aber, gerade damit der evangelistischen Absicht Brands zu dienen.

Alfred Salomon

Vorwort

Abgesehen von diesem Vorwort ist die Person, die da im Ichstil berichtet, Dr. Paul Brand. Dieses Buch ist ganz aus seiner Sicht heraus geschrieben. Doch geht es hier keineswegs zu wie bei vielen Büchern, bei denen ein Koautor genannt ist. Dieses Buch nämlich ist nicht in jenem „Wie-er-mir-sagte"-Stil geschrieben. Nun, ich lasse Paul Brand selbst zu Wort kommen.

Ich begegnete Dr. Brand zum ersten Mal, als ich Informationen für mein Buch „Wo ist Gott, wenn's wehtut?" einholte. Sein medizinisches Wissen auf dem Gebiet der Schmerzforschung ist unbestritten. Seine siebzehnjährige Pionierarbeit in Indien hat für die Lepraforschung bahnbrechend gewirkt. Auch als Chirurg und Spezialist für Rehabilitation genießt er Weltruf. Für seine Leistungen erhielt er den Albert-Lasker-Preis und wurde von Königin Elizabeth zum „Commander of the British Empire" ernannt.

Diese Fakten waren mir schon bekannt, bevor ich Dr. Brand im Aussätzigen-Hospital Carville, Louisiana, besuchte, wo er jetzt lebt und wirkt. Es war mir zu jener Zeit unbekannt, wieweit sein Denken und Handeln von seinem Christenglauben bestimmt sind. Immerhin hatte ich gehört, daß er sich als passionierter Wissenschaftler, Vogelkundler, Bergsteiger und biologischer Gärtner bemüht, das Naturgesetz mit dem göttlichen Gesetz in Einklang zu bringen.

Bei meinem zweiten Besuch brachte Dr. Brand zögernd ein Manuskript von neunzig Seiten zum Vorschein. Es war zum Teil mit der Maschine geschrieben, zum Teil aber auch in seiner typischen „Doktorklaue“. Es war eine Niederschrift von Vorlesungen, die er am Christian Medical College in Vellore, Indien, gehalten hatte, und enthielt Gedanken über den menschlichen Körper.

„In gewissem Sinne“, meinte er, „gleichen wir Ärzte den Angestellten, die im Beschwerdebüro eines großen Kaufhauses sitzen. Wir neigen dazu, uns ein negatives Vorurteil über die Qualität der Produkte zu bilden, über die wir tagtäglich Klagen hören. In diesem kleinen Manuskript, das ich vor längerer Zeit beiseitelegte, versuchte ich, einmal mit Staunen über das nachzudenken, was Gott geschaffen hat.

Ich griff ein altbekanntes Bild aus dem Neuen Testament auf und brachte es auf den neuesten Stand, indem ich alles das hineinbrachte, was wir durch die moderne Wissenschaft dazugelernt haben. Seltsam, jede medizinische Neuentdeckung scheint das alte Bild nur treffender zu machen, nicht eine einzige erschüttert die ursprüngliche Meinung des Apostels Paulus.“

Dieser Gedanke, ein Buch zu schreiben über das biblische „Bild vom Leib Christi“ faszinierte mich, weil auch ich selbst darauf aus bin, eine Brücke zu schlagen zwischen natürlicher und geistlicher Welt.

G.K. Chesterton entfaltet in seinem Buch „Der heilige Franz von Assisi“ die verblüffende Theorie, daß das „Finstere Mittelalter“ darum so finster war, weil Heidentum und Aberglaube die natürliche Weltordnung so sehr in Verruf gebracht hatten, daß kein Christ die Natur noch als einen Teil der göttlichen Offenbarung erkennen konnte. Er schreibt dazu: „Man kann keineswegs sagen, man habe damals eine Naturreligion voller Blumen und Sterne gepflegt. Im Gegenteil, da war für sie keine einzige Blume und schon gar nicht ein Stern ohne häßliche Flecken. Darum gingen sie in die Wüste, wo keine Blume blüht, oder gar in finstere Höhlen, wo kein Stern zu sehen ist.“

Das Ergebnis war, daß in dieser Zeit profane Kunst auf

die niedrigste Stufe sank. Für die Christenheit war die Schöpfung eben durch eine tiefe Kluft von Gott getrennt.

Heutzutage geht etwas Ähnliches vor sich. Die geschaffene Welt hat ihre Heiligkeit verloren. Die Christen sind nicht dem Heidentum, aber der leeren Physik, Geologie, Biologie und Chemie verfallen. Jawohl, auch wir haben eine Kluft aufgerissen zwischen dieser Welt und dem Göttlichen.

Ich lernte in Dr. Brand einen Mann von untadeligem Wissen kennen; einen Mann, der aber zugleich erfüllt war von der tiefen Erkenntnis, daß die Natur ihren Schöpfer widerspiegelt.

Gemeinsam arbeiteten wir auf vielen speziellen Fachgebieten, und anschließend war ich mehrere Monate damit beschäftigt, die medizinischen Grundlagen für jede einzelne Analogie des Bildes vom Leibe zu erforschen. Erst nach stundenlangen Gesprächen gelang es mir, Dr. Brand dazu zu bringen, daß er seine bescheidene und britisch unterkühlte Art ablegte und mir Einblick gewährte in die Fülle seiner oft geradezu dramatischen Erlebnisse.

Dr. Brand und ich selbst wünschen uns, daß dieses Buch die Kluft überbrückt, die zu lange schon die geschaffene Welt von ihrem Ursprung trennt. Gott schuf die Materie. Er legte seine große Güte hinein, die bis heute in dieser Welt wirkt, ganz besonders auch in dem Bauplan unseres Leibes. Wir sollten ihm dafür zumindest dankbar sein.

Außerdem hoffen wir, daß dieses Buch auch Einblick verschafft in die geheimnisvollen Zusammenhänge, die innerhalb des Gottesvolks bestehen. Die neutestamentlichen Schriften kommen, wenn sie diese Beziehung ausdrükken wollen, immer wieder auf ein ganz schlichtes Bild zurück: die Gemeinde als der Leib Christi. Hier in diesem Buch behandeln wir den Leib und vier seiner besonderen Teilgebiete. Weiteres mag einmal in einem späteren Band folgen.

Da versuchte einmal einer, einem Blindgeborenen das Scharlachrot zu erklären: „Es ist wie Trompetengeschmetter!“ Es ist kein Zufall, daß die Bibel in so reichem Maße

Bilder und Gleichnisse darbietet. Dies ist für uns tatsächlich die einzig mögliche Weise, geistliche Glaubenserfahrungen überhaupt zu erfassen. Von Bildern geht eine bestimmte Kraft aus. Wenn John V. Taylor sagt „Keiner ist eine Insel", dann trifft das mit viel mehr Wucht als ein blasses „Kein Mensch ist sich selbst genug". Auf dem weiten Feld der religiösen Veröffentlichungen herrschen die Bücher vor, die mit theologischem Wissen oder persönlichen Erfahrungen vollgestopft sind. Wir hoffen, daß die hier in diesem Buch angebotene Schau in Bildern die Möglichkeit bietet, einmal auf andere Weise die Wirklichkeit zu erfassen.

Falls es Sie stört, daß wir das Bild vom Leib weit über die Bibel hinaus strapazieren, dann klappen Sie das Buch ruhig zu. Sie sollten aber wissen, wir haben nicht die Absicht, das Bild über die Wirklichkeit zu stellen. Es kann aber sein, daß auch Sie entdecken: Der menschliche Körper spiegelt die geistliche Wirklichkeit so vollkommen wider, daß uns der Stoff der Materie nur noch wie ein blasser Schatten erscheint.

Philip Yancey

ZELLEN

1 Sie dienen immer nur dem Ganzen

Ich habe versucht, mir die Welt als eine Art Organismus vorzustellen, aber es geht einfach nicht. Ich kann sie mir einfach nicht in dieser Weise vorstellen. Neulich, als ich nachts durch eine hügelige, waldreiche Gegend von Neuengland fuhr, dachte ich über diese Sache nach. Wenn sie kein Organismus ist, was ist sie denn? Mit welcher Sache könnte man sie am besten vergleichen? Zum Glück fiel mir eine zumindest für diesen Augenblick befriedigende Lösung ein: sie ist eine lebende Zelle.

Lewis Thomas

Ich erinnere mich noch genau an den Tag, als ich zum ersten Mal eine lebende Zelle unter dem Mikroskop sah. Ich war damals einundzwanzig Jahre alt und machte einen Kursus über Tropenhygiene am Livingstone College in England mit. Wir waren dabei, bestimmte Parasiten zu studieren, doch die Kultur, mit der wir gearbeitet hatten, war abgestorben. Ich wollte aber unbedingt eine lebende Amöbe haben. Es war früh morgens, ehe das Laboratorium von Studenten wimmelte. Unbemerkt schlüpfte ich in den alten Bau. Dicht vor dem eindrucksvollen roten Ziegelgebäude lag ein Teich, aus dem ich eben mit einer Tasse ein wenig Wasser geschöpft hatte. In der Trübe schwammen faulende Blattstükke. Es roch nach Verwesung und Tod.

Doch als ich einen Tropfen dieses Wassers auf das Trägerglas des Mikroskops brachte, da war's, als springe vor mir eine unbekannte Welt ins Leben. Hunderte von Organismen drängelten sich in meinem Blickfeld. Einzellige Kugeln aus Kristall atmeten, glitten in die Breite und flitzten dahin, angeregt von der Wärme der Mikroskopleuchte. Ich änderte ein wenig die Schärfeneinstellung – da ist sie: eine Amöbe! Ein winziges Scheibchen aus durchsichtigem Blau. Mit bloßem Auge hätte ich sie wohl gerade noch erkennen können, doch unter dem Mikroskop offenbarte sich mir sogar ihr Inneres.

Irgendwie spürt man, daß die Amöbe eines der altertümlichsten und ursprünglichsten Geschöpfe ist. Auf geheimnisvolle Weise hat sie es fertiggebracht, die Kräfte von Millionen rotierender Atome in den Dienst des Lebens zu zwingen: eines Lebens, das sich in seinem Wesen grundsätzlich von der toten Materie unterscheidet. Nur ein winziges Etwas von Schleim: doch es vollbringt all die Grundfunktionen des Lebens, die auch mein Körper bewältigt. Das atmet, verdaut, scheidet aus und pflanzt sich fort. Das bewegt sich auf ganz eigene Weise weiter, das wölbt sich zu einem kleinen Hügel und breitet sich so mühelos wie ein Öltropfen auf dem Tisch aus. Nach ein oder zwei Stunden solch angestrengter Tätigkeit hat dieses wäßrige Faserklümpchen dann einen Zentimeter geschafft.

Dieses geschäftig pulsierende Tröpfchen gab mir zum ersten Mal ein anschauliches Bild dafür, in welchem Dschungel von Leben und Tod wir stecken. Ich begriff, daß die Amöbe ein selbständiges Individuum ist mit einem wilden Drang, sich am Leben zu halten, und einem wohl noch stärkeren Trieb, seine Art fortzupflanzen. Dies brachte mich dazu, mich wissenschaftlich mit der lebenden Zelle zu befassen.

Jetzt, Jahre später, bin ich noch immer damit beschäftigt, Zellen zu beobachten. Doch nun – als Arzt – richte ich mein Augenmerk darauf, wie die Zellen innerhalb unseres Körpers zusammenarbeiten.

Ich verfüge jetzt über ein eigenes Laboratorium in einem Aussätzigenhospital am sumpfigen Ufer des Mississippi in Carville im Staate Louisiana. Es ist ein frostiger Wintermorgen. Wie schon so oft betrete ich das Laboratorium in aller Frühe, ehe mich jemand stören kann. Nur das leise Summen der Leuchtröhren über meinem Kopf durchbricht die Stille.

Heute bin ich aber nicht hier, um Amöben zu studieren. Heute will ich eine Albino-Fledermaus untersuchen, die in einem Fach meines Kühlschranks ihren Winterschlaf hält. Ich hoffe, an ihr herausfinden zu können, wie der Körper auf Verletzung und Infektion reagiert. Vorsichtig nehme ich sie heraus, lege sie auf den Rücken und breite ihre Schwingen so aus, daß sie die Form eines Kreuzes bilden. Ihr Gesicht erscheint auf unheimliche Weise menschlich, fast wie einer jener Schrumpfköpfe, die man im Museum bewundern kann. Wird sie die Augen aufreißen und mich anschreien? Nein, sie schläft, schläft fest.

Als ich ihre Flügelhaut unter das Mikroskop bringe, öffnet sich vor meinen Augen eine fremde Welt. Mir ist, als blicke ich durch ein Schlüsselloch. Die pigmentlose Haut auf der Unterseite des Flügels ist so blaß, daß ich durch die Hautzellen hindurch die Kapillaren sehen kann, in denen das Blut pulst. Ich stelle das Mikroskop scharf ein auf eine bläulich schimmernde Kapillare. Nun kann ich die einzelnen Blutzellen erkennen, wie sie sich drängen, schieben, weiterstoßen. Die roten Blutkörperchen sind weit in der Überzahl, zarte durchsichtige Scheibchen, in der Mitte leicht eingebeult, fast wie kleine Pfannkuchen. Alle von gleicher Größe und Form, machen sie den Eindruck von Fließbandprodukten ohne Individualität.

Weit interessanter sind da die weißen Blutkörperchen,

die „bewaffneten Streitkräfte“ des Körpers gegen fremde Eindringlinge. Sie sehen haargenau wie Amöben aus, gestaltlose Klümpchen aus blasiger Flüssigkeit mit einem dunklen Zellkern. Sie wandern durch den Fledermauskörper, indem sie eine fingerähnliche Ausstülpung vorschieben und sich an dieser weiterhangeln. Manchmal kriechen sie an den Aderwänden hin, ein andermal lassen sie sich frei im Blutstrom treiben. Um in den feineren Kapillaren voranzukommen, müssen sich die sonst so massigen weißen Blutkörperchen lang und schmal machen, während rote ungeduldig hinter ihnen nachdrängeln.

Wenn man die weißen Blutkörperchen so beobachtet, möchte man meinen, sie seien viel zu schwerfällig, um ihr Revier unter Kontrolle zu halten oder gar Angreifer abzuwehren. Ein Eindruck, der sich als Irrtum erweist, sobald wirklich ein Angriff erfolgt.

Ich nehme eine feine Stahlnadel und steche in eine der feinen Kapillaren, ohne daß die Fledermaus davon wach wird. Alarm! Rund um die beschädigte Aderwand ziehen sich Muskelzellen zusammen, um zu verhindern, daß kostbares Blut verlorengeht. Gerinnende Klümpchen bringen die Blutung sofort zum Stehen. In Kürze erscheinen Spezialzellen, die wie winzige Straßenreiniger alle Trümmer beseitigen; und sogenannte Fibroblasten, die in der Lage sind, Körpergewebe zu regenerieren, versammeln sich rund um die Einstichstelle.

Doch ein geradezu dramatischer Wechsel vollzieht sich bei den vorher so trägen weißen Blutkörperchen. Abrupt, als hätten sie es gewittert, stoppen sie ihre bis dahin planlose Wanderung. Wir wissen noch nicht, auf welche Weise sie es „wittern“, wir können nur die Tatsache selbst konstatieren. Wie Jagdhunde auf der Spur des Kaninchens, so streben sie zielbewußt auf die Unfallstelle zu. Sie nutzen ihre einzigartige Fähigkeit, ihre Gestalt beliebig verändern zu können, voll aus, zwängen sich zwischen den sich wie Dachziegel überlappenden Zellen der Kapillarwand hindurch und eilen auf gradestem Weg zum Gefahrenort. Und kaum sind sie dort, beginnt die Schlacht.

Der schwedische Fotograf Lennart Nilsson ist weltweit bekannt geworden durch seine aufschlußreichen Aufnahmen von Vorgängen im Inneren des Körpers. Er hat diese Schlacht gefilmt, so wie sie sich unter dem Elektronenmikroskop darstellt.

Da kriecht ein formloses weißes Blutkörperchen, das in seinem Aussehen an eine Science-fiction-Figur erinnert, schwerfällig auf einen Haufen leuchtend grüner Bakterienkugeln zu. Wie ein Leichentuch hüllt die Zelle die Bakterien ein. Ein Weilchen glühen sie noch unheimlich im Innern der Zelle. Doch das weiße Blutkörperchen birgt in seinem Innern Körnchen mit hochwirksamen Chemikalien, und kaum sind die Bakterien von der Zelle aufgenommen, so explodieren diese Körnchen förmlich und vernichten die Eindringlinge. Nach knapp einer Minute ist nur noch die aufgequollene weiße Zelle übrig. Oft wird der Kampf der weißen Blutkörperchen zu einem Kamikaze-Unternehmen, das ihren eigenen Tod zur Folge hat.

Doch im Körperhaushalt spielt der Tod eines weißen Blutkörperchens nur eine ganz untergeordnete Rolle. Die meisten von ihnen leben ohnehin nur wenige Tage oder Wochen. Und außer den etwa fünfzig Milliarden „aktiven", die im Körper eines Erwachsenen auf Patrouille unterwegs sind, stehen wohl hundertmal so viele im Mark der Röhrenknochen „Gewehr bei Fuß" in Reserve. Auf Zellebene ist nun einmal handfester Kampf ums Überleben das tägliche Brot. Fünfzigtausend gefährliche Keime lauern am Rand meines Trinkglases, und eine Milliarde kann man zählen in einem halben Teelöffel Speichel. Es ist einfach so: Bakterien hüllen meinen Körper ein, bei einem einzigen Händewaschen spüle ich Millionen von ihnen aus den Falten meiner Haut.

Hierzu eine Randbemerkung: Als die ersten wirklich brauchbaren Mikroskope die ungeheure Fülle der Bakterienflora sichtbar werden ließen, waren die Wissenschaftler davon so überwältigt, daß Generationen hindurch eine geradezu übertriebene Bakterienfurcht herrschte. Überall sah man „Keime" lauern. Prompt brachten geschäftstüchtige Unternehmer Desinfektionsmittel auf den Markt, die unsere Umwelt garantiert steril machen sollten. Doch nur zu oft erwiesen sich diese Keimtöter auch als Zelltöter und vernichteten mit den Keimen zugleich auch die nützlichen Zellen des Körpers. Was wir heute brauchen, ist eine bessere Kenntnis geeigneter Abwehrmöglichkeiten unseres Körpers. Und vielleicht auch etwas weniger Furcht vor Keimen. Für den modernen Durchschnittshaushalt sind die chemischen Keimtöter eine weit größere Gefahr als die Keime selbst. Ich jedenfalls überlasse den Kampf gegen die Keime lieber meinen eigenen Zellen!

Um in diesem Kampf bestehen zu können, sind einige der weißen Blutzellen ganz speziell gegen bestimmte Feinde ausgerüstet. Wenn der Körper sich einer ernsten Gefahr gegenübersieht, zum Beispiel einer Pockeninfektion, dann prägt er bestimmten weißen Zellen eine todverachtende Kampfbereitschaft ein. Auf dieses Notsignal hin sind diese Zellen bereit, ihr Leben zu opfern. Mit dieser Einstellung wandern sie im Blutstrom dahin, kampfbereit und auf der Lauer. Sie werden nicht oft in den Kampf geworfen. Doch wenn es geschieht, dann besitzen sie auch die Kraft, einen feindlichen Eindringling zu entwaffnen, und verhindern so, daß der gesamte Körper mit all seinen Zellen zugrunde geht.

Ich habe oft über die paradoxe Ähnlichkeit von Amöbe und ihrem wundersamen Ebenbild, der weißen Blutzelle, nachgedacht. Die Amöbe ist ein selbständiger Organismus. Sie vollzieht alle Grundfunktionen des Lebens für sich allein. Andere Zellen benötigt sie nur als Nahrung. Die weiße Blutzelle dagegen ist durchaus nicht frei, obwohl sie doch der Amöbe in Bau und Aufmachung so ähnlich ist. Ein größerer Organismus bestimmt ihre Aufgaben, und gelegentlich muß sie ihr Leben für diesen Gesamtorganismus opfern. Sie kann nicht, wie sie will; sie hat eine einzigartige Lebensaufgabe zu erfüllen. Die Amöbe flieht vor der Gefahr, die weiße Blutzelle geht auf die Gefahr los. Die weiße Blutzelle ist fähig, einem Menschen wie Beethoven, Newton oder Einstein das Leben zu retten. Oder auch mir und Ihnen.

Manchmal stelle ich mir den menschlichen Leib als eine Gemeinschaft vor und seine weißen Zellen als deren Individuen. Die Zelle ist der Baustein des Organismus. Sie kann leben für sich selbst. Und sie kann dazu beitragen, den größeren Organismus zu bilden und zu erhalten. Ich möchte da an das Bild erinnern, das Paulus in 1. Korinther 12 gebraucht. Da vergleicht er die Gemeinde Christi mit dem menschlichen Körper. Dieser hellsichtige Vergleich entspricht durchaus den Eindrücken, die uns seit der Erfindung des Mikroskops geschenkt sind. Paulus hat in seinem Gleichnis ein Grundprinzip der göttlichen Schöpfung aufgezeigt. Ich darf die Ausführungen des Apostels einmal so erweitern:

Gleichwie der Leib ein einheitlicher Organismus ist und doch aus vielen Zellen besteht, und gleichwie all seine Zellen so viele sind, so bilden sie doch diesen einen Körper. Wenn nun die weiße Zelle sagen wollte: weil ich keine Gehirnzelle bin, gehöre ich nicht zum Körper, so würde sie doch nicht aufhören, ein Teil des Körpers zu bleiben. Und wenn die Muskelzelle zur Sehnervzelle sagen wollte: weil ich keine Sehnervzelle bin, gehöre ich nicht zum Körper, so würde sie doch nicht aufhören, ein Teil des Körpers zu bleiben. Wenn der ganze Körper Sehnervzelle wäre, wo bliebe da das Gehen? Oder wenn der ganze Körper ein Hörnerv wäre, wo bliebe da der Gesichtssinn? Nun aber hat Gott einer jeden Zelle im Körper ihre Aufgabe gewiesen, so wie es ihm gefiel. Wenn alle Zellen gleich wären, wie wollte der Körper bestehen? So sind nun viele Zellen, aber ein Leib. (1. Korinther 12,12–26)

Wenn ich das Gleichnis des Paulus in dieser Weise erweitere, dann vermittelt es mir eine viel genauere Vorstellung von dem, was Paulus gemeint hat. Die Hand, der Fuß oder das Auge, wie Paulus in seinem Bild es ausmalt, sind ja nicht in der Lage, ohne den Körper zu existieren. Die Zelle aber, die hat diese Fähigkeit! Sie kann getreu als Teil dem Ganzen dienen. Oder sie kann sich an ihr eigenes Leben klammern. Und es gibt Zellen, die es vorgezogen haben, innerhalb des Körpers zu leben, die dabei aber nur ihren eigenen Vorteil und ihre absolute Unabhängigkeit suchen. Sie werden zu Parasiten und Krebszellen!

2 Für Sonderaufgaben gut gerüstet

Der Wissenschaftler, der sammelt und ordnet, und das Kind, das barfuß durch den Wald wandert, sind in gleicher Weise beeindruckt von der ungeheuren Fülle des Lebens. Das Kind staunt über die seelenvolle Zeichnung eines Schmetterlings, jagt hinter Wasserjungfern her, kreischt vor Wonne über den krampfhaften Sprung eines Schnellkäfers und streichelt atemlos ein junges Kaninchen. Der Wissenschaftler sieht genauer hin. Er nimmt ein ganz gewöhnliches Stück Waldboden und beginnt zu zählen. Und in diesem Stück Erdboden, auf dem wir so gedankenlos herumtrampeln, findet er auf einem halben Quadratmeter so etwa 1400 Lebewesen, darunter etwa 860 Milben, 260 Springschwänze, gut 20 Tausendfüßler, 20 ausgewachsene Käfer und eine unterschiedliche Zahl anderer Arten. Falls er über ein Elektronenmi-

Es gehöret zum seligen Leben, daß man von seinem eigenen Nichtssein und von seinem Sein lediglich in Gott und durch Gott innigst überzeugt sei, daß man diesen Zusammenhang ununterbrochen fühle, und daß derselbe die verborgene Quelle und der geheime Bestimmungsgrund aller unserer Gedanken, Gefühle, Regungen und Bewegungen sei.

Johann Gottlieb Fichte

kroskop und unendliche Geduld verfügt, kann er sich auch noch über zwei Milliarden Bakterien und einige Millionen Pilze und Algen den Kopf zerbrechen.

In seinem Laboratorium beginnt der Wissenschaftler mit unserem Freund, der Amöbe, und macht dann weiter, indem er vom „Niederen" zum „Höheren" fortschreitet. Doch was hat es mit diesen Begriffen „niederer" oder „höher" auf sich? Und wie kommt es, daß wir auf einer solchen Fülle von Lebewesen herumtrampeln und doch ohne das geringste Schuldgefühl nach Hause kommen? Selbst ein „eingefleischter" Vegetarier, der kaltes Quellwasser trinkt, schluckt eine Unmasse Lebewesen herunter, ohne auch nur mit der Wimper zu zucken. Wie kommt es, daß wir zusammenzucken, wenn am Straßenrand eine verblutete Katze liegt, doch nicht im geringsten davon Notiz nehmen, daß von dem Bulldozer, der das Bett für die neue Straße aushebt, Milliarden winziger Tierchen zu Pulver zermalmt werden?

Nach welchem Schlüssel messen wir jedem Wesen seinen Stellenwert, seinen eigenen Rang zu? Antwort: nach dem Grad seiner Spezialisation. Wir richten uns also danach, wie weit der Prozeß der Spezialisierung von Zellen, der Arbeitsteilung und der Übernahme ganz bestimmter Aufgaben vorgeschritten ist. Wir meinen, das Leben einer Katze sei bedeutungsvoller, ganz einfach, weil sie ein höher entwickeltes Tier ist, das aus niederen Einzelzellen besteht, die alle in ihr zusammenarbeiten. Die Amöbe auf dem Trägerglas meines Mikroskops steht auf der untersten Sprosse der Stufenleiter aller Lebewesen. Gewiß, sie bewegt sich, aber nur knapp drei Zentimeter im Laufe eines Tages. Sie kann ihr Leben in einer Blechdose verbringen oder auch in der Höhlung eines ausgedienten Autoreifens. Sie will aber weder Europa bereisen noch Indien besuchen, schon gar nicht die Berge besteigen. Nein, sie ist da ganz anders als der Mensch. Um das zu leisten, wonach ihm der Sinn steht, dazu benötigt man spezialisierte Muskelzellen in rauher Menge und sauber ausgerichtet wie die Drillreihen eines Weizenfeldes. Die niederen Lebewesen gleiten, kriechen oder schlängeln sich vorwärts und schaffen damit allenfalls ein paar

Meter. Die höher entwickelten springen, laufen, galoppieren. Andere, besonders die geflügelten, schwingen sich in die Lüfte, steigen empor und lassen sich im Sturzflug fallen. Es kommt eben ganz auf die Spezialisation an!

Nehmen wir mal das Sehorgan: Die Amöbe kann nur ganz grob Licht wahrnehmen. Sie bewegt sich darauf zu. Das ist schon alles. Die Spezialisation gibt dagegen dem Menschen die Fähigkeit, am Okular des Mikroskops selbst die feinsten Farbnuancen in der nahezu blinden Amöbe zu unterscheiden. Die Amöbe besteht eben nur aus einer einzigen Zelle. Die lichtempfindliche Schicht meines Auges dagegen setzt sich aus rund 107 000 000 Zellen zusammen. 7 000 000 davon sind „Zäpfchen“, die, sobald sie von Lichtwellen getroffen werden, blitzschnell an das Gehirn ihre Meldung geben. Diese Zäpfchen vermitteln mir die ganze Bandbreite des Farbspektrums, und mit ihrer Hilfe kann ich mit Leichtigkeit die feinsten Farbnuancen unterscheiden. Die übrigen 100 000 000 Zellen sind „Stäbchen“. Sie sind darauf spezialisiert, auch das geringste Lichtquantum aufzufangen. Bei sehr wenig Licht, wenn allein diese Stäbchen noch arbeiten können, erkenne ich keine Farben mehr. Darum sind für mich bei Nacht alle Katzen grau. Doch diesen Stäbchen verdanke ich's, daß ich geradezu unwahrscheinliche Helligkeitsunterschiede verarbeiten kann. Der geringste Lichteindruck, den mein Auge noch wahrnimmt, beträgt nur den milliardsten Teil des stärksten Lichts, das ich ertrage! Es besteht halt ein erheblicher Unterschied hinsichtlich der Spezialisation zwischen der Amöbe und mir. Da lebt im Sumpf von Texas die Copilia, eine Mischung aus Pflanze und Tier. Sie besitzt nur eine einzige lichtempfindliche Zäpfchenzelle. Diese sitzt auf einem muskulösen Stiel, den sie so bewegt, daß sie mit ihm das Blickfeld – wie die Brownsche Röhre unseres Fernsehgerätes – „abtastet“. Sie nimmt also in jedem „Augenblick“ immer nur jeweils einen einzigen Lichteindruck auf. Trotzdem ist das Gehirn der Copilia wahrscheinlich in der Lage, sich aus diesen punktuellen Einzelbotschaften ein grobes Bild der Umgebung zusammenzusetzen.

Das menschliche Hirn empfängt Millionen gleichzeitiger Meldungen vom Auge. Jedes Stäbchen oder Zäpfchen funkt einen elektrischen Impuls ins Gehirn, sobald es Licht einer bestimmten Wellenlänge empfangen hat. Und aus all diesen – positiven oder auch negativen – Meldungen der Millionen Stäbchen und Zäpfchen setzt das Gehirn das Puzzle zusammen. Indem es sie ordnet und an den richtigen Platz bringt, verschafft es mir ein Bild der Amöbe, die da auf dem Glas unter meinem Mikroskop schwimmt. Im Vergleich zu den unabhängigen einzelligen Amöben führen die Stäbchen und

Zäpfchen, die da in meine Retina fest eingebettet sind, ein tristes Leben. Doch wer von uns wollte deshalb auf sein Augenlicht verzichten!

Um der Spezialisation zu dienen, mußte die Einzelzelle sich auf eine oder zwei ihrer Fähigkeiten beschränken und auf alle anderen verzichten. Die Stäbchen oder Zäpfchen können nicht weg von ihrem Platz, während die Amöbe eine Menge Handlungsfreiheit besitzt. Dafür aber kann die Zelle im Menschenkörper, eben durch die ganz besondere Rolle, die ihr zugewiesen ist, sehr viel „höhere" und „bedeutsamere" Leistungen vollbringen. Eine Sehzelle schafft, was keine Amöbe vermag: Sie meldet mir die Wellenlänge des Lichts und zaubert mir den Regenbogen her; sie zeigt mir den Eisvogel, wie er sich ins Wasser stürzt, und läßt mich im Gesicht des Freundes auch die feinste Regung erkennen. Sie schützt mich auch vor Unheil, indem sie meinem Gehirn blitzschnell meldet, daß von der Autobahnbrücke auf meinen heranjagenden Wagen ein Stein geschleudert wird.

Sozusagen zur Belohnung für ihre Opferbereitschaft nehmen alle Einzelzellen an dem teil, was ich „Harmonie der Ganzheit" nennen möchte. Noch kann kein Wissenschaftler nachweisen, auf welche Weise das Gefühl etwa der Sicherheit oder auch der Freude den Körperzellen übermittelt wird, doch es besteht kein Zweifel daran, daß die Einzelzellen an unseren Gefühlsregungen beteiligt werden. Hormone und Enzyme überschwemmen den ganzen Körper, lassen uns schneller atmen, bringen unsere Muskeln zum Zittern oder veranlassen ein Magenknurren. Man täuscht sich, wenn man meint, es gebe so etwas wie einen „Freudennerv". Nein, es gibt wohl Nerven, die einen Schmerz melden, kalt oder warm registrieren oder eine Berührung. Doch es gibt keine Nerven, die uns das Gefühl der Freude übermitteln könnten. Freude tritt auf als ein Gemeinschaftsprodukt vieler Zellen.

Wie steht es etwa mit der sexuellen Freude? Auch sie ist keineswegs so spezifisch und eng lokalisiert, wie mancher vielleicht meint. In den erogenen Zonen finden sich keine besonderen „Freudennerven“. Es sind vielmehr die gleichen Zellen beteiligt, die sonst Berührung oder auch Schmerz melden. Außer der Erregung, die von der Berührung Haut auf Haut hervorgerufen wird, umfaßt Sex das begehrende Verlangen. Unsere Augen wollen beteiligt sein, Erinnerung an frühere Erlebnisse steigt auf, und manchmal spielt leise Hintergrundmusik eine stimulierende Rolle. Es ist also ein recht verwickelter Komplex, der uns dahin bringt, daß wir zugleich uns selbst und einen anderen Menschen lieben. Auf einer tieferen Ebene ist der Fortpflanzungstrieb angesiedelt. Er hat das Ziel, das Überleben sicherzustellen, und ist einer jeden Zelle einprogrammiert. Das Zusammenwirken so vieler verschiedener Faktoren bringt schließlich das zustande, was wir „Lust“ nennen.

Ich persönlich erlebe großen „Lustgewinn“, wenn ich einem Symphonieorchester zuhöre. In diesem Fall liegt die Quelle dessen, was ich als Freude empfinde, in meinem Ohr. Da nehme ich Tonfrequenzen wahr, die mein Trommelfell in Schwingungen versetzen, die geringer sind als ein Milliardstel Zentimeter. Diese Erschütterungen werden in mein Innenohr übertragen durch drei Knöchelchen, die man gemeinhin Hammer, Amboß und Steigbügel nennt. Wenn das C auf dem Piano angeschlagen wird, dann vibriert das Knöchelchen in meinem Innenohr 256 mal in der Sekunde. Noch weiter drin sind spezielle Flimmerhärchen, die man etwa mit den Zäpfchen und Stäbchen des Auges vergleichen könnte. Sie geben die Höreindrücke ans Gehirn weiter. Mein Gehirn kombiniert nun diese Sinneseindrücke des Ohrs mit vielen anderen Faktoren: wie sehr ich klassische Musik liebe, wie vertraut ich mit dem Stück bin, das da gerade gespielt wird, mein Allgemeinbefinden, die lieben Menschen, die bei mir sitzen. Und das Ergebnis all dieser verarbeiteten Eindrücke ist dann am Ende das, was ich als Freude an der Musik empfinde.

Es gibt in der Natur auch Organismen, die zwar zusammenarbeiten, es aber nicht zu dem bringen, was ich „Harmonie der Ganzheit" genannt habe. Da gibt es zum Beispiel einige Amöbenarten, die vereinen sich zum Zweck der Fortpflanzung. Diese „Sozial-Amöben" finden sich zusammen – von mindestens zehn bis hin zu etwa fünfhunderttausend – und bilden ein kurzlebiges Gebilde, einen Schleimball. Sie gruppieren sich in bestimmter Ordnung und formen eine Art Kugelhaufen. Wenn sich der Haufen vorwärts bewegt, hinterläßt er eine Schleimspur. Daher dann auch der Name des Gebildes. Die vordersten Zellen formieren sich zu einem Türmchen, das in die Luft hinausragt. An der Spitze des Türmchens bildet sich eine runde Keimspore, prall gefüllt mit Amöben. Der Schleimball ähnelt jetzt fast einem Pilz. Ganz unversehens explodiert die Keimspore und schleudert neue Amöben in die Umgebung.

Dies ganze Unternehmen dauert etwa acht Stunden und demonstriert eine ganz einfache Form der Zusammenarbeit zwischen Zellen. Doch diesem Schleimball fehlt etwas Entscheidendes: In keinem Augenblick war da ein einheitlicher Organismus vorgeprägt, mit gleichen Genen und gleichen Gesetzmäßigkeiten. Die Schleimkugel-Amöben haben nur für dieses eine Ereignis kooperiert, für die Vermehrung. Danach geht jede wieder ihren eigenen Weg.

Ganz anders der menschliche Körper. Er erwächst aus einer einzelnen befruchteten Eizelle. In seinem Buch „Medusa und die Schnecke" macht sich Lewis Thomas darüber Gedanken, warum wohl so viele Leute ein solches Geschrei um das Retortenbaby in England machen. Das wahre Wunder, betont er, ist doch die ganz normale Vereinigung einer Samen- mit einer Eizelle. Dieser Vorgang bestimmt ein für allemal, daß ein Mensch ins Leben gerufen wird. „Die bloße Existenz dieser beiden Zellen sollte für uns das erstaunlichste Wunder auf unserer Erde sein", schreibt er.

„Eigentlich sollten wir alle, Tag für Tag, solange wir auf den Beinen sind, einander zurufen, ohne müde zu werden: Diese beiden Zellen sind das einzige Thema, über das es sich wirklich zu reden lohnt! Und wenn es tatsächlich jemandem gelingen sollte, dies Wunder zu erklären, dann würde ich, wenn ich das noch erleben sollte, ein Flugzeug, meinetwegen sogar ein ganzes Geschwader, chartern, sie losschicken und ein dickes Ausrufezeichen nach dem andern an den Himmel schreiben lassen, bis all mein Geld draufgegangen ist."

In einer Zeitspanne von neun Monaten teilen diese Zellen auf wirklich erstaunliche Weise die verschiedenen Körperfunktionen unter sich auf. Milliarden Blutzellen erscheinen, Millionen Zäpfchen und Stäbchen. Bis zu 100 000 000 000 000 – hundert Billionen! – Zellen entstehen aus der einen befruchteten Eizelle. Und am Ende wird ein feucht schimmerndes Baby geboren, dessen Zellen schon wunderbar zusammenarbeiten. Die Muskeln ziehen sich in jähen, oft noch etwas linkischen Bewegungen zusammen. Das Gesichtchen schrickt vor dem grellen Licht und der trockenen Luft der neuen, fremden Umwelt zurück. Lungen und Stimmbänder bringen es mit vereinter Kraft zu einem ersten, die Luft durchzitternden Schrei.

Und dies ganze Wunder der „Harmonie der Ganzheit" lag schon in dem schmutzfarbenen und knittrigen Zellklümpchen da ganz am Anfang. Dieses daraus entstandene Leben schließt jetzt schon die Freude ein, die aufbrechen wird, wenn es sieht, wie die Mutter seinem ersten, hingestammelten Wort lächelnd lauscht. Es schließt ein die Entdeckung der ihm eigenen Gaben und Talente und die Begegnung mit anderen Menschen. Dieses Neugeborene ist die Summe unendlich vieler Zellen, aber nur ein einziger Organismus. Und alle seine hundert Billionen Zellen wissen das!

Ich habe die Schuhe abgestreift und die Augen geschlossen. Jetzt bewege ich die Knöchelchen meines rechten Fußes. Sie haben nicht einmal die Stärke eines Bleistiftes, und trotzdem tragen sie mein volles Gewicht, wenn ich gehe. Ich halte die hohle Hand vor mein Ohr und höre „Meeresrauschen". Tatsächlich ist das der Song meines Blutes, das durch die Adern meines Kopfes strömt. Ich strecke meinen linken Arm aus und versuche, es nachzuempfinden, wie sich dabei Millionen Muskelzellen im Gleichklang spannen oder dehnen. Ich reibe einen Finger am Arm und spüre, wie Tastzellen die Berührung melden. Fast hundert sitzen auf jedem Quadratzentimeter Haut.

Und im Innern meines Körpers: Magen, Milz, Leber, Bauchspeicheldrüse, Nieren. In jedem dieser Organe arbeiten Millionen gehorsamer Zellen so wirksam, daß ich kaum merke, daß sie überhaupt vorhanden sind. In meinem Innenohr registrieren feine Flaumhärchen die Schwingungen der Labyrinthflüssigkeit und alarmieren mich prompt, falls ich das Gleichgewicht zu verlieren drohe.

Solange meine Zellen ihre Pflicht tun, nehme ich von ihnen kaum Notiz. Was ich fühle, ist nur der Gleichklang ihres Tuns. Und das Ganze nennt sich dann Paul Brand! Jawohl, mein Körper ist, obwohl aus so vielen Teilen zusammengesetzt, ein Ganzes. Und das ist der geheimnisvolle Urgrund dessen, was wir Individualität nennen. Wir wollen versuchen, ihm auf die Spur zu kommen.

3 Welch eine Vielfalt!

Wir meinen oft, daß wir auch alles über „zwei" wissen, wenn wir uns über „eins" Gedanken gemacht haben, denn schließlich besteht zwei aus eins und eins. Dabei vergessen wir, daß wir uns auch mit „und" befassen müssen.

Sir Arthur Eddington

Mein medizinisches Labor beherbergt nicht nur Amöben oder Fledermäuse. Da finden sich in einer Schubladenkommode sauber geordnete Sammlungen menschlicher Körperzellen. So, wie sie da vorliegen – dem Körper entnommen, leblos, eingefärbt und in Epoxyharz eingebettet – ähneln sie wohl kaum den lebenden Zellen, die sich in diesem Augenblick in meinem Körper tummeln. Doch wenn ich sie unter das Mikroskop bringe, dann kann ich mir gut vorstellen, wie es in meinem Körper zugeht.

Zunächst beeindruckt mich die bunte Mannigfaltigkeit der Zellen. Chemisch sind sich meine Zellen fast alle gleich, aber im Aussehen und besonders hinsichtlich ihrer Funktion sind sie so verschieden wie die vielfältigen Tierarten in einem Zoo. Rote, plättchenähnliehe Blutkörperchen, wahre Lebensretter, durchwandern mein Blut. Sie sind mit Sauerstoff beladen, mit dem sie die anderen Zellen versorgen. Da sind die Muskelzellen, die so viel von diesem Brennstoff verbrauchen, glatt und elastisch, geladen mit gespeicherter Energie. Knorpelzellen mit glänzendschwarzem Kern, die wie Bündel schwarzäugiger Erbsen zusammengefaßt sind, um ihre Kraft zu vereinen. Und Fettzellen, anscheinend faul und träge, prall gefüllt wie Abfallbeutel, drängen sich dicht bei dicht.

Die strenge Ordnung, in der die Knochenzellen leben, strahlt Kraft und Festigkeit aus. Der Querschnitt durch einen Knochen läßt Ringe – wie die eines Baumes – erkennen, summierte Kraft und unverrückbare Festigkeit. Das

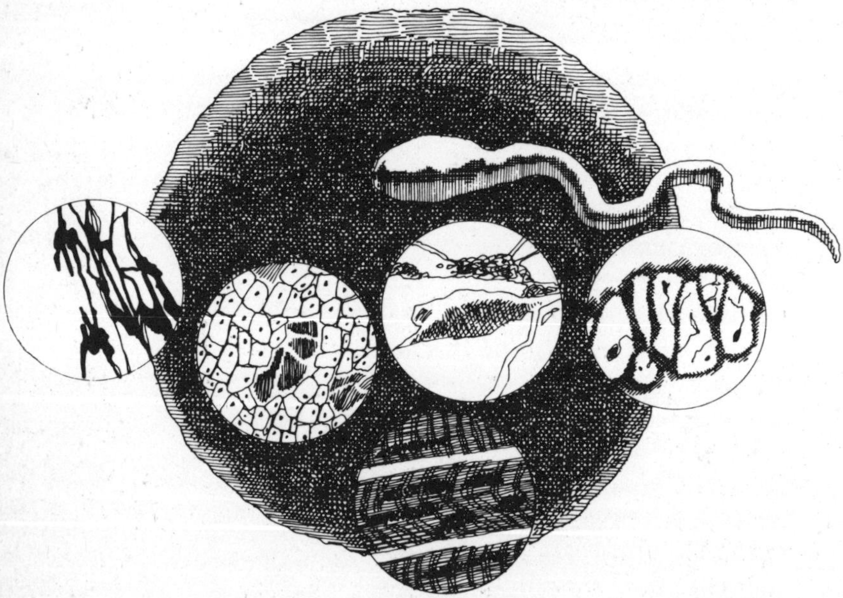

krasse Gegenstück dazu sind unsere Hautzellen. Sie bilden ein welliges Muster voll Zartheit, Strukturen mit Erhebungen und Einsenkungen, die unserem Körper sein schönes

Aussehen verleihen. Sie formen Kurven und Windungen, die unberechenbar sind. Daher kommt es, daß eines jeden Fingerabdruck einmalig ist, vom Gesicht ganz zu schweigen.

Die Aristokraten unter den Zellen sind die Geschlechts- und die Nervenzellen. Das Ei der Frau ist eine der größten Zellen im menschlichen Körper, vom unbewaffneten Auge eben gerade noch wahrnehmbar. Es leuchtet unmittelbar ein, daß alle anderen Körperzellen von dieser wirklich eleganten und „erstklassigen" Eizelle sich ableiten. Ganz im Gegensatz zu der ruhigen Gelassenheit der Eizelle schlängeln sich die winzigen Samenzellen aufgeregt voran, kleine Kaulquappen mit dicken Köpfen und dünnen Schwänzen. In wildem Wettkampf rudern sie dahin, als wüßten sie, daß nur eine einzige von ihnen die Ehre haben wird, sich fortzupflanzen.

Die Königin unter den Zellen ist die Nervenzelle. Darum habe ich gerade ihrem Studium ein gut Teil meines Lebens geweiht. Es umstrahlt sie die Aura einer allumfassenden Weisheit. Sie spinnt ihr Netzwerk durch den ganzen Körper und verbindet seine Teile mit einem Computergespinst von blendender Raffinesse. Eine Nervenfaser, ein Kabel, das in der Lage ist, Botschaften über größere Entfernung zum und vom Gehirn zu leiten, kann bis zu einem Meter Länge erreichen.

Ich werde nicht müde, diese vielfältigen Formen immer wieder zu betrachten. Oder ich blättere in Büchern, die von Zellen handeln. Jede für sich scheint unbedeutend und nebensächlich, doch ich weiß, all diese unsichtbaren Teilchen wirken zusammen, mich mit dem, was man Leben nennt, zu versorgen. In jeder Sekunde regulieren feine Muskelzellen die Weite meiner Blutgefäße, befördern sacht den Speisebrei durch meine Eingeweide und öffnen oder schließen die feinen Rohrleitungen in meinen Nieren.

Doch mir scheint, diese Zellen in meinem Körper können mich lehren, auch größere Organismen zu begreifen: Familien, Gruppen, Gemeinden, Dorfgemeinschaften und Nationen. Und ganz besonders können sie mir helfen, jene Gemeinschaft zu verstehen, die mehr als dreißigmal im Neuen Testament mit dem Leib verglichen wird. Ich meine den Leib Christi, der wie ein Netzwerk von lebenden Menschen unseren Planeten umspannt. Sie alle sind so verschieden, nur eins haben sie gemeinsam: Sie hören auf Jesus Christus.

Mein Körper beschäftigt einen wahren Zoo von Zellen, und keine einzige scheint dem Gesamtleib auch nur ähnlich zu sein. Genauso umfaßt auch der Leib Christi eine Sammlung ganz ungleicher Menschen. Ungleich: das ist das passende Wort. Denn wir sind untereinander ungleich, und wir sind ungleich dem, dem wir nachfolgen. Frage: Wer hat diese merkwürdigen Menschenwesen entworfen, die sich so angestrengt darüber den Kopf zerbrechen, wie wohl der Leib als ein Ganzes zu begreifen ist?

Der Novellist Frederick Buechner beschreibt scherzhaft, welch buntgemischte Schar Gott sich erwählt hat, um sein Werk weiterzuführen:

„Wer hätte geahnt, Gott würde nicht Esau, diesen ehrenwerten und anständigen Mann, sondern ausgerechnet Jakob, diesen hinterlistigen Schuft, erwählen? Oder wer hätte voraussagen können, daß er Noah erwählte, der die Flasche liebte. Oder gar Moses, der einem Ägypter den Schädel einschlug und dann machte, daß er nach Midian kam; der behauptete, es sei eine Ehrensache gewesen, und am Ende Aron die Suppe auslöffeln ließ. Oder die Propheten, dieser schäbige Haufen von Verrückten und Übergeschnappten? Ach ja, und dann ist da noch dieser Jux, dies völlig Unberechenbare, das sich ‚Erwählung' nennt. Aus allen Völkern, die als heiliges Volk zur Wahl standen, wählte Gott sich ausgerechnet die Juden aus. Diese Juden, die, wenn religiös, gleich überfromm sind, und wenn sie sich als Freigeister aufspielen und so tun, als hätten sie die Freigeisterei erfunden.

Dann die Sache mit dem ‚Bund': Ich will euer Gott sein, und ihr sollt mein Volk sein (Exodus 6,7). Und das zu Menschen, die eben noch wie primitive Eingeborene um das goldene Kalb tanzten und mit bäuerlichen Fruchtbarkeitsgöttern herumpoussierten, die zu Hinterwäldlern auf Besuch kamen."

Tatsächlich, die Ausnahme scheint da die Regel zu sein. Die ersten Menschen, die Gott eben geschaffen hatte, flippten aus und taten genau das, was sie nicht tun sollten. Und Abraham, den Gott erwählt hatte, das neue Gottesvolk zu begründen, der versetzte seine Frau Sara an einen ahnungslosen Pharao. Und Sara wieder lachte Gott ins Gesicht, als er ihr sagte, daß er ihr trotz ihres Alters von einundneunzig Jahren noch den Sohn, den er verheißen hatte, schenken werde. Rahab, ein Flittchen, fand wegen ihres Glaubens Anerkennung. Und Salomo, der Weiseste, der je gelebt hatte, gab sich alle Mühe, jeden einzelnen seiner scharfsinnigen Weisheitssprüche zu übertreten.

Sogar nach Jesus geht das so weiter. Die beiden Jünger, die nach seiner Himmelfahrt am meisten dafür taten, daß seine Frohe Botschaft ausgebreitet wurde, Petrus und Johannes, waren ausgerechnet die beiden, die Jesus am häufigsten wegen ihrer kleinlichen und engstirnigen Streiterei hatte abkanzeln müssen. Paulus, der mehr biblische Schriften verfaßt hat als irgendein anderer, wurde berufen, als er von Stadt zu Stadt unterwegs war, mit allem Eifer, Christen für die Folter aufzustöbern.

Jesus hatte wirklich Mut, als er dieser Schar seine hohen Ideale von Liebe, Einigkeit und Bruderschaft anvertraute. Kein Wunder, wenn Zyniker beim Betrachten der Kirche jammern: „Wenn diese Leute Gottes Sache repräsentieren, dann will ich getrost gegen ihn sein!"

Doch unser Nachdenken über den Leib Christi müßte eigentlich ausreichen, auch dieses unmögliche Wunschbild einzukalkulieren. Wir sind tatsächlich – genau wie die Zellen eines Körpers – ein Sammelsurium völlig verschiedener Typen. Ich denke dabei an einige Kirchengemeinden, die ich gut kenne. Es gibt keine andere Organisation in unserer Stadt, die ein so tolles Gemisch ungleicher Menschen böte. Junge Radikalinskis, in ihren gleichmacherischen Jeans, sitzen auf derselben Kirchenbank mit Bankiers im eleganten dreiteiligen Anzug. Gelangweilte Teenager drehen das „Wort zum Sonntag“ ab, während ihre interessierten Großeltern grade ihr Hörgerät lauter stellen. Manche hocken sich wie Schulanfänger zusammen, und dann wieder rennen sie auseinander, um an ihre häuslichen oder beruflichen Aufgaben zu gehen. Wieder andere suchen ganz enge Gemeinschaft, genau wie die sozialen Amöben,die wir schon kennenlernten. Ich könnte mir den Mund fusselig reden über dieses verrückte Unternehmen Kirche, das von vorneherein zum Scheitern verurteilt scheint. Da hat Jesus gepredigt, wir sollten „eins“ sein, so wie er und Gottvater eins sind (Johannes 17,11). Wie aber kann eine Kirche, die aus so grundverschiedenen Menschen zusammengesetzt ist, auch nur annähernd so etwas wie Einheit erlangen?

Doch wenn die Zweifel so in mir rumoren, dann meldet sich ruhig und nüchtern eine Stimme zu Wort: „Nicht du hast mich erwählt, sondern ich habe dich erwählt.“ Und schon bleibt mir das Lachen über den Leib Christi in der Kehle stecken. Es ist nun einmal so, daß die Schar derer, die ihm nachfolgen, von ihm berufen worden ist. Daran ist nicht zu deuteln, wir können es nur im Glauben annehmen. Ekklesia, das griechische Wort für Kirche, bedeutet wortwörtlich die „herausgerufene“, nämlich die von Christus aus der Welt herausgerufene Gemeinde. Ja, wir sind eine Schar von komischen Vögeln; aber gerade diesen Haufen hat Gott sich ausgesucht.

Als Missionsarzt in Indien und auch jetzt als Mitglied der kleinen Kapellengemeinde im Carville Leprahospital, habe ich eine Menge Gottsucher erlebt. Doch keiner glich dem anderen. Und ich muß gestehen, daß ich in den letzten dreißig Jahren meinen Dienst unter Menschen getan habe, die durchaus nicht meinen musikalischen Geschmack teilten, meine Ausdrucksweise oder gar meine Ansichten. Doch all diese Jahre hindurch habe ich ganz stark – und ganz demütig – gespürt, daß ich Gott begegne in meinen Gemeindegliedern, indem ich Gemeinschaft habe mit Menschen, die oft geradezu aufregend verschieden sind, untereinander und auch im Vergleich zu mir.

Die Farbe eines Stücks Leinwand kann schon von Natur aus schön sein. Der Kunstmaler bringt nun nicht dadurch etwas noch Schöneres zuwege, daß er einfach eine beliebige Farbe darüberstreicht, sondern indem er geschickt kontrastierende oder auch harmonisch abgestimmte Farbtöne auf die Leinwand bringt. Aus dieser Mischung ungleicher Farben gewinnt dann die ursprüngliche Grundfarbe der Leinwand Fülle und Tiefe.

Genauso hat auch unsere „Einheit in Christus", unser Einssein als Leib Christi, seinen Urgrund nicht darin, daß wir einander ähneln, sondern im Gegenteil darin, daß wir so grundverschieden sind.

Ich bin sicher, daß Gott die Vielfalt liebt, und zwar nicht nur bei den Zellen. Tausend Insektenarten genügten ihm nicht, allein an Käfern zauberte er mehr als dreihunderttausend Arten aus dem Nichts. In der berühmten Rede zu Hiob (Hiob 39) weist Gott stolz auf so wunderbare Geschöpfe hin wie die Gemse und den Wildesel, den Strauß und den Leuchtkäfer. Gott verschwendete geradezu Farbe, Form und Gestalt an die Welt, er schuf Pygmäen und Watussis, blonde Skandinavier und schwarzlockige Italiener, derbknochige Russen und zierliche Japaner.

Dieses nach seinem Bilde geschaffene Menschengeschlecht setzte den Prozeß der Individualisierung auf seine Weise fort und schuf sich Gesellschaftsformen, die den verschiedenen Kulturen entsprechen. Sehen wir uns nur einmal Asien an: Was für eine bunte Palette! Im alten China trugen Frauen Hosen, und die Männer liefen in langen Gewändern herum. Im tropischen Teil Asiens trinkt man heißen Tee gegen die Hitze und mischt brennend scharfen Pfeffer in die Speisen, damit es – kühlt! Japaner lieben Eiskrem heiß! Und in Indonesien tanzen die Männer in aller Öffentlichkeit untereinander, um zu zeigen, daß sie nicht homophil sind! Wir Menschen einer westlichen Kultur lächeln darüber, daß es in Asien allgemein Sitte ist, die Ehen durch die Eltern der Brautleute zu schließen. Die Asiaten wiederum schnappen nach Luft, daß wir es riskieren, eine so lebenswichtige Entscheidung einer romantischen Liebe zu überlassen. Viele Asiaten beginnen eine Mahlzeit mit einer Süßspeise und beenden sie mit der Suppe. Und als im vorigen Jahrhundert die Briten die Geige in Indien bekannt machten, da entwickelten die Inder ihre eigene Spielweise: Auf dem Boden hockend hielten sie das Instrument zwischen Schulter und Fußsohle. Warum eigentlich auch nicht?

Bei meinen weiten Reisen bin ich immer wieder überrascht von der unglaublichen Vielfalt unserer Welt. Auch die Kirchen draußen in der Dritten Welt beginnen jetzt ihrer eigenen Kultur Ausdruck zu geben. Viel zu lange waren sie im Schlepptau westlicher Lebensweise. Etwa so, wie die urchristliche Gemeinde noch viel Jüdisches konservierte. Infolge dieser Bindung an die westliche Kultur kam es, daß Kirchenmusik, liturgische Kleidung, Architektur und sogar die Namen der Kirchen rund um die Welt gleich waren. Jetzt ist es endlich so weit, daß die eigenständigen Kirchen beginnen, auf ihre eigene Weise ihr gottesdienstliches Leben zu gestalten. Wir dürfen uns nicht einbilden, der Leib Christi bestehe nur aus amerikanischen oder britischen Zellen. Nein, er ist viel größer und auch viel herrlicher.

Ich bin in einer Gemeinschaft strenggläubiger Baptisten aufgewachsen. In dieser Gemeinde habe ich gelernt, zu glauben und Gott sowie die Heilige Schrift liebzuhaben. Leider wurde mir da aber auch beigebracht, daß wir unendlich viel besser als jede andere Christengemeinde seien. Uns wurde nicht einmal der Umgang mit anderen Gläubigen gestattet. Meine Urgroßeltern waren als Hugenotten mit knapper Not der Verfolgung durch den französischen König entgangen. Verständlich, daß man uns eintrichterte, Nonnen und Mönche seien vom Teufel. Ich habe, um wirklich ein Christ zu werden, so manche altgewohnte Vorstellung über Bord werfen müssen.

Inzwischen habe ich gelernt, daß Gott seinen Leib auf Erden, der wie tausend Inseln über alle Welt hingestreut ist, stets als ein Ganzes sieht. Und ich bin überzeugt, er liebt die bunte Vielfalt, weil er den jeweiligen kulturellen Hintergrund versteht und weiß, daß seine Verehrer ihn aus vollem Herzen anbeten.

Die Schwarzen in Murphy, einer Stadt in Nord-Carolina, loben Gott mit lautstarkem Geschrei. Die Gläubigen in Österreich intonieren den Lobgesang bei wunderbarem Orgelklang in Kirchen, deren Fenster herrliche Glasmalerei aufweisen. Afrikaner tanzen Gott zur Ehre unter dumpfem Trommelklang. Stille Japaner geben ihrem Dank gegen Gott dadurch Ausdruck, daß sie etwas Schönes schaffen. Inder strecken die Hände empor, Handfläche gegen Handfläche, zum sogenannten Achtungsgruß. Dieser hat seinen Ursprung in der hinduistischen Vorstellung „Ich bete den Gott an, den ich in dir erkenne." Doch unter Christen gewinnt dieser Brauch eine neue Bedeutung: Ich erkenne Gottes Ebenbild in den Brüdern.

Der Leib Christi ist genau wie unser Körper aus einzelnen, höchst ungleichen Zellen zusammengesetzt, die alle miteinander eng verbunden sind, um den einen, ganzen Leib zu bilden. Christus ist das Ganze, und unsere Freude an seinem Leibe wird um so größer, je mehr wir begreifen: Wir dürfen so verschieden sein und brauchen dabei nicht verlorene Außenseiter zu werden.

4 Hier hat jeder seinen Wert

Ich wuchs in Indien auf. Als Junge verehrte ich meinen Vater abgöttisch. Er war ein Missionar, der in jeder menschlichen Not, die ihm begegnete, zu helfen wußte. Ein einziges Mal – ich war damals sieben Jahre alt – sah ich ihn zögern. Drei Fremde schleppten sich den schmutzigen Pfad herauf, der zu unserem auf einem Hügel gelegenen Haus führte. Auf den ersten Blick sahen diese drei nicht anders aus als Hunderte anderer Fremder, die zu uns kamen, um ärztliche Hilfe zu erbitten. Jeder von diesen drei trug Turban, weite Hosen und Übertuch, das über eine Schulter geworfen war. Doch als sie näherkamen, da bemerkte ich doch Besonderheiten: Ihre Haut sah wie gesprenkelt aus, Gesicht und Ohren waren dick geschwollen, und um die Füße hatten sie blutdurchtränkte Binden gewickelt. Und nun, als sie ganz dicht herangekommen wa-

Als Zeichen der Unabhängigkeit und Freiheit ihres Kindes heben amerikanische Mütter die ersten Schuhe auf und lassen sie manchmal sogar in Bronze gießen. Japanische Mütter dagegen bewahren ein kleines Stück von der Nabelschnur ihres Kindes auf und gedenken damit der Abhängigkeit und der Loyalität ihres Kindes.

Stephen Franklin

ren, sah ich, daß ihnen auch einige Finger fehlten. Einer hatte keinen einzigen Zeh mehr, seine Beine endeten in abgerundeten Stümpfen.

Meine Mutter reagierte ganz anders als sonst. Von ihrer sonst üblichen freundlichen Gastlichkeit war nichts zu spüren. Ihr Gesicht war bleich und seltsam gespannt, als sie mir zuwisperte: „Lauf und hol Papa! Paß auf deine Schwester auf, und bleibt mir ja beide im Hause!"

Meine Schwester gehorchte aufs Wort. Ich aber kroch, nachdem ich den Vater herbeigerufen, auf Händen und Knien an eine Stelle, von der ich einen guten Ausblick hatte. Irgend etwas Schlimmes ging da vor, und ich wollte es mir auf keinen Fall entgehen lassen. Mein Herz schlug mir bis zum Halse, als ich sah, wie ein Zug von Unsicherheit, ja fast von Furcht, über das Gesicht meines Vaters flog. Nervös und unentschlossen stand er vor den drei Fremden. Zum ersten Mal sah ich meinen Vater hilflos.

Die drei Männer warfen sich vor ihm auf die Erde, eine indische Gewohnheit, die mein Vater durchaus nicht schätzte. „Ich bin nicht Gott. Ihn allein sollt ihr anbeten!" pflegte er gewöhnlich zu sagen und dabei die Inder emporzuziehen. Doch diesmal rührte er sich nicht. Erst nach längerer Zeit sagte er ganz leise: „Es tut mir leid, doch in diesem Fall kann ich nicht viel machen. Bleibt hier und bewegt euch nicht vom Fleck. Ich will sehen, daß ich euch wenigstens etwas helfen kann."

Er rannte in die Apotheke, dieweil die Fremden auf dem Boden hocken blieben. Nicht lange und er kam zurück, mit Binden, Salbe und einem Paar Gummihandschuhe, die er sich schon im Gehen überzog. Das war höchst ungewöhnlich. Und ich fragte mich, wie er die Männer richtig behandeln könne, wenn er Handschuhe trug. Er wusch den Fremden die Füße, strich Salbe auf ihre Wunden und verband sie dann. Merkwürdig, sie stöhnten oder jammerten nicht, als er ihre Wunden berührte.

Während Vater die Männer verband, hatte Mutter einen

Weidenkorb mit Früchten gefüllt. Den setzte sie neben den Fremden auf die Erde. Sie hatte wohl gedacht, sie würden den Korb mit den Früchten mitnehmen, wenn sie gingen. Doch sie nahmen nur die Früchte heraus und ließen den Korb stehen. Als sie hinter dem nächsten Hügel verschwunden waren, wollte ich hin und den Korb holen.

„Nein!" schrie meine Mutter. „Rühr ihn nicht an! Und geh auch nicht zu der Stelle, wo sie gesessen haben!" Schweigend sah ich zu, wie Vater den Korb nahm und ihn ins Feuer warf. Dann schrubbte er ausgiebig seine Hände mit heißem Wasser und scharfer Seife. Schließlich badete Mutter noch meine Schwester und mich, obwohl wir doch gar nicht mit den fremden Besuchern in Berührung gekommen waren.

Das war meine erste Begegnung mit der Lepra. Über diese Krankheit liegen schon aus den Frühtagen der Menschheit Berichte vor. Und bestimmt ist Lepra – über alle Zeiten hin – die am meisten gefürchtete Krankheit. Seltsamer Widerspruch: Damals, als Kind von sieben Jahren, fühlte ich heftigen Abscheu vor dieser Krankheit, und dennoch – wahrscheinlich vernahm ich gerade in diesem Augenblick den Ruf, meine Lebensaufgabe bei den Leprakranken zu suchen. Jedenfalls lebte ich die nächsten dreißig Jahre fast jeden Tag zusammen mit ihnen. Und manche herzliche und dauerhafte Freundschaft entsprang dem Umgang mit diesen tapferen Menschen. Während dieser drei Jahrzehnte sind eine Reihe übertriebener Angstvorstellungen und Vorurteile über die Lepra abgebaut worden, zumindest unter den Ärzten. Sie gilt heute als kontrollierbar und nicht unbedingt ansteckend. Das verdanken wir zu nicht geringem Teil auch dem Vorhandensein wirksamer Medikamente.

Immerhin sind auch heute noch in vielen Teilen der Welt fast ein Viertel aller Aussätzigen in irgendeiner Form in Behandlung. Mit Aussatz ist eben nicht zu spaßen, er vermag schwere Schäden anzurichten, Blindheit oder auch den Verlust von Händen und Füßen. Wie aber kommt es, daß Lepra so entsetzliche Folgen hat?

Als ich Aussätzige in Indien behandelte, brachten mich eine Reihe von Beobachtungen zu einer ziemlich einfachen Theorie: Sollte es möglich sein, daß die entsetzlichen Folgen dieser Krankheit daher rühren, daß die Betroffenen das Schmerzgefühl verloren haben? Diese Krankheit gleicht nämlich durchaus nicht einem Krebs, der gleichmäßig den Körper zerstört, greift vielmehr besonders eine ganz bestimmte Art von Zellen an, und zwar die Nervenzellen. Nach jahrelangen Versuchen und Beobachtungen war ich sicher, daß ich mit meiner Theorie richtig lag.

Der schrittweise Verlust des Schmerzempfindens führt dazu, daß die Körperteile mißbraucht werden, die am meisten den Schutz durch Schmerz benötigen. Ein Aussätziger, der einen Hammer mit zersplittertem Stiel benutzt, fühlt nicht den Schmerz. Und prompt kommt es zu einer Infektion der verletzten Hand. Ein anderer tritt am Bordstein fehl, verstaucht sich das Fußgelenk und geht trotzdem weiter, weil es nicht wehtut. Ein dritter verliert den Gebrauch jenes Nervs, der das Augenlid veranlaßt, sich alle paar Sekunden zu senken und so den Augapfel feucht zu halten. Das Augenäußere trocknet daher aus, der Mensch erblindet mit der Zeit.

Die Millionen Zellen in Hand oder Fuß, die stets einsatzbereiten Zäpfchen und Stäbchen in der Retina unseres Auges, sie alle können unbrauchbar werden, wenn auch nur ein paar Nervenzellen ausfallen. Darin also besteht die Tragödie des Aussatzes.

Man kann bei anderen Krankheiten etwas Ähnliches finden. So kann zum Beispiel bei der Sichelzell-Anämie oder der Leukämie die Fehlfunktion eines einzigen Zelltyps sehr schnell einen Menschen zerstören. Oder man stirbt sehr bald an Blutvergiftung, falls die Zellen versagen, die die Aufgabe haben, die Nierengänge in Arbeit zu halten.

Dieser Sachverhalt im Körperganzen – der besondere Eigenwert jedes Einzelteils – enthüllt sich ganz deutlich bei einer Erkrankung wie der Lepra. Der Ausfall einer bestimmten Zellart führt zu tragischen Konsequenzen für das Ganze. Wer die unübersehbare Fülle von Zellen und ihren Reichtum an speziellen Aufgaben studiert, der mag zunächst zu dem Eindruck gelangen, jede Zelle sei ohne weitere Folgen austauschbar. Doch derselbe Körper, der uns mit der Spezialisation und der Verschiedenheit der Zellen konfrontiert hat, der stellt zugleich klar, daß jeder der vielen Körperteile seinen eigenen Wert besitzt und nur zu oft lebensnotwendig ist.

Es ist interessant, daß dieser Wert jedes einzelnen Gliedes auch in dem biblischen Bild vom Leibe Christi das Hauptthema ist (Römer 12,5; 1. Korinther 12; Epheser 4,16)!

Hören wir uns mal an, auf welch eigenwillige Weise Paulus das in 1. Korinther 12 beschreibt:

„. . . die Glieder des Leibes, die uns dünken die schwächsten zu sein, sind die nötigsten; und die uns dünken, am wenigsten ehrbar zu sein, die umkleiden wir mit besonderer Ehre; und die uns übel anstehen, die schmückt man am meisten. Denn die uns wohl anstehen, die bedürfens nicht. Aber Gott hat den Leib zusammengefügt und dem geringeren Glied höhere Ehre gegeben, auf daß nicht eine Spaltung im Leibe sei, sondern die Glieder füreinander gleich sorgen. Und wenn ein Glied leidet, so leiden alle Glieder mit; und wenn ein Glied wird herrlich gehalten, so freuen sich alle Glieder mit“ (1. Kor. 12,22–26).

Es ist klar, worauf Paulus hinauswill: Christus wählte sich die Glieder so aus, daß sie alle – ein jedes an seinem Platz – ihren Beitrag leisten zu seinem Leibe. Eine Fehlleistung, die dem Leib schaden könnte, wird von vorneherein ausgeschlossen. Paulus betont dabei, daß die nicht sichtbaren

Teile – ich denke da an Organe wie Bauchspeicheldrüse, Nieren, Leber und Milz – womöglich die allerwichtigsten sind. Obwohl ich ganz selten mal spüre, was ich ihnen eigentlich zu danken habe, vollbringen sie Tag für Tag all die Funktionen, die notwendig sind, um mich am Leben zu erhalten.

Doch ich muß noch einmal auf das Bild vom Leibe zurückkommen. In unserer westlichen Gesellschaft bemißt man den Wert einer Person nach dem Gehalt, das sie für ihre Dienstleistung bekommt. So müssen etwa Flugkapitäne eine strenge Ausbildung und harte Prüfungen durchmachen, bevor man sie ins Cockpit eines Jumbo läßt. Dafür genießen sie dann aber einen luxuriösen Lebensstil und werden auf der sozialen Stufenleiter hoch angesetzt. So signalisieren in unserer Leistungsgesellschaft allgemein sichtbare Symbole – wie etwa Büroeinrichtung, Sondervergütungen und Einkommen – den Stellenwert eines jeden Berufs. Und gelingt es einem oder einer, auf der Stufenleiter ganz nach oben zu steigen, dann kann er oder sie vollmundig klingende Titel hamstern. Beim Militär wieder bestimmt der Dienstgrad den Wert einer Person. Der Ranghöhere muß gegrüßt werden. Er erteilt Befehle an die Untergebenen. Und bei jeder Uniform kann man an Streifen und Sternen ablesen, wo einer einzuordnen ist.

So hängt jedem ein Etikett um, an dem man erkennt, welchen Status er hat.

Unsere Kultur ist gespickt mit Bewertungssystemen. Das fängt schon in der Unterstufe der Schule an, sobald die Kinder die ersten Noten bekommen. Das alles, zusammen mit ein paar anderen Faktoren wie etwa äußere Erscheinung, Beliebtheitsgrad und Durchsetzungsvermögen, verleiht dann dem einzelnen sein ganz bestimmtes Selbstbewußtsein.

In so einer Gesellschaft trübt sich der Blick für die Wirklichkeit. Ich fange dann tatsächlich an, einen Hausmeister gegenüber dem Jetpiloten als Menschen minderer Klasse einzustufen. Wenn es soweit gekommen ist, dann ist es höchste Zeit, daß ich mich an das Bild erinnere, das Paulus vom Leibe zeichnet. Paulus wendet sich da ganz klar gegen ein solches Denken von unheilvollem Konkurrenzkampf und Leistungsdenken. In unserer Gesellschaft hat ein Hausmeister darum einen geringen Status, weil er leicht auswechselbar ist. Darum sehen wir ihn von oben herab an und gestehen ihm einen geringen Lohn zu. Die Arbeitsteilung in einem Leibe aber ist nicht auf den Status gegründet. Der Status ist nämlich völlig unwichtig in Hinsicht auf die Aufgabe, die zu leisten ist. Die Hausmeister des Leibes sind unkündbar, weil unentbehrlich. Und wenn du das nicht glauben willst, dann unterhalte dich mal mit einem, der zweimal die Woche zur Blutdialyse gehen muß!

Die Bibel findet harte Worte gegen jene, die „nach dem Ansehen der Person" urteilen. Jakobus schildert eine Situation, die wir alle kennen:

„Denn so in eure Versammlung käme ein Mann mit einem goldenen Ringe und mit einem herrlichen Kleide, es käme aber auch ein Armer in einem unsauberen Kleide, und ihr sähet auf den, der das herrliche Kleid trägt, und sprächet zu ihm: Setze du dich her aufs beste! Und sprächet zu den Armen: Stehe du dort! Oder: Setze dich unten her zu meinen Füßen! – Ist's recht, daß ihr solchen Unterschied bei euch selbst macht und richtet nach argen Gedanken?

Wenn ihr aber so die Person anseht, tut ihr Sünde und werdet überführt vom Gesetz als Übertreter. Denn so jemand das ganze Gesetz hält und sündigt an einem, der ist's ganz schuldig" (Jakobus 2,2–4; 9–10).

Paulus drückt dasselbe positiv aus: „Da ist nicht mehr Grieche, Jude, Beschnittener, Unbeschnittener, Nichtgrieche, Skyte, Knecht, Freier, sondern alles und in allen Christus" (Kolosser 3,11).

In unserer statusbewußten Leistungsgesellschaft, die alles einordnet nach Slogans, die in Superlativen schwelgen, kann leicht etwas von diesem Denken einsickern in die

Gemeinde Christi. Doch das Kennzeichen derer, die Christus folgen, darf auf keinen Fall die militärische Hierarchie oder ein gesellschaftliches Statusdenken sein. Die Kirche Christi ist eher eine Familie, in der ein von Geburt an behinderter Sohn denselben Wert hat wie sein akademisch gebildeter Bruder. Die Gemeinde ist ein Leib; sie setzt sich aus Zellen zusammen, die sich in auffälliger Weise unterscheiden und doch alle zum Wohl des Ganzen zusammenarbeiten.

Gott stellt nur eine einzige Forderung an diese seine „Zellen“: daß eine jede dem „Haupt“ untertan ist. Wenn jede Zelle erkennt, daß ihre Lebensaufgabe darin besteht, zum Wohl des ganzen Leibes zu wirken, dann bleibt der Leib gesund. In diesem, aber auch nur in diesem einen Punkte besteht absolute „Gleichheit aller“. Eine Meisterleistung des Schöpfers! Er hat jeden, der zum Leibe Christi gehört, mit derselben Fähigkeit ausgestattet, ihm, dem Herrn, Rede und Antwort zu stehen. In der Gemeinde Christi hat eine Kindergärtnerin denselben Wert wie ein Bischof, und ihre Arbeit ist ebenso wertvoll wie seine. Der Kollektenpfennig einer Witwe wiegt so schwer wie das Jahreseinkommen eines Millionärs. Ob einer schüchtern oder schön ist, rassig oder kultiviert – das alles gilt nicht. Hier gilt nur das eine: daß wir unserem Haupt Jesus Christus dienen und durch ihn auch unserem Nächsten.

Zu unserer kleinen Gemeinde in Carville gehört auch ein ganz treuer Christ namens Lou. Er stammt aus Hawaii. Die Lepra hat ihn schwer gezeichnet: Augenbrauen und Wimpern fehlen, sein Gesicht wirkt wie nackt und zerrissen. Infolge der Lähmung seiner Augenlider fließen ständig Tränen über sein Gesicht, als ob er immerfort weine. Und weil die Nervenzellen am Außenauge infolge der Lepra ausgefallen sind, ist er schon fast erblindet. Lous Leben ist ein ständiger Kampf gegen die zunehmende Isolation von der Außenwelt. Sein Tastsinn ist hin, und dieser Verlust, dazu seine fast völlige Blindheit, machen ihn ängstlich und zurückhaltend. Am meisten fürchtet er, daß ihn nun auch sein Gehör im Stich lassen könnte, denn Lous ganze Liebe gilt der Musik. Er kann – außer seiner persönlichen Gegenwart – nur eine einzige „Gabe“ zu unseren Gottesdiensten beisteuern: Er singt Choräle zu Gottes Ehre und begleitet sich dabei auf einer Harfe. Unser Therapeut hat eigens Handschuhe erfunden, die es Lou ermöglichen, seine Harfe auch weiterhin zu spielen, ohne dabei seine schmerzunempfindlichen Hände zu schädigen.

Und gerade an Lou erweist sich, wie wahr das ist, was wir über den Leib Christi sagten: Kein anderer steuert mehr für das geistliche Leben unserer sonntäglichen Gemeinde bei als Lou mit seinem Harfenspiel. Was er da – in seinen engen Grenzen – mit seiner Musik zum Lobe Gottes beiträgt, das ist mehr und wirkt stärker als all das, was wir andern beizutragen vermögen. Wenn Lou uns einmal verlassen sollte, dann wird eine Lücke bleiben, die kein anderer schließen kann, nicht einmal ein ausgebildeter Berufsharfenist, der über erstklassige Fingerfertigkeit verfügt und einen akademischen Grad am Konservatorium erworben hat. Jeder in unserer Gemeinde erkennt es an, daß Lou ein aktives Gemeindeglied ist, das durchaus seinen eigenen Beitrag zu leisten versteht. Lou ist ebenso wichtig wie jeder andere. Und das eben ist das Geheimnis des Leibes Christi. Wenn jeder von uns lernen wollte, daß wir einzig und allein als Glieder des Leibes Christi etwas bedeuten, und wenn jeder dementsprechend auch dem andern seinen Wert zugestehen wollte, dann könnte es dazu kommen, daß alle Zellen im Leibe Christi so wirksam werden, wie er es will.

5 In vollkommenem Einklang

Der Biologe nimmt aus dem Brutschrank ein Ei, das ein vollentwickeltes Küken enthält. Drei Wochen zuvor war dieses Ei nur eine einzige Zelle. Woraus folgt, daß ein unbefruchtetes Straußenei die größte Zelle ist, die es auf unserem Planeten überhaupt gibt. Jetzt aber ist das Hühnerei, von dem wir reden, eine Ansammlung von Hunderten Millionen Zellen, ein Wirbel beweglichen Protoplasmas, in rascher Zellteilung begriffen, um sich auf das Leben draußen vorzubereiten. Der Biologe zerbricht die Eischale und opfert damit das Leben des Kükens.

Obwohl der Embryo jetzt tot ist, leben einige seiner Zellen noch immer. Zwar läuft die Todesbotschaft rasch durch den Körper, doch es kann Tage dauern, bis die letzten Außenposten die Waffen strecken. Der Biologe entnimmt dem winzigen Herzen ein paar Muskelzellen und

An meinem Leben und meinen Schicksalen liegt nichts; an den Wirkungen meines Lebens liegt unendlich viel.
Johann Gottlieb Fichte

bringt sie in eine Salzlösung. Unter dem Mikroskop erscheinen diese Zellen als längliche, spindelförmige Zylinder, quergestreift wie Eisenbahngeleise mit ihren Schwellen. Ihre alleinige Aufgabe bestand darin, das Herz zum Schlagen zu bringen; und diese Aufgabe nehmen sie auch noch in der anarchischen Welt außerhalb des Körpers wahr. Ununterbrochen zuckt jede dieser Zellen rhythmisch zusammen, ein geradezu mitleiderregendes, weil außerhalb des Körpers völlig nutzloses Zucken. Und wenn man die Zellen in der richtigen Nährlösung hält, können sie lange am Leben gehalten werden.

Da sie von keinem Schrittmacher gesteuert werden, schlagen diese Zellen unregelmäßig. Doch jede hält sich an einen Rhythmus von etwa 350 Schlägen pro Minute, was der Norm eines Kükenherzens entspricht. Der aufmerksame Beobachter muß feststellen, daß sich nach einer Zeit von ein paar Stunden ein erstaunliches Phänomen vollzieht. Hatten sich zuerst fünf Zellen unabhängig voneinander jede in ihrem eigenen Tempo kontrahiert, dann schlagen bald zwei, dann drei und am Ende alle fünf im gleichen Rhythmus. Aus dem Nebeneinander ist ein vollkommener Einklang geworden. Wie ist das Gefühl für solchen Einklang in der Nährlösung zustande gekommen? Und warum?

Einige Arten von Leuchtkäfern handeln ähnlich. Man wandert durch das Waldesdickicht und entdeckt einen ganzen Schwarm von ihnen. Ihr Leuchten flackert ganz unregelmäßig auf, ganz zufällig. Und dann beobachtet man, daß die Leuchtkäferchen, eines nach dem andern, in den gleichen Takt fallen. Und am Ende sieht man nicht mehr Dutzende von Glühpünktchen flackern, sondern alle blinken jetzt im Gleichtakt. Es ist, als würden die Leuchtröhren in einem Saal gleichmäßig ein- und ausgeschaltet. Den Herzzellen wie den Leuchtkäfern scheint dies angeboren zu sein. Sie geben im gleichen Augenblick das gleiche Zeichen, obwohl keiner da ist, der den Taktstock schwingt.

Zusammenarbeit auf Gedeih und Verderb, dieses seltsame Phänomen an Zellen, sogar außerhalb des Körpers, ist eine Grundregel des Lebens.

Da hält sich jede Herzmuskelzelle genau an den Takt, oder das Lebewesen stirbt. Jede einzelne Zelle ist aufs innigste verbunden mit dem ganzen Körper. Woher wußte die weiße Blutzelle im Fledermausflügel, welche Zellen sie als Angreifer bekämpfen mußte und welche Zellen als Freunde zu behandeln waren? Nicht die einzelne Zelle entscheidet das. Alle Zellen eines Leibes haben einen untrüglichen Sinn dafür, wer zu ihnen gehört.

Alle lebendige Materie ist im Grunde gleich. Nur in einem einzigen Atom unterscheidet sich tierisches Blut von pflanzlichem Chlorophyll. Doch der Körper erfaßt auch winzigste Unterschiede mit einem untrüglichen Spürsinn. Es ist, als kenne er seine hundert Trillionen Zellen alle beim Namen. Die ersten Patienten, an denen man eine Herztransplantation vornahm, starben. Nicht etwa, weil das neue Herz versagte, sondern weil ihr Körper sich nicht täuschen ließ. Obwohl die Zellen des neuen Herzens in jeder Hinsicht denen des früheren glichen und durchaus im richtigen Rhythmus schlugen, wußte der Körper: Sie gehören nicht zu uns! Sie besaßen nicht die richtige „Mitgliedskarte". Der Körper schlug Alarm: Fremde! Und er machte mobil, diese von außen importierten Zellen zu vernichten. Dieses Rätsel der sogenannten Immunreaktion belastete die Organtransplantationen in ihrer Anfangszeit.

Das Problem der Identität des Körpers wird noch schwieriger, wenn ich bedenke, daß sich dieser Paul Brand, der ich heute bin, stark unterscheidet von dem, der ich vor zehn Jahren war. Alle meine Knochen-, Fett-, Blut- und Muskelzellen sind inzwischen durch neue ersetzt. Nur meine Nerven- und Gehirnzellen sind noch die alten. In der Tat, mein Leib ähnelt eher einer Quelle als einem Standbild. Ständig und unaufhaltsam erneuert er sich. Aber irgendwie weiß mein Körper, daß die erneuerten Zellen zu ihm gehören, und er nimmt sie an.

Was treibt die Zellen, zusammen zu arbeiten? Was führt die hundert Zellen zu den höher spezialisierten Funktionen wie Bewegungsablauf, Sehvermögen oder gar Bewußtsein?

Das Geheimnis der Dazugehörigkeit liegt im Zellkern verborgen, in der Doppelwendel des DNA. Ei und Samenzelle geben ihre Erbanlagen dazu her, die DNA-Wendel jedes Gens riß der Länge nach auf wie ein Reißverschluß. Die DNA-Formel formierte sich bei jeder Zellteilung neu, aus 2 mach 4, 8, 16, 32 und so weiter. Und jede neue, durch die Teilung entstandene Zelle enthält denselben DNA-Code. Im weiteren Verlauf spezialisieren sich dann die Zellen, doch jede trägt in sich denselben Code von ein paar hunderttausend Genen. Man vermutet, DNA enthalte so viele Informationen, daß ein Buch von 1600 Seiten nötig wäre, sie auszudrucken. Eine Nervenzelle vermag zu funktionieren anhand von Instruktionen, die man auf vier Seiten unterbringen könnte. Die Instruktionen für eine Nierenzelle würden schon etwa 25 Seiten fordern. Und doch haben die Informationsträger beider Zellen den gleichen Umfang. Die DNA-Wendel ist so eng und dicht gebaut, daß alle Gene meines Körper bequem in einem Eiswürfel unterzubringen wären. Aber wenn man sie aufwickeln und in einer Reihe hintereinander anordnen wollte, dann gäbe das einen Faden, den man vierhundertmal von der Erde zur Sonne und wieder zurück spannen könnte.

Dieses DNA liefert der Zelle auch das gesicherte Wissen, daß sie zum Körperganzen gehört. Jede Zelle besitzt einen genetischen Code, der so vollständig ist, daß der gesamte Körper aus diesen Informationen rekonstruiert werden könnte. Ein weites Feld, geeignet für Spekulationen über das „Cloning“, das gezielte Manipulieren der Gene.

Der Schöpfer der DNA erwählte die Menschen für einen neuen und höheren Zweck: Der Mensch sollte Teil Seines heiligen Leibes sein. Diese Teilhabe am Leib Christi beginnt mit einer Art Stoff-Austausch, so, als bekäme jede neue Zelle dieses Leibes eine neue DNA. Die Gemeinde Jesu Christi unterscheidet sich von jeder anderen menschlichen Gruppe. Anders als bei einer sozialen oder politischen Körperschaft, beruht die Mitgliedschaft am Leibe Christi auf etwas so Radikalem wie einem neuen DNA-Code. Wirklich, ich bin dem Wesen nach „wie Christus", ganz einfach, weil ich zu Seinem Leibe gehöre.

Je mehr ich die Folgerungen bedenke, die aus diesem Bilde zu ziehen sind, desto klarer wird mir eine Glaubenswahrheit, die uns die Bibel in einer verwirrenden Fülle von Aussprüchen anbietet.

„Erkennet ihr euch selbst nicht, daß Jesus Christus in euch ist?" (2. Korinther 13,5)

„Ich bin mit Christus gekreuzigt, ich lebe, doch nun nicht ich, sondern Christus lebt in mir" (Galater 2,19–20).

„An demselben Tage werdet ihr erkennen, daß ich in meinem Vater bin und ihr in mir und ich in euch" (Johannes 14,20).

„Ich bin der Weinstock, ihr seid die Reben" (Johannes 15,5).

Ich kann diese Idee, von dem lebenden Christus ergriffen zu sein, nur erfassen, wenn ich mir die Parallelen in der natürlichen Welt vor Augen stelle: dieses Geheimnis des Lebens, daß DNA jeder neu entstehenden Zelle das untrügliche Bewußtsein der Zugehörigkeit zum ganzen Körper einpflanzt. Christus erfüllt uns mit geistlichem Leben. Und das ist ebenso wirklich wie unser natürliches Leben. Manchmal kommen mir Zweifel an meinem neuen „Leben in Christus". Und manchmal ist mir, als sei ich noch in meinem „alten Adam". Aber die Sätze der Bibel sind glasklar: „Wer an den Sohn glaubt, der hat das ewige Leben. Wer dem Sohn nicht glaubt, der wird das Leben nicht sehen" (Johannes 3,36).

Der Unterschied zwischen einem, der zu Christus gehört, und einem, der nicht zu ihm gehört, ist ebenso groß wie der zwischen meinem lebenden Körper und einem Tuchfetzen.

DNA hat chemische und mineralische Stoffe so geordnet, daß Leben möglich wurde. Und alle Teile des so entstandenen Körpers wissen, daß sie zu diesem einmaligen Leibe gehören. Auf dieselbe Weise hat Gott die Materie und die Gene des natürlichen Menschen benutzt. Er greift sie heraus und vereint sie neu zu seinem eigenen, dem geistlichen Leben.

Jesus macht diesen Wechsel möglich. „Empfangen durch den Heiligen Geist, geboren von der Jungfrau Maria" – das heißt: Jesu DNA, Jesu „Erbmasse", war ganz Gott und zugleich ganz Mensch. Und darum, durch die Vereinigung mit Ihm, kann Gott wirklich in mir sein.

Dieser unfaßbare Vorgang einer totalen Verwandlung des Menschen vollzieht sich in der Bekehrung. Jesus beschreibt das in Bildern, die seine Zuhörer verstehen konnten. Im Gespräch mit Nikodemus sagt er, man muß „von neuem geboren werden" oder „von oben herab". Er macht damit deutlich, daß das neue, geistliche Leben eine solche Wandlung der ganzen Person erfordert, als sei einer neu in die Welt gekommen. Das Ergebnis dieser Verwandlung, dieses Neugeborenseins: Wir tragen in uns nicht eine Vorstellung von Gott, nicht eine Philosphie über ihn, auch nicht einen Glauben an ihn, nein, wir sind ein wirkliches Stück von Gott, ein Teil seines Leibes.

Eine überwältigende Konsequenz dieser Ausstattung mit den Genen Christi: Wenn wir dereinst vor Gott stehen, dann werden wir nicht gerichtet nach unserer Unwürdigkeit, sondern nach Christi Vollkommenheit. „Ist jemand in Christus, so ist er eine neue Kreatur. Das Alte ist vergangen, siehe, es ist alles neu geworden . . . Gott hat den, der von keiner Sünde wußte, für uns zur Sünde gemacht, auf daß wir würden in ihm die Gerechtigkeit, die vor Gott gilt" (2. Korinther 5,17 und 21). Und Kolosser 3,3 unterstreicht Paulus das: „Euer Leben ist verborgen mit Christus in Gott". Ja, wir sind „in Ihm", und Er ist „in uns".

So, wie der komplette Identitätscode meines Körpers jeder einzelnen Zelle einprogrammiert ist, so verwandelt auch die Wirklichkeit Gottes jede einzelne Zelle in Seinem Leibe. Sie verbindet uns zu einer echten Gemeinschaft. Ich spüre diese Gemeinschaft, wenn ich in Indien, Afrika oder Kalifornien Menschen begegne, die wie ich dem Haupte Christus dienen. Auf der Stelle werden wir zu Brüdern und Schwestern, weil wir befreundete Zellen sind im Leibe Christi. Ich empfinde das herrliche Bewußtsein dieser Gemeinschaft. Es umschließt einen jeden, in dem Gott wohnt.

Zugleich mit den echten Wohltaten, die uns die aus der Bekehrung folgende Verwandlung unserer Persönlichkeit schenkt, ergeben sich aber auch ganz nüchterne Folgerungen. Wenn wir jetzt in der Welt tätig werden, dann müssen wir wissen, daß in unserem Tun Gott in die Haftung genommen ist. Paulus nimmt das Bild vom Leibe Christi zum Anlaß, den sittlich laxen Korinthern die volle Auswirkung ihrer neugewonnenen Identität vor Augen zu stellen: „Wisset ihr nicht, daß eure Leiber Christi Glieder sind? Sollte ich nun die Glieder Christi nehmen und Hurenglieder daraus machen? Das sei ferne! Oder wisset ihr nicht, daß, wer an der Hure hanget, der ist ein Leib mit ihr?" Und Paulus schließt diesen Gedankengang ab mit dem Satz: „Ihr seid nicht euer Eigen, denn ihr seid teuer erkauft. Darum so preiset Gott an eurem Leibe" (1. Korinther 6,15–16; 19–20).

Ich meine, dies ist das sachlichste Argument gegen die Sünde, das man sich nur denken kann. Paulus kommt nicht mit dem erhobenen Zeigefinger: Warte nur, Gott sieht alles! Er denkt vielmehr die Tatsache, daß Gott in uns Fleisch werden will, bis zum Ende durch. Und da wird klar: Erwählung ist eine schwere Last, Gnade ist eine Aufgabe.

Wenn ich ein Teil des Leibes Christi werde, so sieht das zunächst so aus, als hätte ich nur zu verzichten. Ich bin nun nicht mehr so herrlich ungebunden. Es ist auch mit meinem früheren Statusdenken vorbei, nach dem ich unbedingt mit den andern mithalten mußte, weil es immer nur um Macht ging, Wohlstand oder Fähigkeiten. In dem Augenblick, in dem ich mich Christus hingebe, fällt das alles von mir ab. Es ist aus mit dem ständigen Konkurrenzdenken. Ich brauche nicht mehr dem Leben die Zähne zu zeigen und immerzu Klimmzüge zu machen, um mich zu profilieren. Wenn ich ein neuer Mensch in Christus geworden bin, dann ist mein Ziel, so zu leben, daß jedermann in mir die Liebe Christi sehen kann. Es geht nicht mehr um meine eigenen Qualitäten. Was ich wert bin und vermag, das ist jetzt alles eingeschlossen in Ihn. Ich habe am Ende die Entdeckung gemacht, daß dieser Verzicht und die Hingabe an Christus mich tüchtig, gelassen und gütig machen.

6 Jeder trägt des andern Last

Ich schließe die Augen und lasse in Gedanken mein Leben an mir vorüberziehen. Bei dieser Rückblende versuche ich, mir jene seltenen Augenblicke wieder zu vergegenwärtigen, in denen ich Glück und Erfüllung empfand. Zu meinem größten Erstaunen überspringt meine Erinnerung dabei alle großartigen Festessen, aufregenden Ferienerlebnisse und Preisverleihungen. Er verweilt aber bei jenen Fällen, in denen ich mit einem Team eng zusammenarbeiten konnte und unsere gemeinsame Arbeit uns in die Lage versetzte, einander in unserem Menschsein zu fördern. Manchmal verhalf unsere gemeinsame Arbeit uns zu einer besseren Erkenntnis, wie man die Verkrüppelung durch Lepra aufhalten könne oder wie man an einer Beinamputation vorbeikam. Gelegentlich waren das Situationen, die uns wirklich ein Opfer abverlangten. Etwa wenn

Im Geben nehmen wir; im Verzeihen wird uns verziehen; im Tod finden wir zum ewigen Leben.

Franz von Assisi

wir unter besonders primitiven Umständen einen einfachen Tisch zu einem Operationstisch improvisieren mußten, bei vierzig Grad im Schatten, neben mir ein junger Assistent, der mir mit einer Taschenlampe leuchtete. Doch gerade diese Fälle engster Zusammenarbeit, bei denen ich meine ganze Aufmerksamkeit auf das Helfen konzentrieren mußte, leuchteten strahlend aus der Erinnerung auf.

Ich denke da besonders an einen Patienten mit Namen Sadagopan, oder kurz Sadan, wie seine Freunde ihn nannten. Er stammte aus einer künstlerisch gebildeten Familie hoher Kaste in Süd-Indien. Er hatte eine gute Kinderstube genossen, doch die Lepra hatte ihn zu einem Ausgestoßenen gemacht. Straßenpassanten, die seine Wunden bemerkten, wandten sich, von Ekel geschüttelt, schimpfend von ihm ab. In Lokalen bediente man ihn nicht, und in Bussen wurde er nicht mitgenommen.

Sadan kam in unser Hospital in Vellore völlig verzweifelt. Im Gesicht sah er ganz normal aus, doch seine Finger waren verkürzt und gelähmt, und seine eiternden Füße hinterließen auf dem Fußboden bei jedem Schritt feuchte Flecken. Ständige Knocheninfektionen hatten seine Füße auf die Hälfte der normalen Länge verkürzt. Sadan hatte jenes Stadium der Lepra erreicht, in dem der Patient Hände und Füße nicht mehr gebrauchen kann. Jenes Stadium, bei dem unser ärztliches Team sich verzweifelt bemüht, den Fortgang der Krankheit zu stoppen und, wenn möglich, rückgängig zu machen.

Wir waren überzeugt, daß derartige Verunstaltungen der Füße eine Folge des Schmerzverlustes sind. Wer kein Schmerzgefühl mehr in den Füßen hat, der überanstrengt sie, bis sie versagen. Schlichte Beobachtung hatte uns das bewiesen. So hatten etwa herausstehende Nägel oder rauhe Stellen der Schuhsohle in den Füßen der Patienten eiternde Geschwüre entstehen lassen. Sobald es uns gelang, den Druck gleichmäßig auf die ganze Fußsohle zu verteilen, konnte die Haut es aushalten und der Patient ohne weitere

Schädigung gehen. Sadan war die Testperson für diesen Fall. Er war damit einverstanden, in einer strohgedeckten Lehmhütte unseres Rekonvaleszenz-Zentrums zu leben, und bereit, alles mitzumachen, was seinen Zustand bessern konnte. Wir verordneten ihm Bettruhe, bis seine Eiterwunden an den Füßen geheilt waren. Und dann ließen wir ihm weiche Sandalen anfertigen. Gespannt sahen wir zu, wie er wieder zu gehen begann. Doch es war noch keine Woche vergangen, als wieder eine rot entzündete Blase an seinem Fuß erschien. Sofort schickten wir Sadan wieder zu Bett. Immerhin gaben wir die Hoffnung nicht auf. Wir waren ja noch am Experimentieren, mußten eben weiter suchen, bis wir das für Sadan geeignete Schuhmaterial gefunden hatten.

Es ist unmöglich, in wenigen Sätzen zu beschreiben, wie oft wir in den nächsten Jahren zwischen Hoffen und Verzweiflung hin und her gerissen wurden. Wir versuchten es mit Gipsverbänden und Holzpantinen, sogar mit Plastikschuhen, die wir nach Wachsabdrücken hergestellt hatten. Ich fuhr nach Kalkutta, um mich über die richtige Mischung von Polyvinychlorid zu informieren, und nach England, um aufsprühbare Plastikstoffe zu testen.

Ich kam mir vor wie einer, der sich verzweifelt bemüht, das Leben zweier lieber Freunde zu retten. Der eine – das war die Überzeugung, die ich in mir selbst gewonnen und gepflegt hatte: daß es eine Möglichkeit geben muß, Aussatzverstümmelung zu verhindern. Ich war fest davon überzeugt, daß Aussatz zuerst die Nerven angreift. Es war darum unsere Hauptaufgabe herauszufinden, wie man den Patienten davor bewahren kann, sich selbst zu verstümmeln. Wir hatten so manche hilfreiche Einsicht gewonnen und in leichteren Fällen auch schon gute Erfolge aufzuweisen. Diese Theorie war uns mehr als eine bloße wissenschaftliche Hypothese; sie war für uns so etwas wie ein eigenes liebes Kind geworden. Gegen eine Gruppe älterer und ungleich erfahrenerer Mediziner setzte sich unsere kleine Schar in Vellore für eine Sache ein, die möglicherweise die alten

Vorurteile über den Aussatz überwinden konnte. Jetzt aber, nach Jahr und Tag, nachdem Sadan Schuh nach Schuh probiert hatte und wir es erleben mußten, wie seine Geschwüre kamen, gingen und wieder kamen, da lag unsere Theorie im Sterben.

Doch da mußte vor allem ein anderer getröstet werden, Sadan selbst. Es war schließlich sein Fuß, an dem wir unsere Studien trieben. Wir spielten mit unseren Theorien, Sadan hielt seinen Körper hin. Und seine Hoffnung! Es kam so weit, daß ich es kaum noch wagte, Sadan zu besuchen und ihm die Strümpfe auszuziehen. Dabei wußte ich, daß ich von ihm auch nicht einen einzigen Laut der Klage hören würde. Ich hatte Sadan lieb gewonnen, und ich wußte, daß auch er mich in sein Herz geschlossen hatte und sich an mich, seine letzte Hoffnung, klammerte. Oft meinte ich, ich solle ihm zuliebe aufgeben und seine Füße amputieren. Er könnte dann, wenn auch mit Holzprothesen, nach Hause zu seiner Familie zurückkehren.

Nach jedem Fehlschlag probierten wir es mit einem neuen Modell: einem hohen, festen Schuh oder einer federnden, biegsameren Sohle. Und trafen uns dann jeden Abend mit frischer Hoffnung. Manchmal ging das einen Monat lang gut. „Sadan, jetzt haben wir das Richtige getroffen!" wollte ich rufen, als ich kein Anzeichen neuer Infektion entdeckte. Doch am Ende, unausweichlich, zeigten sich wieder die ersten Spuren eines Fehlschlags. Ich hatte eine Druckstelle entlasten wollen, die dort, wo sie saß, ein altes Problem gewesen war; das Ergebnis war, daß sich an anderer Stelle eine neue Wundstelle bildete. Wir trösteten Sadan, Sadan tröstete uns. Jeder weinte in der Stille, doch keiner ließ sich seine Verzweiflung anmerken.

Ich hatte, ganz abgesehen von dem Entwerfen von Schuhmodellen, auch sonst handwerklich zu schuften. Wenn ich als Lehrer und Chirurg meinen Arbeitstag hinter mir hatte, begab ich mich ins Rekonvaleszenz-Zentrum und übte mich wieder im altlieben Tischlerhandwerk. Mit Hilfe eines Satzes von Stechbeiteln, Meißeln und Raspeln wollte ich aus einem Holzblock eine Pantine schnitzen und sie so weit bearbeiten, daß sie auf ein Modell von Sadans Fuß paßte. Als ich sie auf dem Leisten sitzen hatte, arbeitete ich jede Delle des Fußes als entsprechende Höhlung in den Holzschuh. Zum Schluß bekam die Oberfläche mit feinem Sandpapier den letzten Schliff, so daß die polierte Oberfläche Sadans Fuß nicht scheuern konnte. Nachdem dann noch lederne Schuhriemen angebracht waren, war Sadan für eine weitere Erprobungszeit zum Gehen ausgerüstet.

Ich hatte vor, während der nächsten Wochen Sadans Füße auf Druckstellen zu untersuchen und darauf zu achten, ob sich Anzeichen für Entzündungen einstellten, um sogleich die Holzschuhe entsprechend zu korrigieren. Und am Ende würde Sadan mir doch wieder einen seiner Schuhe bringen und auf eine blutige Stelle ziemlich am Ende deuten. „Tut mir leid", würde er dann sagen. Und ich würde genauso murmeln: „Mir auch!" Und wir würden nochmals von vorn anfangen.

Bei all dieser Mutlosigkeit hatten wir doch ein paar glückliche Momente. Wir machten die Erfahrung, daß auch die erfolgreichsten Schuhe irgendwo einen steifen, unelastischen Abschnitt in der Sohle besaßen. Und das machte dann den Schuh zu einer Schaukel, die sich wie eine Wippe auf der Drehachse wiegte, steif und keineswegs geschmeidig. Wich tig war auch, daß ich herausfand, man könne schon die ersten Anzeichen einer Entzündung im Fuß durch vorsichtiges Befühlen ertasten. Obschon Sadan keinen Schmerz empfinden konnte, waren doch meine Hände in der Lage, einen Entzündungsherd im Gewebe zu spüren. Ich lernte schnell, daß solche Entzündungsherde sich in ein oder zwei Tagen beruhigten, wenn ich sie nur früh genug erkannt hatte. Gelang es mir, sie frühzeitig zu sondieren, dann war ich in der Lage, den Schuh entsprechend zu korrigieren oder doch dem Fuß Ruhe zu geben, so daß die Haut sich regenerieren konnte.

Schon bald nach dieser Entdeckung wurden die Zeiten, in denen Sadan gehen konnte, länger und die Rückschläge entsprechend seltener. Unsere Verzweiflung begann einer fast atemberaubenden Hoffnung zu weichen. Sadan blieb für Monate ohne Beschwerden und konnte besser gehen als all die Jahre zuvor.

Eines Tages machte ich eine Erfahrung, die mir fast den Atem nahm. Ich befühlte wieder einmal seine Füße, die ich nun schon viel besser als meine eigenen kannte. Ich freute mich, daß sie sich kühl und entzündungsfrei anfühlten. Und plötzlich kam mir zum Bewußtsein, daß diese Haut sich jetzt ganz anders als früher anfühlte. Bisher war mir Sadans Haut fest, warm und angespannt vorgekommen, während sie sich jetzt kühl, locker und beinah wie geschrumpft zeigte. In diesem Augenblick ging mir ein Licht auf: Dies waren Sadans normale Füße! Zum ersten Mal zeigten sie sich mir so. In all den Jahren, seit denen ich ihn kannte, hatte ein Rest chronischer Infektion und hartnäckig auftretender Schädigungen dafür gesorgt, daß seine Füße geschwollen und entzündet blieben. Jetzt aber war Sadan monatelang beschwerdefrei gewesen, und der Körper hatte die flüssigen Eiweißstoffe verarbeitet, so daß Haut und Knochen frei von Entzündungen blieben. So kam es, daß sie jetzt in der Lage waren, sich einwandfrei zu bewegen und sogar äußerem Druck zu widerstehen.

Unsere bisherigen Probleme hatten also zu nicht geringem Teil daher gerührt, daß Sadans Füße niemals Gelegenheit gehabt hatten, zwischen all den Krankheitsanfällen zu einem gesunden Normalzustand zurückzufinden. Sein Körpergewebe hatte sich ganz darauf eingestellt, gegen die Infektionen anzukämpfen, war aber gerade dadurch für mechanische Angriffe verwundbar geworden. Wir hatten Sadan zu früh nach den jeweiligen Heilungserfolgen zum Gehen angehalten. Da seine Nerven empfindungslos waren, hatte er keinerlei Schmerz wahrgenommen. Jetzt aber hatte ich im Laufe von Monaten gelernt, die Schmerzen wahrzunehmen, die er selbst nicht empfinden konnte.

Wenn mich mein Weg heute nach Indien führt, mache ich gern einen Umweg, um meinen Freund Sadan, seine Frau Kokela und ihre liebe Familie zu besuchen. Er ist jetzt selbstbewußt und unabhängig, seinen Lebensunterhalt verdient er sich als Leiter des Schallplattenarchivs eines Krankenhauses. Er geht mit Hilfe sogenannter Schaukelstuhlschuhe, wie sie heute weltweit von Aussätzigen, Diabetikern und anderen Patienten mit gefühllosen Füßen gern benutzt werden.

Jedesmal, wenn wir uns sehen, zieht Sadan seine Schuhe aus und zeigt mir glückstrahlend seine bloßen Füße, die nun schon seit vielen Jahren frei von Geschwüren sind. Seine Haut ist locker und spannungsfrei, seine Füße fühlen sich kühl an. Und ich lasse meine Finger über die mir so gut vertrauten Konturen seiner Füße gleiten. Wenn unsere Augen sich begegnen, dann erinnern wir uns an jene Tage, in denen wir verzweifelt weinten. Doch besonders lebhaft erinnern wir uns jenes Tages, an dem wir überglücklich erkannten, daß sich die Gesundheit seiner Füße endgültig zum Sieg durchgekämpft hatte.

Heute nenne ich seine Füße meine Füße. Und er sagt, meine Hände seien seine Hände. Denn nur mit Hilfe meiner Hände kann Sadan etwas fühlen.

Wenn Jesus das Christenleben beschreibt, dann hört sich sein Aufruf zur Nachfolge keineswegs wie ein Sonderangebot an, sondern eher wie eine Warnung. Da spricht er davon, daß man zuvor „die Kosten überschlagen“ müsse und daß der, der ihm nachfolgen wolle, „alles verkaufen“ und sein „Kreuz auf sich nehmen“ müsse. Diese Einstellung Jesu machte mir lange sehr zu schaffen. Heute glaube ich, daß er ganz einfach hervorheben wollte, wie notwendig es ist, sich einzuordnen. Er meinte damit dasselbe, was – um es einmal in biologischer Ausdrucksweise zu sagen – alle Einzelheiten eines Körpers zu tun haben: ihre Pflicht zu tun für den Gesamtkörper. Mitunter kann die Nachfolge Christi für uns ein Stück Selbstverleugnung bedeuten, was nicht ohne Schmerzen abgeht. Doch ich habe durch Erfahrungen, wie ich sie etwa mit Sadan gemacht habe, gelernt, daß dieses Aufgehen im Dienen uns das Tor zu beglückender Erfüllung aufstoßen kann; zu einer Erfüllung, die weit über alles hinausgeht, was wir sonst erfahren mögen. Jesus ruft uns nämlich nicht um eines sturen Prinzips willen zur Selbstverleugnung, nein, er weiß, daß wir damit etwas gewinnen können, was auf keinem anderen Weg zu gewinnen ist.

In unserem Kulturkreis schreit man nach Selbstverwirklichung, Selbstfindung und Selbstbehauptung. Christus aber hat gesagt: „Wer sein Leben verliert um meinetwillen, der wird es finden" (Matthäus 10,39). Den wirklichen Sinn meines Lebens finde ich nur, wenn ich mein Leben hingebe im Gehorsam zu IHM.

Wir bilden uns meist krampfhaft ein, so ein Leben dienender Hingabe sei eine Art Martyrium. In Wirklichkeit aber ruft Jesus uns zur Selbstverleugnung, damit wir zu einem viel reicheren Leben gelangen. Ein Tausch, bei dem wir das bessere Teil erlangen: Die harte Kruste der Selbstsucht blättert ab, und heraus kommt die Liebe Gottes. Durch unsere Hände wirkt sie nun und macht uns wieder zu seinem Ebenbild.

Das, was Dienen bedeutet, wird am besten klar durch ein persönliches Beispiel. Ein fremdartig aussehender Franzose, Abbé Pierre, lebt in meiner Erinnerung als so ein treffliches Beispiel. Als er in unserem Aussätzigenhospital zu Vellore eintraf, trug er sein schlichtes Mönchshabit, dazu ein Tuch über die Schulter und eine einzige Gepäcktasche, in der sich all seine Habe befand. Ich lud ihn in mein Haus ein, und dort erzählte er mir seine Geschichte.

Als katholischer „Bruder" wurde er dazu ausersehen, nach dem Zweiten Weltkrieg unter den Bettlern von Paris zu arbeiten. Zu jener Zeit hatten die Bettler in Paris keine Bleibe, und im Winter erfroren nicht wenige auf offener Straße. Anfangs versuchte Abbé Pierre, die Öffentlichkeit auf die schwierige Lage der Bettler aufmerksam zu machen, leider ohne jeden Erfolg. Abbé Pierre kam zu dem Schluß, es müsse den Bettlern beigebracht werden, wie sie sich selbst helfen könnten. Zuerst zeigte er ihnen, wie sie ihre Probleme besser lösen könnten. Bisher hatten sie planlos Flaschen und Lumpen gesammelt, jetzt wurden Gruppen organisiert, die planmäßig die Stadt durchkämmten. Danach brachte er sie dazu, aus weggeworfenen Ziegeln ein Kaufhaus zu bauen und einen Betrieb einzurichten, in dem sie ungeheure Mengen gebrauchter Flaschen sortierten, die sie in den Kaufhäusern und Hotels gesammelt hatten. Schließlich spornte Pierre jeden Bettler dazu an, sich dafür verantwortlich zu fühlen, andern zu helfen, die noch ärmer waren. Jetzt ging es endlich voran. Man gründete eine Organisation, die sich EMMAUS nannte. Sie setzt Pierres Werk fort, mit Zweigorganisationen in vielen anderen Ländern.

Wie Pierre mir erzählte, lebten in Paris kaum noch Bettler im Elend. Er meinte, sein Werk stehe vor einer ernsten Krise. „Ich muß unbedingt Leute finden, denen meine Bettler helfen können!" klagte er. Seine Suche nach Hilfsbedürftigen hatte ihn schon um die halbe Welt geführt. Auf einer dieser Reisen hatte es ihn nun nach Vellore verschlagen. Er schilderte mir sein Dilemma: „Wenn ich nicht Menschen finde, denen es schlechter geht als meinen Bettlern, dann bricht unsere Bewegung zusammen. Es wäre ein Jammer, wenn diese machtvolle Organisation, die sie geworden sind, ihren starken, geistlichen Impuls verlöre! Und bloß, weil sie niemand haben, dem sie helfen können."

Wir verließen mein Haus, um zum Essen hinüber ins Studentenheim zu gehen. Doch unterwegs ging mir Pierres „Leute, denen meine Bettler helfen können" ständig im Kopf herum.

Unter unseren Medizinstudenten in Vellore hatte sich

eine Tradition eingebürgert, auf die ich vorsorglich unsere Gäste aufmerksam zu machen pflegte. Alle neuen Tischgäste hatten aufzustehen und in knappen Worten zu sagen, wer sie waren und was sie hergeführt hatte. Wie alle Studenten so waren auch unsere lustig und allzeit zu Streichen aufgelegt. Stillschweigend hatte sich die sogenannte Drei-Minuten-Regel eingespielt. Redete ein Neuankömmling länger als drei Minuten – oder war er ausgesprochen langweilig –, dann begannen die Studenten mit den Füßen zu trampeln und brachten ihn auf diese Weise zum Schweigen.

Ich stellte also Pierre der Gruppe vor und konnte beobachten, wie unsere indischen Studenten ihn kritisch und spöttisch musterten. Dieser kleine Mann, eine halbe Portion, und dazu eine Riesennase! Und das verschossene Habit, nein, an dem Kerl war nichts Aufregendes.

Pierre begann in französischer Sprache. Ein Mitarbeiter namens Heinz und ich mühten uns ab, das, was Pierre sagte, zu übersetzen. Doch wir waren im Französischen wenig bewandert, zumal in jenem Teil Indiens niemand Französisch spricht. Darum konnten wir nur hin und wieder einen recht allgemeingehaltenen Satz beisteuern.

Pierre hatte langsam begonnen, doch bald geriet er in Fahrt. Wie ein Tonband, das zu schnell läuft, haspelte er die Sätze, sich überschlagend, herunter. Und dabei gestikulierte er mit Händen und Füßen.

Er spulte die ganze Geschichte seiner Bettlerbewegung herunter, und ich wurde langsam nervös, denn ich fürchtete, meine Studenten würden bald diesen großen und doch so bescheidenen Mann niederschreien. Schlimmer, ich war nicht in der Lage, seine Sätze, die wie Maschinengewehrfeuer auf uns niederprasselten, zu übersetzen. Pierre hatte gerade die UNO besucht und dort mit feinem Gespür bemerkt, mit welch blumenreichen Worten man einander Unverschämtheiten ins Gesicht warf. Und nun sagte Pierre: „Liebe braucht keine Worte. Nur der Haß macht viele Worte. Die Liebe spricht durch unsere Taten.“

Jetzt wurde er immer schneller, so daß Heinz und ich uns ansahen und hoffnungslos die Schultern zuckten.

Drei Minuten waren längst vorbei, ich trat unauffällig einen Schritt zurück und sah mich im Saal um. Keine Bewegung, kein Laut. Unsere indischen Studenten starrten Pierre mit glänzenden Augen hingerissen an. Er redete und redete, doch niemand unterbrach ihn. Nach zwanzig Minuten machte er Schluß und setzte sich. Und im gleichen Augenblick brach ein Beifall los, wie ich ihn nie wieder in dieser Halle gehört habe.

Mir war das völlig rätselhaft, und ich fragte einige unserer Studenten: „Wie haben Sie ihn verstehen könnten? Niemand von Ihnen spricht doch Französisch?“ Einer gab die Antwort für alle: „Sprachkenntnisse waren hier überflüssig. Wir fühlten einfach die Gegenwart Gottes und der Liebe.“

Ja, Abbé Pierre hatte jenes gehorsame Dienen gelernt, das den Leib Christi am Leben hält. Auf seiner Suche nach Menschen, denen es schlechter als seinen Bettlern ging, war er nach Indien gekommen. Und sein Suchen war zum Ziel gelangt: bei unseren Aussätzigen! Freude und Liebe erfüllten ihn nun. Wieder zurück in Frankreich, übernahm er mit seiner Bettlerorganisation EMMAUS die Patenschaft für eine Station in unserem Leprakrankenhaus Vellore. Jetzt hatten sie Menschen gefunden, die ihrer Hilfe bedurften, jetzt hatten sie eine Aufgabe, die ihnen neue geistliche Anstöße gab. Die EMMAUS-Bewegung blüht, weil sie ein dienendes Glied am Leibe Christi ist.

7 Wenn sie meutern

Anscheinend hat unsere moderne Technologie es sich zur Aufgabe gemacht, alles zu tun, um zu verhindern, daß sich der Mensch während der Arbeitszeit mit einem anderen unterhält, ihn um Rat fragt. Wir streben nach einem größeren persönlichen Freiraum, aber wenn wir ihn bekommen, spüren wir die Einsamkeit und Entfremdung noch stärker als je zuvor.

Philip Slater

Vor dem Hauptbahnhof von Madras, Indien, lag eine Bettlerin. Sie schien mir erbarmungswürdiger als alle, die ich je gesehen hatte. Sie hatte sich hart neben dem Strom der Reisenden niedergelassen, die sich beeilten, ihre Züge noch zu erreichen. Geschäftsleute mit Aktentaschen liefen an ihr vorbei, wohlhabende Touristen und Regierungsbeamte.

Wie viele indische Bettler so war auch diese Frau abgemagert, hatte eingefallene Wangen und Augen sowie Gliedmaßen, die nur aus Knochen bestanden. Doch paradoxerweise war ihr eine ungeheure Masse, rund und fettglänzend wie eine Wurst, aus der Seite gewachsen. Die lag neben ihr auf dem Boden, wie ein ungeschlachtes Baby, doch durch einen breiten Hautstrang mit ihr verbunden. Die Frau stellte ihre Seite mit dieser grotesken Mißbildung zur Schau, um damit möglichst viel Mitleid zu erwecken. Obwohl ich nur einen kurzen Blick hatte auf sie werfen können, war ich mir doch sicher, daß es sich um ein sogenanntes Lipoma handelte, eine Wucherung von Fettzellen. Dieser Fettsack war ein Teil von ihr, und auch wieder nicht. Es war, als habe ein Chirurg einer Dreizentnerperson einen dicken Placken Fett herausoperiert, in Haut gehüllt und dann dieser Frau kunstvoll angenäht. Sie hungerte, sie steckte eine spinnendürre Hand aus nach Almosen, doch der Tumor war wohlgenährt, wog wohl nicht weniger als der ganze übrige Körper. Er schimmerte in der Sonne, strotzte vor Gesundheit, indem er das Leben aus ihrem Körper sog.

Fettzellen: Der Tumor jener Bettlerin in Madras bestand aus einer Ansammlung von Fettzellen, die ausgeflippt waren. In unserer westlichen Zivilisation mit ihrem Schlankheitskult denkt man bei dem Wort Fett sofort an mangelnde Selbstdisziplin. Man hält Fett für eine völlig überflüssige Ansammlung entsprechender Zellen und meint, sie müsse unbedingt reduziert werden. Der Arzt steht da auf einem anderen Standpunkt. Er braucht nur ein Messer durch die Haut zu ziehen und damit die ölige Schicht von Fettzellen freizulegen, um sogleich zu wissen, daß Fett auch seine gute Seite hat. Fett isoliert gegen Kälte, und darum sind Milliarden von Fettzellen dicht unter der Haut gelagert. Das ist übrigens der Grund dafür, daß fette Leute leichter Kälte ertragen als magere. Fettzellen siedeln sich überall an, wo sie freien Raum finden, rund um innere Organe und Muskeln ebenso wie zwischen den Gewebeschichten. Fettzellen schützen wichtige Organe gegen heftige Stöße. Nichts anderes beeinflußt unsere äußere Erscheinung so stark wie das Fett. Warum fällt uns eine junge Frau wohl so angenehm auf? Weil reichlich vorhandene Fettzellen alle Unebenheiten von Knochen und Muskeln ausgleichen. Das gibt ihr einen zarten Teint und jene vielgepriesenen, weichen Rundungen.

Doch die Fettzellen haben noch andere Aufgaben, als bloß zu isolieren und angenehme Formen zu verleihen. Jede Fettzelle ist ein kleines Vorratshaus mit einem gelben Öltröpfchen rund um den Zellkern. Weil der Körper genug Nahrung aufnimmt, um seine Bedürfnisse bestreiten zu können, liegen diese Fettzellen die längste Zeit in Reserve. Kommt es aber einmal zum Hungern, dann halten Leute mit ausreichendem Fettvorrat noch durch, wenn andere schon am Verhungern sind. Hier haben wir die wichtigste Funktion des Fettes.

Unter normalen Verhältnissen nimmt der Körper genügend Nahrung auf, um sich selbst zu erhalten, zu wachsen und verbrauchte Zellen durch neue zu ersetzen. Doch wenn einmal der Nachschub ausbleibt, wenn etwa jemand beim Rasenmähen die Essenszeit übergeht, um das Tageslicht auszunutzen, dann ergeht an die Fettzellen im Körper ein bestimmtes Signal. Für das Glykogen aus der Leber und die Glukose des Blutes geben die Fettzellen reichlich von ihrem Ölschatz ab. Indem sie die Vorratskammer des Körpers sind, geben sie anderen Zellen die Möglichkeit, ihre besondere Aufgabe um so wirksamer wahrzunehmen. Es wäre schlimm, wenn etwa unsere Muskeln Nährstoffreserven speichern müßten. Wir wären dann durch Knoten und Verdickungen völlig verunstaltet.

Eine bestimmte Fettmenge ist sozusagen „für den alsbaldigen Verbrauch“ bestimmt. Diese löst sich zuerst auf, wenn jemand eine Fastenkur beginnt. Andere Fettreserven, zum Beispiel die um die Nieren oder die in der Handfläche, bleiben bestehen, weil sie noch eine andere wichtige Funktion zu erfüllen haben. Erst wenn es richtig zum Hungern kommt, geben auch diese so wichtigen Fettzellen von ihren Vorräten her.

Ich stelle mir die Fettzellen gern als die Spar- und Darlehenskassen des Körpers vor. In satten Zeiten, wenn der Körper höhere Einnahmen als Ausgaben hat, hamstern sie, was sie nur können. Kommen aber Zeiten der

Not, dann geben sie aus ihrem Guthaben in den Blutkreislauf ab.

Gelegentlich kommt es im Körper zu einer Meuterei. Die entsetzliche Folge ist dann ein solches Lipom, wie wir es bei der Bettlerin in Madras erlebt haben.

Das Lipom ist ein gutartiger Tumor niederen Grades. Sein Ausgangspunkt ist eine einzelne Fettzelle, die spezialisiert ist, Fett zu speichern, nun aber gegen den Körper rebelliert und sich weigert, ihre Reserven freizugeben. Sie nimmt jedes Angebot an, übersieht aber alle Rückforderungen. Wenn sie sich teilt, folgen die Tochterzellen ihrem Vorbild, und der Tumor schwillt an wie ein Schwamm, füllt jeden freien Raum aus und drückt auf Muskeln und Organe. Gelegentlich überwuchert ein solches Lipom ein lebenswichtiges Organ, zum Beispiel ein Auge, und macht es funktionsuntüchtig, oder es klemmt einen Nerv ab. Dann bleibt nur noch der Chirurg mit seinem Skalpell.

Ich habe solche Lipome operiert. Unter dem Mikroskop erscheinen sie als eine Ansammlung ganz normaler Fettzellen, die bis zum Platzen mit durchsichtigem Öl gefüllt sind. Sie sind vollkommen in Ordnung, nur – sie haben den Gehorsam aufgekündigt. Sie achten nicht mehr auf das, was der Körper nötig hat. Und so kam es, daß die Bettlerin in Madras hungerte, während zur gleichen Zeit das Lipom, das doch ein Teil ihres Körpers war, sich bis obenhin vollfraß.

Man nennt einen Tumor gutartig, wenn er klar lokalisiert bleibt und von einer Haut umgrenzt ist. Doch ein lebensgefährlicher Zustand tritt dann im Körper ein, wenn revoltierende Zellen sich hemmungslos ausbreiten. Dann vermehren sie sich unkontrolliert, breiten sich rasch durch den ganzen Körper aus und behindern die normalen Zellen. Die weißen Blutzellen, die ja dazu da sind, fremde Eindringlinge zu bekämpfen, mögen die körpereigenen Meuterer nicht angreifen. Wir Mediziner fürchten keine andere Krankheit mehr als diese: den Krebs. Krebs, das heißt: Zellen beginnen aus noch unbekannten Gründen wild und wahllos zu wachsen. Es kann sich dabei um Zellen aus allen nur denkbaren Teilen des Körpers handeln: dem Gehirn, der Leber, den Nieren, aus den Knochen, dem Blut oder der Haut. Jede dieser Zellen ist an sich gesund und normal, aber sie hat den Gehorsam aufgesagt, nimmt keine Rücksicht mehr auf den übrigen Körper.

Sogar die weißen Blutzellen, diese Leibgarde des Körpers, kann durch Meuterei den Körper vernichten. Dann vermehren sie sich rücksichtslos, verstopfen den Blutkreislauf, überlasten das Lymphsystem und bringen alle normalen Körperfunktionen zum Erliegen. Wir sprechen in diesem Fall von Perniziöser Leukämie.

Ich bin ein Arzt und kein Theologe. Ich habe deshalb Hemmungen, den Vergleich zu ziehen zwischen dem Krebs, der in einem natürlichen Körper wütet, und der Meuterei, die im geistlichen Leibe Christi toben kann. Doch ich muß es wagen. In den Warnungen, die Jesus gegenüber seiner Gemeinde geäußert hat, zeigt er keinerlei Besorgnis über die Stöße und blauen Flecken, die sein Leib von äußeren Feinden erhält. Mätthäus 16,18 sagt er rundheraus: „Die Pforten der Hölle sollen sie nicht überwältigen." Bedenkenlos verkehrte er mit Sündern und sogar Verbrechern. Doch harte Worte fand er gegen jenen Ungehorsam, der aus der Gemeinde selbst kommt.

Ich will mich ganz darauf beschränken, zu fragen, wie ich selbst, eine einzelne Zelle im Leibe Christi, auf die zum Himmel schreienden Nöte reagiere, die andere Glieder am Leibe dieses Herrn ertragen. Ich kann und will nicht darüber herziehen, was andere Christen gegen die Not tun sollten.

Doch aus der Sicht eines Missionars, der achtzehn Jahre in einem der ärmsten Länder der Welt gelebt hat, muß ich bekennen: Der Unterschied zwischen dem, was jenen Ärmsten zur Verfügung steht, und dem, was wir alltäglich haben, ist erschreckend. In Vellore hatten wir für jeden Leprapatienten drei Dollar pro Jahr. Viele mußten wir wegen Geldmangels wegschicken. Und dann kamen wir nach Amerika und erlebten es, daß da Kirchengemeinden hitzig diskutierten um Millionen, die sie für Sportplätze, Landschaftsgestaltung, Kunstdünger oder eine neue Rennbahn vorgesehen hatten. Oder sie unterstützten Lehrgänge über Steuerberatung; für die gutbetuchten Mitglieder, damit die ihren anspruchsvollen Lebensstandard halten könnten. Und als ich dann sah, welche lächerlichen Summen diese Kirchengemeinden in ihren Haushaltstiteln für Äußere und Innere Mission angesetzt hatten, da trat mir wieder jene Bettlerin vor Augen, die sich langsam zu Tode hungert, weil ihr Lipom immer mächtiger anwächst.

Das Problem, das ich hier anschneide, ist nicht ein spezifisch amerikanisches. Es ist nicht einmal auf die westliche Welt beschränkt. Es fiele mir nicht schwer, auf ähnliche Beispiele selbstsüchtigen Hortens auch in allen anderen Ländern hinzuweisen: in Afrika, Sowjetrußland, ja sogar innerhalb der christlichen Gemeinden Indiens. Die Warnung gilt uns allen. Was ich dazu zu sagen habe, ist die Warnung eines Arztes: Bedenkt, daß der Leib nur dann gesund bleibt, wenn jede einzelne Zelle das Wohl des Ganzen beachtet. Ich wundere mich immer wieder, wie es kommt, daß wir im Westen uns in einen tödlichen Konkurrenzkampf mit den anderen „Zellen" um uns her hineinsteigern, und darüber völlig gleichgültig gegen die großen Nöte der übrigen Welt werden. Es ist im Leibe Christi keine Sünde, Eigentum oder Kapital zu besitzen. Bestimmte Glieder dieses Leibes erfüllen damit wichtige Funktionen. Und selbst wenn ich wohlhabende Leute mit Fettzellen vergleiche, dann brauche ich dieses Bild in durchaus positivem Sinne, als Arzt, der sehr wohl weiß, welche wichtige Rolle die Fettzellen im Körper spielen. Gastlichkeit und Großherzigkeit lassen sich leichter praktizieren, wo ein gewisser Wohlstand herrscht. Reserven dieser Art können helfen, den Körper zu erhalten und seinen Muskeln Kraft zu geben in einer Welt, die uns nur zu leicht Wunden schlägt. Die Überwachung des Fetthaushalts ist tatsächlich ein schwieriges Problem, in der Biologie wie in der Kirche.

Ich möchte Ihnen zwei Statistiken vor Augen stellen, die Schlußfolgerung daraus aber Ihnen überlassen.

Zunächst: Gesundheit hat es nicht nur mit dem Materiellen zu tun. Neunzig Prozent aller hauptberuflich in kirchlichem Dienst stehenden Mitarbeiter sind allein in Nordamerika tätig. Sie arbeiten unter einer Bevölkerung, die weniger als zehn Prozent der Weltbevölkerung ausmacht. Im ländlichen Louisiana kann ich jeden Sonntag im Rundfunk zehn verschiedene Gottesdienste einschalten, während anderswo ganze Länder nicht eine einzige christliche Verkündigung hören.

Zweitens: Nehmen wir einmal an, die Welt schrumpfe zu einer Gemeinde von 1000 Seelen zusammen.

In dieser Stadt von 1000 Einwohnern leben 180 auf einem Hügel, der sich „Entwickelte Welt" nennt; 820 auf steinigem Boden, der „Rest der Welt" genannt wird.

Die glücklichen 180 auf dem Hügel verfügen über 80 % des Gesamtvermögens, über mehr als die Hälfte aller Wohnräume und haben damit pro Person zwei Zimmer. Sie besitzen ferner 85 % aller Kraftwagen, 80 % aller Fernsehgeräte, 93 % aller Telefone und ein Jahreseinkommen von 5000 Dollar pro Person.

Die weniger glücklichen 820 im Steinland kommen nur auf 700 Dollar pro Jahr, viele von ihnen nicht einmal auf 75 Dollar. Je fünf von ihnen müssen in einem einzigen Raum zusammen leben.

Frage: Wie nutzt die Gruppe der glücklichen Hügelbewohner ihren Wohlstand? Antwort: Insgesamt geben sie weniger als 1 % (ein Prozent!) ihres Einkommens als Unterstützung für die Armen im Unterland.

Können Sie sich denken, was die Bewohner der Unterstadt, von denen ein volles Drittel unterernährt sind, über die da oben auf dem Hügel denken?

Es beeindruckt mich tief, mit welcher Entschlossenheit die christliche Urgemeinde auf die drückende Not einging: Der Apostel Paulus setzte in seinem Terminplan Monate an für das Sammeln von Kollekten für die verarmte Gemeinde in Jerusalem.

Ich glaube, es ist an der Zeit, halt zu machen und gründlich über uns selbst nachzudenken. Gott braucht alle Arten von Zellen in dieser Gemeinde, die sich Leib Christi nennt: fette und magere, reiche und arme, schlichte wie kompliziertere. Doch eins verlangt er von uns allen: gehorsamen Dienst! Und was den rechten Gebrauch der uns anvertrauten Güter angeht, so hat uns Jesus manches gesagt, was uns die Ruhe nehmen kann. Gott bewahre uns davor, daß wir ein Krebsgeschwür am Leibe Christi sind!

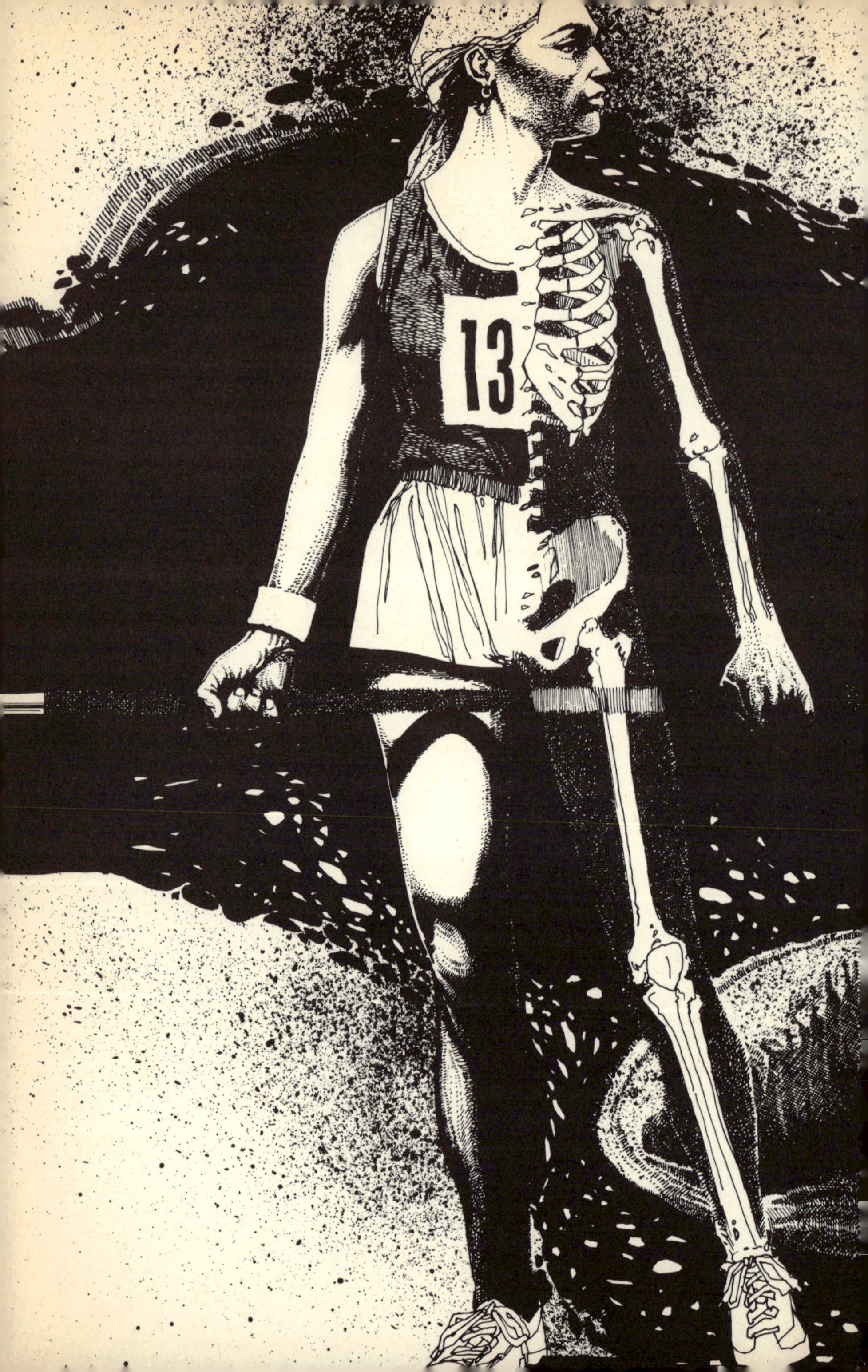
13

KNOCHEN

8 Mehr als nur ein Stützgerüst

Knochen bedeuten Kraft. Unsere hilflosen, weichen Körperteile umklammern Knochen; diese wiederum strecken sie empor, der Sonne entgegen. Ohne Knochen wäre der Mensch nur eines von vielen Kriechtieren.

Richard Selzer

Die Kulisse hätte gut zu einem Horrorfilm gepaßt. Jeden Morgen wand ich mich durch dunkle, enge Korridore bis zu jener Wendeltreppe, die hinauf zu der alten Bodenkammer führte. Dort warteten auf mich lange Reihen von staubbedeckten Kisten. Inhalt: sechshundert Skelette.

Tag für Tag hockte ich da in dem dämmerigen Raum mit den quietschenden Dielen und arbeitete mich durch die Knochen. Insgesamt habe ich volle sieben Tage da oben in der muffigen Dachstube des alten Hauses in Kopenhagen zugebracht.

Das Haus diente dem Medizinhistoriker Dr. Möller Christiansen als Museum. Er hatte mich dorthin eingeladen, weil jene sechshundert Skelette einst Aussätzigen gehört hatten. Die Gebeine waren auf einer Insel vor der dänischen Küste gefunden worden. Dr. Christiansen hatte sie gründlich studiert und dann ein ungewöhnliches Buch über den Aussatz geschrieben. Die unter uns, die als Ärzte sich praktisch mit dieser Krankheit befassen, mochten es kaum glauben, daß Dr. Christiansen noch nie einen lebenden Aussätzigen untersucht hatte. Alles, was er über diese Krankheit in Erfahrung gebracht hatte, war aus dem Studium jener sechshundert Skelette gewonnen worden. Dazu hatte er noch viele neue Tatsachen über die Lepra ans Licht gebracht und nützliche Anregungen für ihre Behandlung gegeben.

Da hockte er dann über seinen klappernden Knochen und wühlte in ihnen wie ein Kind in seiner Kiste mit dem Lieblingsspielzeug. Er pflegte bestimmte Exemplare herauszusuchen und mich stolz auf ihre Hauptmerkmale hinzuweisen. Da gab es zum Beispiel Skelette, denen die Vorderzähne fehlten, was daher rührte, daß Lepra dazu neigt, zuerst die kühleren Partien des Körpers anzugreifen. Gemeinsam prüften wir auch Fuß- und Handknochen, wobei wir herumrätselten, auf welche Weise ihre Mißbildung zustande gekommen sei.

Eines Morgens stieß ich, als ich allein in der Dachkammer arbeitete, auf einige Kisten mit Skeletten, die man in einem Kloster ausgegraben hatte. Ich erinnerte mich gleich an eine Vorlesung, die ich bei der Anthropologin Margaret Mead gehört hatte, die einen großen Teil ihres Lebens damit verbracht hatte, primitive Kulturen zu studieren. Sie hatte damals die Frage gestellt: „Welches ist das erste Anzeichen für Zivilisation?" Ein gebrannter Tontopf? Eisen? Werkzeuge? Landbau? Keineswegs! Für sie war ein gut verheilter Oberschenkelbruch das erste zuverlässige Zeichen für Zivilisation. Und als Beweis zeigte sie uns dort im Hörsaal den gut verheilten Bruch eines Beinknochens. Sie bemerkte dazu, daß solche Heilerfolge niemals zu finden seien unter den Relikten primitiver Lebensgemeinschaften, die ums nackte Leben zu kämpfen haben. Für diese seien von Pfeilen durchbohrte Schläfen und von Keulen zertrümmerte Schädel typisch. Ein gut verheilter Oberschenkelbruch aber beweise, daß sich da irgend jemand um den Verletzten gekümmert habe, für ihn gejagt, ihn ernährt und ihn selbstlos gepflegt habe. Primitive Gesellschaften könnten sich das nicht leisten.

Und nun fand ich unter diesen Knochen aus dem Kloster ähnliche Beweise für erfolgreiche Knochenbehandlung. Später erfuhr ich von Dr. Christiansen, daß ein bestimmter Mönchsorden unter den Aussätzigen gearbeitet habe. Was sie damals an Fürsorge geleistet hatten, kam jetzt, fünfhundert Jahre später, ans Licht: an den zarten Linien, die anzeigten, wo der Knochen gebrochen und dann wieder zusammengeheilt war.

Eine Woche danach ließ ich die gespenstische Dachkammer hinter mir. Doch mir war, als hätte ich einen Lichtbildervortrag über eine frühere Zivilisation gesehen. Gesehen hatte ich das freilich nur in zarten Mustern und Rillen auf der Oberfläche von Knochen, die man aus dem Staub der Historie ausgegraben hatte, doch sie hatten mir reiches Wissen beschert. Gesichter, Haare, besonders Kleidung, die ja einen hohen Anteil kulturellen Schaffens beansprucht, sie alle sind längst vermodert. Geblieben waren allein die Knochen, eine letzte Erinnerung an jene Aussätzigensiedlung.

Ich denke an jenes wuchtige Becken, das auf den crsten Blick verriet, welches Geschlecht die Person hatte, zu der es einst gehörte. Breit und flach, mit einer weich gerundeten inneren Öffnung, gehörte es offensichtlich zu einer Frau. Die ovale Öffnung hatte genau die Weite und die Form, die erforderlich ist, um den Kopf eines Babys durchzulassen. Das Becken daneben, das einem Mann gehörte, war engcr, herzförmig und aus stärkeren Knochen. Harte Höcker auf der Innenseite zeigten an, wo Muskeln und Bänder einst festgewachsen waren. Nebenbei bemerkt: Eine Frau kann nicht so schnell laufen wie ein Mann, das liegt am Becken. Die Vorsprünge am männlichen Becken ermöglichen den

Ansatz kräftiger Muskeln. Doch eine mit einem derartigen Becken ausgestattete Frau wäre nicht in der Lage, Kinder zu gebären. Auch die Hüftgelenke des Mannes liegen näher zusammen, dichter am Schwerpunkt des Körpers, und ermöglichen so eine wirksamere Fortbewegung. Doch wenn eine Frau genauso geformt wäre, dann wäre der innere Ring zu eng, um den Kopf des Babys durchzulassen. Die Besonderheiten des Beckens zeigen also eine Reihe von speziellen Aufgaben an. Sollte sich eine Frau wünschen, sie könne schneller laufen, möge beim Gehen weniger schwingen und hätte schmalere Hüften, dann sage ihr, daß der Fortbestand des Menschengeschlechts davon abhängt, daß sie so ist, wie sie nun einmal ist.

Ein genauerer Blick auf solche Knochen wie die dort in Kopenhagen läßt erkennen, daß die Oberfläche nicht gleichmäßig eben und glatt ist, sondern überzogen mit Vertiefungen für Blutgefäße ebenso wie mit glatten Flächen, auf denen Sehnen entlanggleiten können. Die Stärke eines Knochens vermag viel auszusagen über seinen Gebrauch, weil ein beanspruchter Knochen mehr Kalzium aufnimmt, um die benötigte Festigkeit zu gewinnen. Wenn man unter dem Mikroskop sorgfältig die Kraftlinien bestimmter Knochen studiert, ist man in der Lage, Rückschlüsse auf die berufliche Tätigkeit der betreffenden Person zu ziehen. Einen Reiter kann man an besonderen Merkmalen der Beinknochen und des Beckens erkennen. Ein Gepäckträger, der schwere Koffer in seiner rechten Hand zu tragen pflegte, wird deutliche Spuren dieser anstrengenden Tätigkeit an Hüfte und Schulter zeigen.

Shakespeare hat einmal gesagt: „Das Gute, das einer tut, ist oft begraben mit seinen Knochen.“ Nicht nur das Gute ist da begraben. Es ist ein Aufgabengebiet der Gerichtsmedizin, die Spuren zu entziffern, die sich in Knochen eingeprägt haben. An dem Grand der Verknöcherung von Knorpelmasse kann der Fachmann feststellen, wie alt der Mensch geworden ist, um dessen Skelett es sich handelt. So ist etwa mit fünfzehn Jahren der Fuß voll durchgeformt, mit fünfundzwanzig sind Schlüsselbein und Brustbein verwachsen, und mit vierzig sind drei Viertel der Nähte am Schädel fest zusammengewachsen.

Aus welchen Bestandteilen sich ein Knochen zusammensetzt, kann man mit ganz einfachen Laboratoriumsversuchen feststellen. Durch Ausbrennen eines Knochens kann man alle organischen Bestandteile vernichten. Was übrigbleibt, sieht genau wie der Knochen aus, besteht aber nur noch aus den Mineralien. Setzt man ihn lange genug der Hitze aus, dann wird der Knochen so mürbe, daß man ihn zwischen den Fingern zerbröseln kann. Mit Salzsäure erreicht man das Gegenteil: Die Mineralien werden aufgelöst, und übrig bleiben die leimigen, organischen Substanzen, und zwar ebenfalls in der ursprünglichen Form des Knochens. Was da noch vorhanden ist, sieht ganz so wie der Knochen aus, ist aber kein Knochen mehr. Es hat seine Festigkeit verloren und ist nicht mehr in der Lage, eine Belastung zu ertragen. Ein solches Gebilde ist so elastisch, daß man einen Knoten hineindrehen kann, und macht man den Knoten auf, dann springt es wieder in seine ursprüngliche Form zurück. Der Knochenleim verleiht sogar unbehandelten Knochen eine erstaunliche Elastizität; so spielen zum Beispiel Araberjungen mit Bogen, die sie sich aus Kamelrippen gebastelt haben. Knochenkalk und Knochenleim, das sind die Bestandteile der Knochen. Und beide sind notwendig.

Kein Weltraumfahrer hat ein Material entdecken können, das besser geeignet wäre für die Verwendung in unserem Körper als der Knochen. Und dabei beanspruchen die Knochen nur ein Fünftel unseres gesamten Körpergewichts. Schon 1867 wies ein Ingenieur nach, daß die Knochenzellen so angeordnet sind, daß sich die leichteste Konstruktion ergibt, aus möglichst wenig Material und doch ausreichend, um das Körpergewicht zu tragen. Niemand hat dieser Feststellung erfolgreich widersprechen können. Als einziges festes Material des Körpers besitzt der Knochen eine solche Stabilität, daß er alle anderen Zellen schützen und stützen kann. Manchmal beanspruchen wir unsere Knochen, als wären sie Stahlfedern, dann etwa, wenn ein Stabhochspringer landet. Ein andermal beanspruchen wir einen Knochen besonders auf Zug, etwa wenn ich mit meinem Arm einen schweren Koffer anhebe.

Im Vergleich dazu kann Holz weniger Zugkraft ertragen und erst recht nicht den Druck, den ein Knochen aufzunehmen vermag. Ein hölzerner Hochsprungstab zerbräche sofort. Stahl aber, der sowohl Zug- und Druckkräfte vorzüglich ertragen kann, wiegt dreimal soviel wie Knochen. Bestünde unser Seklett aus Stahl, wir brächen unter der Last zusammen.

In seinem Bestreben, möglichst sparsam auszukommen, gestaltet der Körper die Knochen so, daß sie innen hohl sind. Er wendet damit ein gewichtsparendes Konstruktionsprinzip an, zu dessen Entwicklung die Technik Jahrtausende gebraucht hat. Den Hohlraum im Innern des Knochens füllt der Körper mit einer äußerst wirksamen „Fabrik für rote Blutzellen“ aus. „Tagesausstoß“ dieser Fabrik: eine Billion neue Blutzellen. Wirklich, der Knochen garantiert das Leben.

Ich meine, daß die Formung der Knochen besonders eindrucksvoll in den zart schimmernden, elfenbeinfarbenen Fußknöchelchen zu beobachten ist. Sechsundzwanzig Knochen bauen den Fuß auf, ebensoviele wie bei der Hand. Ein Kicker mutet im Laufe eines Fußballspiels diesen kleinen Knochen summa summarum eine Kraft zu, die einem Gewicht von tausend Tonnen pro Fuß entspricht. Daß seine Knochen diese überharte Anstrengung verkraften, verdanken sie vor allem ihrer Elastizität. Nicht alle von uns rennen und kicken, aber im Laufe unseres Lebens legen wir zu Fuß gut hunderttausend Kilometer zurück, zweieinhalbmal rund um die Erde!

Unser Körpergewicht ist auf perfekt konstruierte Gewölbe verteilt, die wie Sprungfedern wirken, und die Bänder von Knien und Fußgelenken fangen die Stöße auf. Unsinnigerweise bringen wir unsere Füße dazu, sich der Form der jeweils herrschenden Schuhmode anzupassen, stellen unsere Fersen durch hohe Absätze steil und heben damit die sinnreiche Konstruktion des Fußgewölbes auf.

Wir können uns getrost auf die Stärke unserer Knochen verlassen. Sie leisten uns ausgezeichnete Dienste, ohne davon viel Aufhebens zu machen. Sie zwingen unsere Aufmerksamkeit erst dann auf sich, wenn wir sie so hart beanspruchen, daß es selbst ihre hohe Belastbarkeit überfordert.

Wenn wir das unsichtbare Stützgerüst, das wir in uns tragen, recht würdigen wollen, dann müssen wir einen Augenblick die Entwicklung der Skelette in der Natur betrachten. Es gibt eine Fülle nur denkbarer Variationen. Die Sedimentgesteine, die einen großen Teil der festen Erdoberfläche ausmachen, entstanden durch die Ablagerung mikroskopisch kleiner Lebewesen. Sie starben, sanken auf den Meeresgrund, klebten zusammen und bildeten mit ihren Skeletten festes Gestein. Die am feinsten geformten unter diesen einfachen Lebewesen waren die Salzwasserprotozoen, die Radiolarien.

Rufen Sie sich einmal die am vollkommensten gebildete Schneeflocke in Erinnerung, die Sie je gesehen haben: eine große, völlig fehlerlose, die an einem frostigen Wintertag wie eine Feder herabschwebt. Sie hat nur sechs Strahlen, aber eine Unmenge symmetrischer Seitensprossen verleiht ihr Schöheit. Und nun stellen Sie sich eine dreidimensionale Schneeflocke vor, mit Hunderten kristalliner Spitzen, die aus ihrem Mittelpunkt hervorsprießen. Dann haben Sie ein Radiolariengerüst vor sich, eins von jenen Milliarden, die durch unsere Ozeane fluten.

Im Ozean herrscht Hunger, und Skelette benötigt man dort zum Schutz so gut wie für die Bewegung. So wird ein Skelett zum Zufluchtsort für Radiolarien, Weichtiere, Schnecken, Nautilusse, Krabben, Krebse und Seesterne.

Auf dem Land indessen, wo sich die Schwerkraft entscheidend auswirkt, kommt es auf die Beweglichkeit an. Nur das schnellste Kaninchen entgeht dem Fuchs, und nur die flinkste afrikanische Raubkatze kann an der geschlagenen Gazelle ihre Mahlzeit halten. Es gibt auf dem festen Lande mehrere Millionen Arten, die ihren entsprechenden ozeanischen Genossen mit einem äußeren Stützskelett nacheifern. Das gilt vornehmlich für die weitverbreitete Insektenwelt. Doch sie alle können sich nur bis zu einer bestimmten Größe entwickeln, sonst wird die Last ihrer Ritterrüstung zu schwer. Die größten Insekten, ausgerüstet mit einem Außenskelett, das aus vom Körper ausgeschiedenen Material besteht, erreichen knapp die Größe der kleinsten Vögel oder Säugetiere.

So, da wären wir wieder bei der alten Unterscheidung von „höher" und „niederer". Die am „höchsten" entwickelten Lebewesen, die Wirbeltiere, herrschen heute sogar im Ozean. Ihr inneres Skelett aus lebenden Knochen erlaubt eine geradezu revolutionäre Fortentwicklung. Die Wirbeltiere müssen nicht, wenn sie wachsen, wie die Tiere mit Außenskelett, „aus der Haut fahren" und eine Zeitlang weich und verwundbar sein. Sie haben es besser, denn ihr Skelett wächst mit, und weil ihre vielen hundert Muskeln an einem inneren Gerüst aufgehängt sind, können unerhörte Leistungen vollbracht werden. Gewiß können auch Insekten und Spinnen rennen, springen und sogar fliegen. Doch nur mit einem inneren Knochenskelett kann ein Tier von der Größe einer Rauchschwalbe im Looping über die Schwerkraft triumphieren oder ein Wesen wie der Kondor sich mit einer Spannweite von drei Metern in der Luft halten und stundenlang in der Thermik segeln. Nur mit Hilfe seines inneren Skeletts kann ein Elefant wie ein Ungewitter über die Steppe donnern oder ein Elch sein Schaufelgeweih stolz gen Himmel recken. Ohne Knochengerüst ginge die Fortbewegung auf die primitivste Stufe zurück: auf das Strecken und Zusammenziehen von Segmenten nach der Art des Regenwurms oder das Dahingleiten auf einer Schleimspur nach Art der Schnecken.

Knochen seien uns eine Last?

Nein, Knochen machen uns frei!

9 Worauf ich mich verlassen kann

Wohl dem, der auf Ihn trauet!
Er hat recht fest gebauet,
Und ob er hier gleich fällt,
Wird er doch dort bestehen
Und nimmermehr vergehen,
Weil ihn die Stärke selbst erhält.

Andreas Gryphius

Menschen werden nie ohne Knochen geboren. Doch manche kommen mit fehlerhaften Knochen zur Welt. Es handelt sich um eine Krankheit, bei der die Knochen bröcklig sind und zum Bruch neigen. In einem solchen Fall enthalten die Knochen des unglücklichen Opfers zwar ausreichend Kalzium, aber das organische Bindemittel, das die Knochen zusammenhält, fehlt. Also Kalk ohne Leim. Ein Fötus mit dieser Mißbildung mag zwar die Preßwehen der Geburt überleben, aber auf Kosten unzähliger Knochenbrüche. Schon beim Trockenlegen kann man so einem Kinde die spröden Beinknochen brechen.

Wir mußten in unserem Carville Hospital einer Leprapatientin im Laufe der Behandlung starke Dosen bestimmter Steroide verschreiben. Die Folge war eine Knochenerweichung. Es kam vor, daß sie sich schon bei zu hartem Auftreten den Fuß brach. Jedesmal, wenn ich die Frau untersuchte und sie röntgte, um nach möglichen Frakturen zu sehen, fühlte ich mich daran erinnert, daß die hervorstechende Eigenschaft des Knochens seine Festigkeit ist.

Analog dazu braucht auch ein so aktiver und vorbildlicher Leib wie die christliche Gemeinde, der Leib Christi also, ein Stützgerüst mit solcher Festigkeit, um „in Form" zu bleiben. Für mich ist die Kirchenlehre, das Glaubensbekenntnis, so etwas wie ein solches Stützgerüst. Im Innern des Leibes ist da ein Kern, der unverändert bleibt, es sind die Gebote, die unser Verhältnis zu Gott und zu dem Nächsten regeln.

Gefällt Ihnen das nicht? Nun, in unserer Zeit lächelt man zwar freundlich, wenn wir uns bemühen, Einheit und Verschiedenheit sowie die Pflichten der einzelnen zu durchdenken. Doch der Elan, der vor einigen Jahren Kirchentagungen und Verfassungsorgane aufstörte, ist dahin. Diese „Knochen" sind staubig, bröcklig und tot. Sie gehören in eine muffige Museumskiste.

Andere Teile des Leibes Christi werden gelegentlich aus der Versenkung hervorgeholt: das Herz am Valentinstag, Geschlechtsmerkmale und Muskeln in Magazinen und Modeblättern, Hände in Skulpturen. Das, was eigentlich das Stützgerüst, das Skelett, ausmachen sollte, ist auf den Abend vor Allerheiligen beschränkt, an dem Luther seine 95 Thesen anschlug. Reformationstag: fast so etwas wie ein Geisterspuk aus der Vergangenheit!

Heutzutage kann man gerade noch Zustimmung aufbringen für die ethischen Grundsätze, die Christus für unser zwischenmenschliches Verhalten aufgestellt hat. Aber wir verstehen es, unter seine Lehren über Nächstenliebe einen ganzen Haufen von harten und kompromißlosen Sätzen über unsere eigenen Aufgaben und Verantwortlichkeiten zu mischen. Wir haben eben unsere persönlichen Ansichten über Himmel und Hölle.

Ganz wie unsere Vorfahren es taten, kann sich auch der

moderne Mensch den Schauplatz Welt wie eine Gerichtsszene vorstellen. Nur ist nicht mehr Gott der Richter, der das Gesetz gibt und den Richterspruch fällt. Im Gegenteil, er ist der Angeklagte. Die Ankläger zeigen mit dem Finger über die Schranken hinweg auf ihn: Warum läßt du zu, daß diese miserable Welt weiter besteht? Mit welchem Recht machst du so große Sprüche über deinen sogenannten Sohn? Weisen im Grunde nicht alle Religionen auf Gott? Ist Glaube nicht eine Privatsache, die jeder für sich selbst entscheiden muß? Was soll also dies Gerede „Niemand kommt zum Vater denn durch mich"? und diese Behauptung „Ich bin der Weg, die Wahrheit und das Leben"?

Wenn ich mit dem Leibe Christi zu tun habe, hüte ich mich, gegen das feste Gewebe der christlichen Grundsätze zu verstoßen. Das Einswerden mit diesem Leibe Christi fordert von mir eine Selbstaufgabe, die völlig gegen meine Natur ist. Ich muß nämlich anerkennen, daß auf keinen Fall ich selber, sondern irgend jemand anderes bestimmt, wie ich mein Leben führe. Immerhin erkenne ich ja auch auf einigen Gebieten meines Alltags Gesetze an, auch wenn sie meine Freiheit einengen. Das ist zum Bespiel bei den Verkehrsvorschriften der Fall. Ich halte bei Rot, auch wenn ich's eilig habe und es mir lästig ist. Ich nehme es hin, daß irgend ein erfahrener Ingenieur dic Anzahl der Einbahnstraßen und Verkehrsampeln bestimmt hat. Und selbst wenn ich im Einzelfall die Zweckmäßigkeit der Anordnung bezweifle, so scheinen mir doch Verkehrsvorschriften immer noch weit besser als rücksichtslose Anarchie. Doch irgend etwas in mir rebelliert dagegen, daß ich mir vorschreiben lassen soll, wie ich mein moralisches Leben einzurichten habe. Ich stieß auf dieses besondere Merkmal der Festigkeit, als ich meinen ersten Glaubensunterricht erhielt. Da wurde mir gesagt: Gott ist vollkommen und kann die Sünde nicht hinnehmen. Sein Charakter verlangt einfach von ihm, die Sünde auszulöschen, sobald sie nur erscheint. Also bin auch ich, als einer, der Sünde tut, als Feind Gottes gebrandmarkt.

So ist das schon in den ersten Kapiteln der Genesis ausgeführt, und so zieht es sich als roter Faden durch die ganze Bibel. Gott kann nicht die Rebellion des Menschen stillschweigend hinnehmen. Gottes Wesen verlangt danach, daß die Gerechtigkeit zum Vollzuge kommt. Ich selbst kann nichts tun, was diesen Tatbestand aus der Welt schafft. Wenn ich Gott unter die Augen trete, dann gelten seine Regeln, nicht aber meine.

Später lernte ich, wie diese Gerechtigkeit dann doch noch vollstreckt wurde. Gott erzielte sie, indem er – um unsertwillen – Mensch wurde und alle Sünde, allen Ungehorsam, die wir gegen ihn geübt hatten, auf sich nahm. Die Schuld des Menschengeschlechts wurde bezahlt, nicht von uns, die wir das alles verschuldet hatten, sondern von Gott allein. Jenem Diener mit der Drei-Millionen-Dollar-Schuld läßt Jesus verkünden: Es ist vergeben, du bist mir nichts mehr schuldig (Matthäus 18,23–27). Und dem verlorenen Sohn wird gesagt: Der Tisch ist gedeckt, komm und nimm Platz. Alles was war, ist vergeben. Jetzt zählt nur noch das eine: Wie du auf Gottes Angebot eingehst (Lukas 15,11–24).

Gerade da, wo es um diesen festen Kern geht, der unveränderlich und unverwüstlich ist, gerade da klingt die frohe Botschaft wie ein Märchen. „Das ist zu schön, um wahr zu sein“, widersprach mal jemand George MacDonald. Und der gab zur Antwort: „Das ist so schön, daß es wahr sein muß!“ Der Weg zu Gott ist nicht bequem, aber nur darum, weil es keinen zweiten Weg zu Gott gibt.

Eigentlich müßten andere, die theologisch besser beschlagen sind als ich, bestimmte Lehrsätze auslegen. Da gibt es heutzutage in der Kirche selbst Leute, die gegen Kirchenordnung und Kirchenlehre anrennen. Situationsethiker behaupten, die Auffasssungen über das, was recht oder unrecht sei, hinge oft von zeitgebundenen Sachzwängen und Auffassungen ab. Dazu muß ich sagen, daß ich selbst nur einen einzigen Gesichtspunkt gelten lassen kann: Gottes Gebot muß fest und unwandelbar sein. Wie anders sollte ich ihm sonst vertrauen können!

Vertrauen! Da fällt mir eine Begegnung ein, die Jahre zurückliegt. Ich arbeitete, bevor ich mich als Chirurg spezialisierte, in der Allgemeinpraxis meines Schwiegervaters in der Nähe von London. Eines Tages kam eine Frau in die Sprechstunde mit einer Reihe von Beschwerden, die exakt auf eine Gastritis hinwiesen. Nach einer kurzen Untersuchung teilte ich ihr meine Diagnose mit, doch sie blickte mich mit groß aufgerissenen, ängstlichen Augen an.

Vorsichtig wiederholte ich: „Es ist bestimmt keine ernsthafte Sache. Millionen leiden heutzutage an Gastritis, und nach entsprechender Behandlung und Diät werden Sie sich bald wieder wohlauf fühlen." Doch die Furcht wich nicht aus ihrem Gesicht. Um Mund und Schläfen zuckte es nervös. Und auf meine Zusage „Sie werden sich bald wieder wohl fühlen" machte sie ein Gesicht, als hätte ich gesagt „Ihre Krankheit führt unzweifelhaft zum Tode."

Sie fragte mich gründlich aus, und ich mußte ihr versprechen, weitere Untersuchungen vorzunehmen, um meine Diagnose zu untermauern. Sie beschrieb mir noch einmal alle Symptome und fragte immer wieder: „Sind Sie sicher? Sind Sie wirklich sicher?" Also gab ich ihr Bariumbrei zu essen und nahm eine gründliche Röntgenuntersuchung vor.

Als die Auswertung vorlag, deutete alles unzweideutig auf Gastritis hin. Ich sprach die Frau dann noch einmal bei ihrem letzten Besuch. Sie zitterte, als ich sie ansprach, und ich legte meine ganze ärztliche Autorität in meine Stimme: „Es ist eindeutig klar und ganz unzweifelhaft, daß Sie eine Gastritis haben. Ich stellte diese Diagnose schon bei Ihrem ersten Besuch, und nun haben alle Untersuchungen diese Diagnose bestätigt. Der Zustand ist inzwischen chronisch geworden und erfordert strenge Diät und genaue Befolgung der ärztlichen Vorschriften. Doch der Zustand wird sich bessern. Es gibt überhaupt keinen Grund zur Beunruhigung."

Sie starrte mir mindestens eine Minute lang in die Augen, als wenn sie mir bis auf den Grund meiner Seele blicken wolle. Ich hielt ihrem Blick stand, weil ich befürchtete, sie werde an meinen Worten zweifeln, falls ich ihrem Blick auswiche. Endlich seufzte sie, und ihr Gesicht entspannte sich. Dann atmete sie tief auf und sagte: „Vielen Dank! Ich hatte schon befürchtet, ich hätte Krebs. Ich mußte die zutreffende Diagnose von einem hören, dem ich trauen konnte. Und nun, meine ich, bin ich beruhigt. Denn Ihnen kann ich vertrauen."

Sie erzählte mir dann die Geschichte ihrer Mutter, die lange Jahre unter heftigen Magenschmerzen gelitten hatte. „In einer furchtbaren Nacht hatten wir unseren Hausarzt gerufen. Mutter lag stöhnend da und preßte ihre Hände auf den Magen. Sie fieberte und litt entsetzlich. Als der Arzt an ihr Bett trat, fragte sie: ‚Doktor, wird es noch einmal besser mit mir? Ich fühle mich so elend und habe so viel Gewicht verloren. Ich fürchte, ich muß sterben.'

Der Arzt legte seine Hand auf Mutters Schulter, sah sie mitfühlend an und erwiderte: ‚Ich weiß, wie sie sich jetzt fühlen. Es tut fürchterlich weh, nicht wahr? Doch wir werden damit schon fertig, es ist ja nur eine simple Gastritis. Wenn Sie dieses Medikament noch eine Zeitlang einnehmen, werden wir Sie bald wieder auf den Beinen haben. Sie werden sich besser fühlen, früher, als Sie es ahnen. Keine Bange also, vertrauen Sie mir.' Meine Mutter lächelte und bedankte sich bei ihm. Und ich fühlte mich überwältigt von des Doktors Güte.

Doch im Flur, als sie uns nicht mehr hören konnte, da drehte der Arzt sich zu mir um und sagte ernst: ‚Ich fürchte, Ihre Mutter hält nur noch einen oder auch zwei Tage durch. Sie hat Krebs in vorgeschrittenem Stadium. Wenn wir sie mit starken Medikamenten ruhigstellen, kann sie wenigstens im Frieden scheiden. Wenn Sie Angehörige haben, die Sie noch benachrichtigen wollen . . .‘

Ich unterbrach ihn mitten im Satz: ‚Aber Doktor, Sie sagten ihr doch, es werde bald wieder besser mit ihr? ‚Ja, ja‘, winkte er ab. ‚Ist doch besser so. Wenn Sie nicht weiß, daß sie sterben muß, wird sie auch nicht klagen. Sie wird im Schlaf sterben, ohne es zu merken.‘

Er behielt recht. Meine Mutter starb noch in derselben Nacht.“

Diese Frau, jetzt in mittlerem Alter, war zuerst zu demselben Hausarzt gegangen, als sie Schmerzen im Magen verspürte. Er hatte seine Hand auf ihre Schulter gelegt und freundlich gesagt: „Keine Bange, es ist nur eine Gastritis. Nehmen Sie hier diese Medizin, und Sie werden sich bald wieder besser fühlen.“ Und er hatte dasselbe väterliche Lächeln gelächelt wie damals bei ihrer Mutter. Weinend war sie aus seiner Praxis gestürmt. Und sie hatte sich geschworen, nie wieder zu ihm zu gehen.

Wenn sich bei mir Leute über die harten, unerbittlichen Gebote Gottes beklagen, dann muß ich an jene Frau denken. Der Hausarzt hatte sich selbst jede Möglichkeit, ihr zu helfen, genommen, weil er ein doppeltes Verhältnis zur Wahrheit hatte. Sie konnte ihre Angst und Verzweiflung nur noch dann bannen, wenn sie einen Arzt fand, der die Wahrheit sagte und sich nicht wand und drehte.

Gewiß, es mag Fälle geben, da ist Unwahrheit angebracht und minder gefährlich. Aber man kann Glaubwürdigkeit nicht wie eine Jacke tragen, sie ablegen und nach Bedarf wieder anziehen. Sie ist auch kein Muskel, den man dehnen und wieder anspannen kann. Glaubwürdigkeit ist fest und verläßlich wie ein gesunder Knochen.

10 Festigkeit macht frei

Es ist ein Unglück, daß der Mensch, sobald er aufhört, Knecht zu sein, immer so gewaltsam und zudringlich sucht, ein Herrscher zu werden.

Johann Heinrich Pestalozzi

Er kam als Patient zu mir in England: ein stämmiger und kräftiger Waliser. Er sprach in singendem Tonfall und verfügte über den Wortschatz eines Arbeiters. „Morjen, Doktor!" brummte er zur Begrüßung. Als er seine wollene Überjacke zurückschlug, sah ich, warum er gekommen war. Der Oberarm wies keine rosafarbene Haut auf, sondern ein schmutziges Gebilde aus Stahl und Leder, ein häßliches, einem Verband ähnliches Monstrum, das mit schwarzem Kohlenstaub bedeckt war. Das war nicht etwa ein künstliches Glied, der Unterarm war vielmehr völlig in Ordnung, doch die Muskulatur zwischen Ellenbogen und Schulter hing schlaff herunter. Auch ein gutes Stück Knochen schien zu fehlen. Doch wenn ein Unfall den Oberarm zerschmettert hatte, wie kam es dann, daß der Unterarm das hatte überstehen können?

Nachdem ich des Bergmanns Krankenbericht gelesen und eine Röntgenuntersuchung vorgenommen hatte, konnte ich mir das ganze zusammenreimen. Vor Jahren hatte ein Tumor im Oberarm zu einem Bruch geführt, in dessen Folge große Teile des Knochens völlig zersplitterten. Unter den hellen Lampen des Operationsraumes hatte der behandelnde Arzt kurzerhand ein acht Zoll langes Stück Röhrenknochen herausgenommen und Muskeln wie Haut über den Zwischenraum hinweg zusammengenäht. Als der Bergmann genas, sah sein knochenloser Oberarm ganz normal aus. Es war wirklich nicht zu erkennen, wie sehr sich das Innere verändert hatte.

Doch die Folgen machten sich sofort bemerkbar, sobald der Bergmann seine Muskeln, die ja noch voll intakt waren, gebrauchte. Knochen und Muskeln arbeiten bekanntlich nach dem Dreiecksprinzip zusammen. Angel- und Drehpunkt ist das Gelenk, zwei Knochen bilden die Dreiecksschenkel, die durch einen Muskel bewegt werden. Will man die Hand heben, dann zieht der Bizeps, der am Oberarmknochen sitzt, den Unterarm heran. Prompt beugt sich der Arm im Ellenbogengelenk, und ein rechtwinkliges Dreieck entsteht. Aber der Muskel und der Unterarmknochen allein bilden noch kein Dreieck. Diesem Bergarbeiter fehlte eben das dritte Element, nämlich der Oberarmknochen.

Seit jenem Unfall, der sich vor Jahren ereignet hatte, verkürzte sich der Oberarm, sobald der Bergmann seinen Bizeps anspannte. Ganz genau so, wie sich ein Regenwurm in der Mitte verdickt, wenn er sich zusammenzieht.

Statt des festen und widerstandsfähigen Knochens zwischen Schulter und Ellenbogen gab es da nur ein weiches und nachgiebiges Zwischenstück. Damit war das Dreieck, das die Kraft auf den Unterarm übertragen sollte, weggefallen. Da war der pfiffige Doktor in Wales auf den Gedanken gekommen, unseren Bergmann mit jenem groben Außenskelett auszurüsten, diesem ungefügen Monstrum aus Stahl und Leder. Immerhin bildete es so etwas wie ein festes Rohr zwischen Ellenbogen und Schulter. Wenn der Mann seinen Bizeps anspannte, dann konnte sich der Oberarm nicht mehr verkürzen. Die Dreieckskonstruktion funktionierte wieder, der Unterarm ließ sich anheben. Das äußere Stützskelett wirkte also in der gleichen Weise wie früher der natürliche Innenknochen.

Auch ich habe gelegentlich Oberarmknochen chirurgisch entfernen müssen. Indessen vermeiden wir heutzutage die Nachteile eines äußeren Stützskeletts dadurch, daß wir einen lebenden Knochen in den freien Zwischenraum einpflanzen. Ein so verpflanzter Knochen wächst mit den Stümpfen oben und unten zusammen, und allmählich paßt sich der Arm dem neuen Körperstück an. Immerhin hatte jenem Bergarbeiter das ungeschlachte Außengerüst Jahre hindurch gute Dienste geleistet. Es hatte ihm erlaubt, unter Tage harte Arbeit zu verrichten. Daß er zu mir kam und mich bat, ihm einen Knochen in den Oberarm einzupflanzen, geschah eigentlich aus einem andern Grund: Er war es langsam leid geworden, immer wieder an seinem Stützskelett herumschnallen zu müssen.

Weil der Knochen hart ist und gelegentlich bricht, ist die Meinung aufgekommen, er sei für den Menschen nur hinderlich. Natürlich macht er es uns unmöglich, uns in enge Spalten zu quetschen. Auch das Schlafen auf hartem Untergrund ist um der Knochen willen kein Vergnügen. Und weil wir Knochenbrüche fürchten, hüten wir uns, Zwanzigmeterloopings von der Sprungschanze zu riskieren. Wir überlassen es lieber einer Handvoll Spezialisten, von der Flugschanze zu springen oder die Slalompiste hinunterzujagen. Wer sich beim Schilaufen ein Bein bricht, wünscht sich wahrscheinlich, daß seine Knochen fester wären. Doch die müßten dann so viel dicker und schwerer sein, daß das Schilaufen überhaupt unmöglich würde. Nein, die 206 Langstücke aus Kalzium in unserem Körper sind nicht dazu da, unsere Bewegungsfreiheit einzuengen; im Gegenteil, sie machen uns frei. Der Arm jenes walisischen Bergmanns konnte nur dann richtig bewegt werden, wenn er ein inneres oder äußeres Stützgerüst besaß. Genauso sind fast alle unsere Bewegungen nur mit Hilfe von Knochen möglich, von festen, absolut starren Knochen.

Auch im Leibe Christi bedeutet Festigkeit nicht eine Last; nein, sie soll uns freimachen. Darum sind jene Gebote, die unser Tun bestimmen, hart und fest. Eben wie Knochen.

Die Moralgesetze, die Zehn Gebote, Gehorsam, rechtes Tun: Das „du sollst nicht" scheint ihnen einen schlechten Beigeschmack zu geben, und wir neigen dazu, die Gebote als eine Einschränkung unserer Freiheit anzusehen. Als ich noch jung war, fühlte ich mich von diesen Worten eingeengt. Doch später, besonders als ich Vater geworden war, lernte ich, weiter zu denken, und begriff die wahre Natur der Gebote. Drückt sich nicht in den Geboten der echte Charakter dessen aus, der sie gegeben hat? Die Regeln, die unser menschliches Zusammenleben bestimmen sollen, sollen sie es uns nicht ermöglichen, das beste und wirklich erfüllte Leben hier zu führen?

Ich lasse mich nicht leicht auf solche Überlegungen ein. Es haben sich zu viele Meinungen und Vorurteile, die aus unserer Kulturgeschichte stammen, in unsere christlichen Moralvorstellungen eingeschlichen. Nur zu leicht verdecken sie das wahre Wesen des Gottesgebotes. Sie können, verwurzelt in unbewußten Erinnerungen an Ansichten meiner Eltern, mein ganzes Denken durchdringen. Und unversehens lange ich bei einer ganz anderen Art von Freiheit an: bei Freiheit *vom* Gesetz anstelle von Freiheit *durch* das Gesetz.

Ich habe herausbekommen, daß es möglich ist, durch das scheinbar Negative der Gebote hindurchzublicken und die wahre Natur der Zehn Gebote zu erkennen. Dann erscheinen uns die christlichen Lebensregeln anders: Sie machen uns frei für mitmenschliches Handeln. Gerade so, wie die Knochen unseren Körper zu physischen Leistungen freimachen.

Die ersten drei Gebote regeln unsere Beziehung zu Gott: Du sollst keine andern Götter haben außer mir, bete keine Bilder an. Treib mit meinem Namen nicht Mißbrauch. Vergiß nicht, daß ein Tag dafür bestimmt ist, Gott anzubeten.

Je länger ich über die Gebote, die wie Verbote klingen, nachdenke, desto mehr erscheinen sie mir als Ermunterungen.

Wie wäre es, wenn wir diese Gebote Gottes einmal so lesen:

1. Ich habe dich so lieb, daß ich mich selbst dir schenke. Ich bin der einzige wirklich Existierende, der Gott, den du wahrhaftig nötig hast. In mir findest du vollkommene Fülle. Ich wünsche mir etwas ganz Wunderbares: eine unmittelbare, ganz persönliche Beziehung zwischen mir und einem jeden von euch. Du brauchst dir keine primitiven Vorstellungen mehr von mir zu machen, etwa hölzerne Götzenbilder oder dergleichen. Du sollst mich haben, wie ich bin. Hoffentlich weißt du das zu schätzen!
2. Ich habe dich so lieb, daß ich dir meinen Namen gegeben habe. Du gehörst zu Gottes eigenem Volk auf Erden. Achte dieses Vorrecht: Mißbrauche es nicht, indem du deinen neuen Namen in den Schmutz ziehst oder so lebst, als wärest du nicht mein Kind.
3. Ich habe dir eine wundervolle Welt anvertraut. Du darfst in ihr arbeiten, spielen und Freude suchen. Doch in aller Betriebsamkeit halte dir einen Tag frei, an dem du an den denkst, der dir das alles geschenkt hat. Dein Körper braucht auch Ruhe, und dein Geist braucht Besinnung.

Die folgenden sechs Gebote regeln unsere zwischenmenschlichen Beziehungen.

4. Das erste von ihnen ist positiv gehalten: Du sollst Vater und Mutter ehren. Ein Gebot, das für jede Gemeinschaft auf Erden seine Bedeutung hat.

Es folgen die anderen fünf:

5. Das Leben des Menschen ist unantastbar heilig. Denn

Ich habe es gegeben, und darum hat es besonderen Wert. Halte dich daran. Halte es wert, denn der Mensch ist Gottes Ebenbild. Wer dagegen verstößt und mordet, wird bestraft.

6. Die denkbar innigste menschliche Beziehung ist die Ehe. Ich habe sie gestiftet, damit der Mensch nicht einsam bleibt. Wer das, was der Ehe vorbehalten ist, öffentlich zur Schau stellt, entwertet diese Beziehung und zerstört sie. Achte darum darauf, daß die geschlechtliche Intimsphäre ihren Platz innerhalb der Ehe hat.
7. Ich habe dir Eigentum anvertraut. Du darfst diese Dinge besitzen und sollst sie verantwortlich nutzen. Eigentum ist ein besonderes Vorrecht. Um dafür zu wirken, sollst du auch das Eigentum anderer achten. Stehlen verstößt gegen dieses Recht.
8. Ich bin ein Gott der Wahrheit. Nur wenn die Wahrheit regiert, gibt es Gemeinschaft. Lüge zerstört Absprachen, Zusagen und Vertrauen. Du bist Vertrauen wert, bestätige es, indem du niemals lügst.
9. Ich habe dir viele schöne Dinge geschenkt, an denen du Freude haben darfst: Vieh und Korn, Gold und Hausrat, Musikinstrumente. Doch Menschen sind allemal mehr wert als tote Gegenstände.
10. Gebrauche die Gegenstände, aber die Menschen habe lieb! Mach es ja nicht umgekehrt, daß du etwa die Menschen ausnutzt und dafür die toten Gegenstände liebst.

Schlicht gesagt: Die Zehn Gebote erweisen sich als ein haltgebendes Stützskelett des Vertrauens, das Gemeinschaft gründet zwischen Mensch und Mensch, aber auch zwischen Mensch und Gott. Gott, der gute Hirte, versichert, daß er die Gebote gegeben hat, weil wir mit ihrer Hilfe am besten leben können. Nur unsere eigene Aufsässigkeit, die schon im Garten Eden begonnen hat, will uns einreden, er sei ein schlechter Hirte und wolle uns durch die Gebote von allen angenehmen Dingen fernhalten.

Schön, doch nun könnte jemand einwenden: Warum sind dann die Zehn Gebote nicht positiver formuliert? Warum hat Gott sie in Form von Verboten aufgesetzt? Warum sagt er: „Du sollst nicht töten, du sollst nicht ehebrechen, du sollst nicht stehlen . . .“?

Ich habe dazu zwei verschiedene Antworten. Erstens: Ein negativ formuliertes Gebot läßt mehr Bewegungsfreiheit als ein positives! Da heißt es 1. Mose 2,16–17: „Du darfst essen von allen Bäumen im Garten, aber von dem Baum der Erkenntnis des Guten und Bösen sollst du nicht essen.“ Diese Formulierung läßt mehr Freiheit, als wenn es hieße: „Du mußt essen von jedem Baum im Garten, angefangen da oben in der Nordwestecke und dann weiter bis hinunter zum Obstgarten.“ So gibt auch die Formulierung „Du sollst nicht ehebrechen“ mehr Freiheit, als wenn gesagt wäre „Du mußt mit deiner Ehefrau zweimal die Woche zwischen neun und elf Uhr abends Verkehr haben“. Ebenso ist das „Du sollst nicht begehren“ großzügiger als ein Gebot „Hiermit gelten folgende Vorschriften für den Besitz von Eigentum: Jeder darf eine Kuh, einen Ochsen, drei Goldringe und so weiter . . . besitzen“.

Zweitens: Die Menschen waren zu jener Zeit noch nicht reif für positiv gehaltene Gebote. Das Zehngebot fällt sozusagen in die Kindergartenphase der menschlichen Moralentwicklung. Die Zehn Gebote sind dic Grundstufe des Gesetzes, nötig, um überhaupt so etwas wie eine Gemeinschaft herzustellen. Später, als Jesus kam, da nahm er das alles positiv. Er bezog sich auf das Alte Testament, faßte jedoch die Gebote in dem positiven Satz zusammen „Du sollst Gott, deinen Herrn, lieben von ganzem Herzen, von ganzer Seele, von allen Kräften und von ganzem Gemüte und deinen Nächsten wie dich selbst“ (Lukas 10,27).

Meines Nachbarn Eigentum nicht zu begehren oder es zu stehlen, ist die eine Sache. Es ist aber etwas ganz anderes, ihn so zu lieben, daß ich für seine Familie so sorge wie für meine eigene. Bloße Moral nähme eine Menge Bewegungsfreiheit weg. Paulus hat das bestätigt und führt es Römer 13,8–10 näher aus: „Wer den andern liebt, der hat das Gesetz erfüllt."

In seiner Bergpredigt legt Jesus den Schlußstein hinsichtlich seiner Haltung zum Gesetz. Da zeigt er, daß die Zehn Gebote Minimalforderungen darstellen. Sie weisen sozusagen auf Grundelemente hin: Maßhalten, Achtung haben, Gewaltlosigkeit, Teilnehmen und Teilnehmenlassen. Und dann entwickelt Jesus die echte Sozialethik, eine Ethik, die nur von einem einzigen Gebot regiert wird, dem Gebot der Liebe. Zu diesem Gebot ruft er uns auf. Warum? Etwa, weil Gott dann väterlichen Stolz empfinden darf, daß ihm „das Experiment Erde" so gut gelungen ist? Selbstverständlich nicht! Denn die Gebote sind nicht um Gottes willen da, sondern um des Menschen willen. „Der Sabbat ist um des Menschen willen gemacht, und nicht der Mensch um des Sabbats willen" (Markus 2,27). Und weiter: „Ihr werdet die Wahrheit erkennen, und die Wahrheit wird euch frei machen" (Johannes 8,32). Jesus kam, um uns freizumachen von Gewalt, Habsucht, Begierde und bösen Gedanken. Um unsertwillen! Er wünscht sich nichts mehr, als daß wir vollkommen werden wie unser Vater im Himmel.

Die Zehn Gebote waren, um wieder im Bilde zu reden, sozusagen die embryonale Stufe des Knochengerüstes, erste Knochenbildung, fast noch wie Knorpel. Das Liebesgebot dagegen ist wie das voll entwickelte, feste Skelett, das uns Freiheit schenkt. Es erlaubt geschmeidige Bewegung innerhalb des Leibes Christi. Es gewährt Bewegungsfreiheit und hält uns doch am rechten Platz.

Wenn man ein einzelnes Gebot – wie einen Einzelknochen aus dem ganzen Skelette – wahllos herausnimmt und überprüft, dann mag es so aussehen, als sei es zu streng formuliert und nicht einmal logisch. Weil eben die Gebote – genau wie die Knochen – stets für die komplexen und miteinander zusammenhängenden Bedürfnisse des Gesamtkörpers bestimmt sind. Wie wir schon gesehen haben, ist etwa das Becken eine wirklich ausgefallene Konstruktion. Es ist ein Kompromiß zwischen recht unterschiedlichen Aufgaben: Es dient zum Gehen, schützt die Unterleibsorgane, schafft Sitzmöglichkeit, trägt das Rückgrat und – falls es sich um eine Frau handelt – macht die Geburt möglich.

Ganz ähnlich enthalten auch Gottes Gebote, nach denen wir uns richten sollen, eine Kombination von einander widerstrebenden menschlichen Wünschen und Bedürfnissen. Und die Auswahl ist so erfolgt, daß wir die Chance haben, ein möglichst erfülltes und gesegnetes Leben zu führen. Gott, der sich sehr wohl mit unseren menschlichen Schwächen und Fehlern auskennt, hat das Glaubensbekenntnis und die Gebote so abgefaßt, daß sie uns Halt und Festigkeit geben, wo immer wir es nötig haben.

Das Gebot für eheliche Treue scheint vielen zu überspannt und unnütz streng. Warum kein Geschlechtsverkehr nach freier Wahl für alle, denen das Spaß macht? Biologisch ist uns doch die Möglichkeit dafür gegeben? Doch Sexualität überschreitet die Grenzen der Biologie. Sie verbindet uns in einer Liebe, die die Familie zusammenhält. Und noch manches andere ließe sich dazu sagen.

Wenn wir auch nur ein einziges Gesetz brechen, indem wir etwa mit sexueller Freiheit experimentieren, verlieren wir auf lange Frist die Intimität, die in der Ehe ihren Schutz hat.

Fehlt auch nur ein Knochen, dann ist die gesamte Bewegungsmöglichkeit dahin, das bewies schon jener walisische Bergmann mit seinem Oberarm.

Ich habe Menschen kennengelernt, die sich leidenschaftlich gegen jegliche Vorschriften verwahrten. Sie erinnern mich an jene nervösen Kinder, die ein Spielzeug nach dem anderen probieren, immer krampfhaft auf der Suche nach einem noch stärkeren Reiz. Und sie merken dabei gar nicht, daß all ihr Suchen im Grunde nur eine Flucht ist. Wo sind da die Grenzen für den Steuerbetrug? Wann ist es soweit, daß sie ganz offen den Ehebruch zulassen? Bei welcher Lüge, die sie aussprechen, werden ihre Kinder aufhören, ihnen zu glauben? Ihr ganzes Leben wird so zu einem verwickelten Geflecht von Trug und Angst. Und so ein Mensch soll frei sein?

Ich schließe mich G.K. Chesterton an, der schreibt: „Je mehr ich über den Christenglauben nachdachte, desto klarer erkannte ich: Wenn da Recht und Gesetz geboten wird, dann hauptsächlich zu dem Zweck, dem Guten freien Raum zu schaffen.“

Als Beispiel nimmt er den Sex. „Niemals könnte ich einstimmen in dieses allgemeine Gerede unserer heranwachsenden Generation gegen die Einehe. Denn keine Einschränkung des Sex scheint mir so ausgefallen und überraschend wie der Sex selbst. Sich an nur eine Frau halten, ist so viel, wie nur die eine Frau ansehen. Und wer sich darüber beklagt, daß er nur einmal heiraten dürfe, der mag sich auch beklagen, daß er nur einmal geboren ist. Die schreckliche Aufregung über dieses ‚einmal‘ ist in keiner Weise angebracht. Sie beweist nicht etwa ein gesteigertes Gefühl für Sex, sondern im Gegenteil einen geradezu kuriosen Mangel an Gefühl. Ein Mann, der sich darüber beklagt, daß er nicht mit fünf Frauen auf einmal das Paradies finden kann, ist ein Narr. Wahlloser Geschlechtsverkehr ist ein Mangel auf dem sexuellen Gebiet. Es ist, als pflücke einer – völlig interesselos – fünf Birnen auf einmal.“

Ein Skelett ist niemals schön; es ist eben auf Festigkeit und Funktionsfähigkeit konstruiert. Ich kann mir nicht beim Anblick meines Schienbeins wünschen, daß es länger oder kürzer oder gar gegliedert wäre. Ich kann nur dankbar sein, daß es mir zum Gehen dient. Auch denke ich lieber darüber nach, wohin ich gern gehen möchte, als daß ich mir den Kopf zerbreche, ob meine Beine auch mein Gewicht tragen können. Ich möchte damit das befolgen, was die christlichen Grundsätze und die Gebote, die uns lenken, vorschreiben.

Sie sind nicht mehr als das Stützgerüst für jegliche Gemeinschaft. Ihre Wirkung ist am stärksten, wenn sie auf sicheren und in die Zukunft weisenden Grundsätzen beruhen. Natürlich können wir sie brechen: Ehebruch, Diebstahl, Lüge, Götzendienst, Unterdrückung der Armen – all das hat es im Laufe der Geschichte schon in vielen menschlichen Gemeinschaften gegeben. Das Ergebnis war allemal, daß es zu einem Bruch kam, der die ganze Gesellschaft bewegungsunfähig machte. Knochen sind dazu da, uns frei zu machen. Doch wenn sie brechen, machen sie uns zu ihren Sklaven.

11 Leben heißt wachsen

Nur was wir glauben,
Wissen wir gewiß.
Wilhelm Busch

Sie wurde auf einer Tragbahre zu mir gebracht, atmete geräuschvoll, rang nach Luft und wimmerte leise. Sie ärgerte sich offensichtlich über ihre Hilflosigkeit, und die vor Anstrengung keuchenden indischen Träger teilten ihre Mißstimmung. Denn sie war eine ungemein schwere Frau. Ihr Kleid war vor Hitze und Angst von Schweiß getränkt. Der unnatürliche Winkel, in dem ihr rechter Fuß nach außen stand, wies auf einen ernsten Bruch hin. Sie erzählte mir von einem Unfall Monate zuvor, bei dem sie sich den Oberschenkel gebrochen hatte. Ein Arzt oben in den Bergen hatte den Knochen geschient. Doch der Heilungsprozeß war, wie seine Röntgenaufnahmen zeigten, nur unvollkommen verlaufen. Darum schickte er jetzt die Patientin zur Untersuchung in unser medizinisches College.

Die gute Frau bestand – höflich, aber bestimmt – darauf, daß sie unbedingt wieder in ihre Missionsarbeit da oben im Bergland zurückkehren müsse. Ein Freund, der sie begleitet hatte, wisperte mir zu, es gebe ein richtiges Erdbeben, wenn Frau M. über einen der Bergpfade stampfe. Wahrhaftig, sie hatte starke und gesunde Knochen nötig!

Als ich Frau Ms. Bruch röngte, erwartete ich, das übliche, wundersame Bild eines heilenden Knochens zu Gesicht zu bekommen. Knochen sind zwar zu einem Symbol für den Tod geworden, doch der Arzt weiß, daß das nicht stimmt. Denn in Wirklichkeit ist das Skelett ein wachsendes, lebendiges Organ. Wenn ich in einen Knochen schneide, fließt Blut. Am erstaunlichsten aber: Ein gebrochener Knochen heilt sich selbst. Es könnte sein, daß ein Ingenieur eines Tages ein Material erfindet, das ebenso fest, leicht und leistungsfähig ist wie ein Knochen. Aber wer könnte schon eine Substanz entwickeln, die – wie der Knochen – in der Lage ist, gleichmäßig zu wachsen, sich selbst zu schmieren, ohne Ruhepausen auszukommen, falls einmal beschädigt, sich selbst zu reparieren?

Wenn ein Knochen gebrochen ist, läuft ein genau durchdachter Prozeß ab. Besondere „Reparaturzellen" rücken in Massen an. Innerhalb von zwei Wochen umgibt eine knorpelähnliche Hülle, die man Kallus nennt, die Bruchstelle, und Zellen, die festes Gewebe bilden, dringen in die gelierte Masse ein. Diese Zellen sind die Osteoblasten, die Lochfüller der Knochen. Schritt um Schritt lösen sie den Kallus auf und bilden an seiner Stelle frische Knochensubstanz. Nach zwei bis drei Monaten ist die Bruchstelle durch eine Menge neuer Knochenmasse gekennzeichnet, die seitlich auf beiden Enden über die Bruchstelle hinausreicht, gerade so, wie eine Manschette, die zwei Stücke eines Gartenschlauchs zusammenhält. Später wird dann das überschüssige Material abgetragen, so daß schließlich der Originalknochen wieder hergestellt ist.

So läuft die Heilung eines Knochenbruchs für gewöhnlich

ab. Doch auf dem Röntgenbild der Frau M. sah ich nichts dergleichen. Eine klare Linie – eine erschreckende Kluft – erschien zwischen den beiden Bruchenden, und kein Kallus, der sie verbunden hätte.

Ich öffnete ihr Bein, um einen ersten Überblick zu gewinnen. Nein, da war keine Spur eines Heilungsprozesses. Zunächst einmal griff ich auf die einfachere wissenschaftlich erprobte Methode zurück und fixierte die Stelle des Drehbruchs mit einer Stahlnadel, die ich in die beiden Bruchenden, oben und unten, einschraubte. Auf der anderen Seite befestigte ich einen Knochenspan, den ich aus ihrem Schienbein als Transplantat entnommen hatte. Er sollte neue Knochenbildung veranlassen. Schließlich vernähte ich die Operationswunde.

Nach einigen Wochen, die sie im Rollstuhl oder mit Krücken hatte verbringen müssen, wurde Frau M. abermals geröntgt. Die Untersuchung ergab, daß um den transplantierten Knochenspan sich eine milchige Wolke neuer Knochenmasse gebildet hatte und dabei war, die ursprünglichen Oberschenkelknochen wieder herzustellen. Nur zwischen den Enden des Knochenbruchs klafften noch klare Lücken. Ich erkannte, das mußte andere Ursachen haben. Ich nahm mir nochmals Frau Ms. Krankengeschichte vor und sah, daß zwanzig Jahre zuvor ein Arzt ihren Oberschenkel bestrahlt hatte, um einen kleinen, gutartigen Tumor zu heilen. Offenbar hatte die Bestrahlung nicht nur den Tumor abgetötet, sondern auch die lebenden Knochenzellen an dieser Stelle. Darum also wollten die beiden Knochenenden nicht mehr zusammenwachsen.

Das Nichtstun, zu dem Frau M. verurteilt war, machte sie wild. „Wenn der Knochen nicht heilen will", erklärte sie, „warum schneiden Sie dann das Bein nicht einfach ab und machen mir ein Holzbein, mit dem ich wenigstens gehen kann?"

Immerhin sah ich einen Hoffnungsschimmer: Das Knochentransplantat war ganz normal gewachsen. Also bereitete ich eine andere Operation vor. Ich hatte entdeckt, daß der Zwischenraum zwischen den Bruchenden gerade so weit war, daß ich mein Messer hineinstecken und ein wenig herumwackeln konnte. Zunächst prüfte ich jetzt die eingesetzte Stahlplatte. Die beiden Schrauben, die am weitesten von der Bruchstelle entfernt waren, saßen lose und ließen sich leicht entfernen. Der Körper hatte begonnen, sie abzustoßen. Doch die vier Schrauben, die näher zur Bruchstelle saßen, waren so fest, als seien sie in Mahagoniholz geschraubt. Denn der Knochen dort war abgestorben und konnte sie deshalb nicht abstoßen. Ich hatte Mühe, sie loszuschrauben.

Ich mußte mir zwei weitere Transplantate beschaffen. Eins nahm ich aus Frau Ms. Schienbein, das zweite aus ihrem Beckenknochen. Mit diesen lebenden Knochenstükken umgab ich die Bruchstelle so, als hätte ich sie mit Eis umpackt. Dann schloß ich die Wunde und richtete mich aufs Warten ein.

Frau M. wurde wieder gesund und versieht ihre Missionsstation in den Bergen. Sie führte ein durchaus aktives Leben, und wenn sie über die rauhen Pfade ihrer nebelumwallten Berge stampfte, dann leistete der improvisierte Oberschenkelknochen gute Dienste.

Sieben Jahre später führte ich eine Kontrolluntersuchung durch. Die Röntgenaufnahme ergab, daß der alte Bruch nicht geheilt war. Zwischen den beiden Bruchenden konnte man noch immer hindurchsehen. Aber ein lebender Knochenschild hatte – wie eine Rindenüberwallung an einem Baum – die zwei Bruchenden vereint und bildete einen etwas mißgestalteten Knochenwulst um die Bruchstelle. Frau M. ging also regelrecht auf Transplantaten – Originalknochen oben, Transplantate in der Mitte, Originalknochen unten.

Frau M. bietet uns ein Beispiel für das Nebeneinander von lebendem und totem Knochengewebe. Als ich ihr Bein öffnete, sahen beide Knochenpartien gleich aus. Der teuflische Unterschied lag nur darin, daß der lebende Knochen mit dem Körper organisch zusammenarbeitete, während der abgestorbene Knochen das nicht tat. Weil Frau M. ein lebender Mensch war, dem Anforderungen gestellt werden, die gesunde Knochen erfordern, war der tote Knochen für sie nutzlos. Ein lebender Körper kann sich eben nicht auf einen toten Knochen verlassen.

Die Analogie vom natürlichen Knochen zum geistlichen Bereich ist bereits in Hesekiel 37 auf dramatische Weise gezogen. Da sehen wir den Propheten, wie er „im Geist" über ein weites Feld wandert, „das lag voller Totengebein" (Hes. 37,1–2). „Und siehe, sie waren sehr verdorrt." Und nun spricht Gott zu diesen Gebeinen: „Ich will euch Sehnen geben und lasse Fleisch über euch wachsen und überziehe euch mit Haut und will euch Odem geben, daß ihr wieder lebendig werdet; und ihr sollt erfahren, daß ich der Herr bin" (Vers 6).

Die Gebeine, die Hesekiel da sah, symbolisieren die Nation Israel, das herabgekommen ist zu Totengebein; nichts lebt mehr, alles ist Vergangenheit. Auch Israels Gottesglaube und Gehorsam gegenüber Gott existieren nur noch als trockene Tradition ohne Leben. Doch selbst diese Totengebeine haben Wert. Atemlos sieht Hesekiel zu, wie die Gebeine sich regen, zusammenrücken und schließlich sich ordnen zu Skeletten, die fähig sind, einen neuen Leib zu tragen. Diese neue Nation soll ins Leben kommen mit einem ewigen und unverwelklichen Erbe und vollem Begreifen seines Gottes.

Die historische Überlieferung einer lang andauernden, ganz persönlichen Beziehung zu Gott kann in Gesetzen, Schriften und gottesdienstlichen Formen erhalten werden. So war es in Israel. Sie kann auch weitergegeben werden in Glaubenssätzen, Kunst oder sakralen Bauten, wie es heutzutage in der abendländischen Kultur der Fall ist. Mancher verehrt solche „Gebeine“ um ihrer Ehrwürdigkeit willen, kauft sich Mozarts „Messen“ oder sammelt Werke religiöser Kunst. Doch der wahre Wert eines „Stützskeletts“ wird nur dann sichtbar, wenn es einen lebenden Organismus trägt. Auch wenn unsere Gebote, heiligen Schriften und Traditionen ihren eigenen Wert haben, letzten Endes sind sie doch nur dazu da, einem lebenden Organismus zu dienen, eben dem Leibe Christi.

Der transplantierte Knochen im Bein der Frau M. hatte vortrefflich die normalen Aufgaben lebender Knochensubstanz übernommen. Wie das Skelett Knochen bildet und fest wird, ebenso wächst es auch zur gleichen Zeit und erneuert sich dabei. Knochen lebt also. Er verbringt sein Leben damit, daß er sich verändert, wandelt, Fehler gutmacht und sich auf Veränderungen umstellt. Er ist Fluß und Fels zugleich.

Dieselben Wachstumsstufen, die ich an dem implantierten Knochen im Oberschenkel der Frau M. beobachten konnte, vollziehen sich tagtäglich im Skelett eines Kindes. Das Neugeborene hat 350 Knochen. Diese wachsen langsam zusammen, so daß der Erwachsene nur noch 206 Knochen aufzuweisen hat. Viele Knochen eines Neugeborenen sind noch weich und formbar, machen kaum den Eindruck von Knochen. Der Geburtsvorgang wäre nämlich unmöglich, wenn das Baby nicht so zusammenpreßbar und geschmeidig wäre.

Wenn ich da beim Röntgen beobachte, wie ein Knochen zur festen Substanz wird, dann muß ich an das Werden meines eigenen „Glaubensgerüstes“ denken. Als ich eben zum Glauben gekommen war, da war mein Glauben noch weich und wandelbar. Er bestand aus vagen Glaubensvorstellungen über Gott. Ich wußte nicht recht, wozu ich Gott nötig hatte. Inzwischen hat Gott mit Hilfe der Bibel und anderer Christen das Gerüst meines Glaubens gefestigt. So wie die Osteoblasten frische Mineralien in einem Knochen anlagern, so ist die Substanz meines Glaubens fester und tragfähiger geworden. Gott ist mein Herr geworden; Lehrsätze, die einst kalt und formalistisch schienen, sind ein lebendes Stück von mir selbst geworden.

Besonders der evangelikale Flügel unserer Kirche neigt zu der Meinung, alle Antworten des Glaubens müßten schriftlich in übersichtlichen Bekenntnissen festgelegt sein. Wer an diesen Grundsätzen Zweifel hegt, gilt als Fremdkörper im Leibe Christi. Man sucht ihn zu Schuldbekenntnissen zu treiben oder aber auszustoßen. Darum ist Zweifel in evangelikalen Kreisen eine Privatangelegenheit, die nur im verborgenen existiert. Wer unter uns zu solcher radikalen Auffassung neigt, sollte wieder zu dem Bild des lebenden Knochengerüstes zurückfinden. Die Neuen im Glauben brauchen Zeit, um ihren Glauben zu festigen. Das ist nicht anders als bei den lebenden Knochen des Körpers.

Ich habe oft im Zweifel leben müssen. In Indien wirkten auf mich andere Religionen anziehend, die von Millionen mit Hingabe ausgeübt wurden. Beim Medizinstudium wurde ich ständig mit der Ansicht konfrontiert, daß diese Welt vom Zufall regiert und daß in ihr kein Raum für einen intelligenten Planer und Lenker sei. Wenn ich mich mit dieser und anderen Streitfragen herumschlug – Fragen etwa über die Person Christi oder über die Zuverlässigkeit der Bibel –, da begriff ich, daß manchmal hilfreich ist, an festen Lebensregeln feszuhalten, auch wenn sie mir grundsätzliche Denkschwierigkeiten bereiten. Mit anderen Worten: Ich habe gelernt, dem stützenden Skelett zu trauen, auch wenn ich nicht in der Lage bin, genau zu erklären, wie seine einzelnen Knochen zusammenarbeiten und warum sie nun einmal so gestaltet sind, wie sie sind.

Beim Studium waren so säkulare Biologen wie J. B. S. Haldane und H. H. Woolard meine Lehrer, beide bekannte

Vorkämpfer für die Evolutionstheorie. Ich merkte, daß man in einigen Kirchen an diesem Punkt eine Art intellektueller Unehrlichkeit pflegte. Wenn Studenten, die zu diesen Kirchen gehörten, ihr Examen machten, dann rezitierten sie – wie von den Professoren gewünscht – die Theorien der Evolutionslehre. Wieder daheim in ihren Kirchengemeinden, bekannten sie aber ihren Glauben in einer Art, die der Evolutionslehre kraß widersprach. Dieser Widerspruch mußte letzten Endes zu einer Art intellektueller Schizophrenie führen.

Es bedurfte gründlichen Studiums und längerer Zeiten des Nachdenkens, bis ich endlich in der Lage war, das auf der Universität Gehörte mit dem in Einklang zu bringen, was ich in der Kirche gelernt hatte. Doch inzwischen war ich zu dem Ergebnis gekommen, daß mein Glaube sich auf Tatsachen gründet, die in sich selbst Bestand haben und sich nicht irgendwelchen Ergebnissen der Wissenschaft unterordnen müssen. Ich mußte also entweder herausbekommen, daß die Evolutionslehre mit meinem Gottesglauben vereinbar war, oder ich mußte, falls an der Evolution etwas faul war, bei meinem Christenglauben bleiben. Jahrelang schlug ich mich mit diesem Problem herum. Ich fand keine Antwort auf die offenen Fragen, wie Schöpfung und Entwicklung in Einklang gebracht werden könnten. In den letzten Jahren ist ein neues Verständnis der DNA aufgekommen und hat die Möglichkeit einer nur auf Zufall beruhenden Evolution so unwahrscheinlich gemacht, daß sich die Position dessen, der an eine übernatürliche, göttliche Intelligenz glaubt, ungemein verstärkt hat.

In Südamerika gibt es eine Brücke, die nur aus zusammengeflochtenen Weinranken besteht, die eine hin und her schwingende Lauffläche tragen, Hunderte von Metern über dem Fluß. Ich wußte, daß diese Brücke viele Jahre hindurch das Gewicht vieler hundert Menschen getragen hat. Und ich sah, als ich an der Kante des Abgrunds stand, Leute, die ganz zuversichtlich über die Brücke gingen. Der Ingenieur in mir wollte alle möglichen Faktoren abwägen – die Zerreißfestigkeit von Weinranken, ihre Widerstandsfähigkeit gegen Termiten, und schließlich mich in der Gegend umsehen, ob es da nicht eine Brücke gab, die fester schien. Ich kann mein Leben lang da stehen und überlegen, ob die Brücke vertrauenswürdig sei. Doch im Ernstfall, wenn ich wirklich auf die andere Seite will, dann muß ich den ersten Schritt wagen. Wenn ich mein Gewicht der Brücke anvertraue und losmarschiere, obwohl mein Herz klopft und meine Knie schlottern: Genau das ist die Lage, in der ich mich als Christ befinde.

In meinem Christenleben stehe ich immer wieder vor solchen Situationen. Ich muß Entscheidungen treffen, die von Natur aus große Unsicherheiten enthalten. Wenn ich auf alles vorbereitet sein will, was auch nur passieren könnte, dann darf ich keinen Schritt wagen. Wie oft mußte ich handeln, einzig und allein auf die festen Grundsätze meines Glaubens gestellt; wie oft schon, bevor diese festen Grundsätze, dieses tragende „Knochengerüst" meines Glaubens, ausreichend gefestigt war und ich überhaupt begriff, wozu es gut war. Knochen ist hart, doch er lebt. Wenn einmal die festen und doch so lebendigen Glaubenssätze aufhören sollten zu wachsen, dann werden sie rasch zu einem toten Skelett. Im Glauben leben, das heißt: wachsen und stark werden.

12 Leben heißt sich verändern

Der Knochen, der ja im Verborgenen lebt, gibt seine Geheimnisse nicht so leicht dem Beschauer preis. Ich muß schon zum Mikroskop greifen, wenn ich sehen will, was da jetzt an Leben vor sich geht. Bei ausreichend starker Vergrößerung kann ich zwei Arten aktiver Zellen dort feststellen.

Die eine Art, die Osteoblasten, haben wir schon kennengelernt. Sie sind die „Lochfüller“, die sich an die Bruchstelle heften und dort Kalkkristalle deponieren. Doch die Blasten stehen nicht nur Gewehr bei Fuß für eventuelle Unfälle. Milliarden von ihnen sind in mir ständig am Werk und erneuern alternde Knochensubstanz. Als ich jung war, da wurden innerhalb eines Jahres meine Knochen zu 100 % erneuert. Der Kieferknochen, den ich als Vierjähriger hatte, enthielt nichts mehr von dem Kieferknochen des Dreijähri-

Die höhere, menschenwürdigste und lebendigste Form der Religiosität ist die, daß sie den Glauben zur Tätigkeit erhebt, das rein Göttliche in jedem Naturzustand und in jeder Menschenhandlung finden zu können oder ihr aufzudrücken.

Karl Friedrich Schinkel

gen. Dank der weisen Knochen-DNA behielt der Kieferknochen dieselbe Gestalt, wurde aber ein wenig größer.

Jetzt, da ich längst erwachsen bin, werden nur noch etwa 18 % meiner Knochensubstanz jährlich erneuert. So ein alter Knochen gibt so leicht nichts preis. Es muß gleichsam herausgesprengt und weggeschafft werden. Und für diese Aufgabe unterhält der Körper einen besonderen Demontagetrupp, die Osteoclasten. Diese Clasten sind groß, vollgepackt mit zehn bis dreißig Kernen. Sie brauchen eben eine Menge Informationen, um ihre Aufgabe, die viel Feingefühl erfordert, recht zu erfüllen.

Wenn ich versuchen wollte, eine Ziegelsteinmauer dadurch zu erneuern, daß ich eine horizontale Reihe von Ziegeln herausbreche, dann fiele die Mauer rasch in sich zusammen. Wenn ich aber zunächst einen Stein hier in der Höhe meines linken Ellenbogens herausnähme und durch einen neuen ersetzte, dann einen neben meinem Knie, danach einen in Höhe meines Kopfes und so weitermachte, dann könnte ich im Laufe der Zeit die gesamte Mauer ohne Risiko erneuern. In genau dieser Weise kehren die Clasten einzelne Stückchen Knochen zum Abfall, eins jetzt hier, dann eins dort, und immer nur eine einzelne Zelle. Sie arbeiten sich so leicht durch den Knochen wie Maulwürfe durch den Rasen und machen damit den Clasten den Weg frei. Die Clasten verjüngen dann den Knochen, indem sie die von den Clasten freigemachten Löcher mit neuem Knochengewebe füllen.

Rücksichtslos führen die Clasten ein selbstmörderisches Leben. Sie bohren sich mit solcher Hingabe durch den Knochengranit, daß sie schon nach 48 Stunden ausgebrannt sind und nun selbst als Müll abtransportiert werden müssen.

Die Blasten und die Clasten stehen im Wettstreit, solange man lebt. Anfangs machen die Blasten das Rennen und legen neue Knochensubstanz an, genau wie das Wachstum es erfordert. Doch dann überholt sie eines Tages das Abräumkommando der Clasten. So bildet sich in vorgerücktem Alter das Zahnbett zurück, das Kinn springt stärker vor, während die Kiefer einfallen. Und so kommt es im Alter zu strengen Gesichtern mit scharfem Profil. Aus demselben Grund bedeutet für Ältere ein Knochenbruch ein ernstes Ereignis. Ihre Blasten, kaum noch in der Lage, die anfallenden Routineerneuerungen vorzunehmen, arbeiten langsamer als die Clasten. Alte Knochen heilen schlechter.

Wenn die alte durch frische Knochensubsatnz erneuert wird, dann sorgen die Blasten dafür, daß dies in genauer Anpassung an die Beanspruchung geschieht. Alle Knochenelemente sind in exakt berechneten, sich kreuzenden Kraftlinien angeordnet, genau wie die Träger einer Stahlbrücke. Gesetzt, ich breche mir den Fuß und die Schmerzen während des Heilungsprozesses veranlassen mich, kürzere Schritte zu machen, dann verändern sich die Kraftlinien in meinem Fersenbein und treffen in einem anderen Winkel als bisher auf das Bein. Die Blasten werden sich dem anpassen, um den neuen Anforderungen zu entsprechen.

Wenn ich mit Gewichtheben anfange, dann könnte zu erwarten sein, daß ein tragender Beinknochen, etwa der Oberschenkelknochen, sich biegt oder gar bricht. Es sei denn, er wird dicker und entwickelt Verstärkungen auf der beanspruchten Seite. Tatsächlich ist es so, Beanspruchung läßt Knochen wachsen. Liege einmal längere Zeit im Krankenhaus, und du wirst bis zu 50 % des Kalziums deiner Knochen verlieren. So verloren auch die Astronauten beim Flug im schwerelosen Raum bis zu 20 % ihres Kalziums. Gehen, heben, beugen – jede Tätigkeit sendet elektrische Ströme durch den Knochen, um ihn stärker werden zu lassen.

Wenn ich über den geistlichen Leib Christi nachdenke, und zwar besonders über jenes Stützskelett menschlicher Verhaltensregeln, dann fällt mir auf, daß es da eine ganz ähnliche Art des Erneuerns und Anpassens gibt. Die Grundregeln, die Gott niedergelegt hat, etwa in den Zehn Geboten oder in der Bergpredigt, die ändern sich nicht. Doch ihre spezielle Anwendung ändert sich so gewiß, wie sich der Leib Christi auf Erden neuen Anforderungen stellen muß. Viele Gesetze und Vorschriften, die wir in der Bibel finden, beziehen sich auf eine Gesellschaft und Kultur, die uns heute fremd ist. Darum muß es zu allen Zeiten Lehrer und Prediger geben, die in der Lage sind, die ewigen Grundsätze so auszulegen, daß sie für die Erfordernisse der Gegenwart Gültigkeit besitzen.

Geh einmal die Liste unmittelbarer Anweisungen durch, die im Neuen Testament für Christen gegeben und uns in der Bibel überliefert sind. Einige von ihnen werden auch heute noch befolgt oder doch wenigstens von der Mehrheit der Christen gebilligt. Andere werden nur von wenigen Denominationen befolgt, die sich bemühen, buchstabengetreu die Weisungen des Neuen Testamentes zu praktizieren. Doch ich kenne keine einzige Gruppe, die alle diese Anweisungen befolgt.

1. Grüßt euch untereinander mit dem heiligen Kuß (Römer 16,16)
2. Enthaltet euch vom Götzenopfer (Apostelg. 15,29)
3. Tut Buße und lasse sich ein jeglicher taufen (Apostelg. 2,38)
4. Die Frau soll einen Schleier tragen (1. Korinther 11,10)
5. Ihr sollt einander die Füße waschen (Joh. 13,14)
6. Es steht der Frau übel an, in der Gemeinde zu reden (1. Kor. 14,35)
7. Singt Psalmen, Hymnen und geistliche Lieder (Kolosser 3,16)
8. Enthaltet euch vom Blut (Apostelg. 15,29)
9. Haltet euch zum Abendmahl (1. Kor. 11,23 ff.)
10. Gedenkt der Armen (Galater 2,10)
11. Salbt die Kranken mit Öl (Joh. 5,14)
12. Gestatte keiner Frau, daß sie lehrt (1. Timotheus 2,12)

13. Predigt immer zu zweit (Markus 6,7)
14. Eßt alles, was euch vorgesetzt wird (1. Kor. 10,27)
15. Frauen sollen sich nicht mit Haarflechten, Gold, Perlen oder kostbaren Gewändern schmücken (1. Timotheus 2,9)
16. Haltet euch von Unzucht fern (Apostelg. 15,29)
17. Suche keine Frau (1. Kor. 7,27)
18. Bete nicht öffentlich (Matth. 6,5–6)
19. Sprich in Zungen und weissage (1. Kor. 14,5)
20. Führt ein stilles Leben und arbeitet mit euren Händen (1. Thessal. 4,11)
21. Hebt heilige Hände zum Gebet (1. Tim. 2,8)
22. Gib dem, der dich bittet (Matth. 5,42)
23. Wählt keine Witwen aus unter 60 Jahren (1. Tim. 5,9)
24. Frauen sollen ihren Männern untertan sein (Kolosser 3,18)
25. Achte nicht auf die Reichen (Jakobus 2,1–7)
26. Bleib keinem etwas schuldig (Römer 13,8)
27. Iß kein Fleisch von Tieren, die erdrosselt wurden (Apostelg. 15,29)
28. Wer nicht arbeitet, soll auch nicht essen (2. Thessal. 3,10)
29. Lege an jedem Wochenersten Geld für die Armen zurück (1. Kor. 16,1–2)
30. Zahle deine Steuern (Römer 13,7)

Ein Theologiestudent, der diese Anweisungen erforscht, wird uns darauf hinweisen, daß sie im Blick auf ganz bestimmte Situationen gegeben wurden. Er wird uns auch sagen können, aus welchem Grund der jeweilige biblische Autor ihnen zustimmte und sie empfahl. Da hat – um ein Beispiel zu nehmen – Paulus zahlreiche Anweisungen über den Genuß von sogenanntem Götzenopferfleisch gegeben, das heidnischen Riten im Tempel unterworfen worden war. Ein Problem, das heute bei den abendländischen Völkern unbekannt ist. Ebenso waren dazumal in einer Gemeinde wie der von Korinth die Frauen strengen sozialen Vorschriften unterworfen. Wenn eine Frau sich damals öffentlich zu Worte meldete, dann nahm man es als selbstverständlich an, daß sie entweder eine Prostituierte oder eine heidnische Priesterin war. Derselbe Verdacht kam auf, wenn eine Frau ihr Haar in einer bestimmten Frisur trug.

Paulus erkannte, daß es notwendig war, sich den Bedürfnissen der Gruppe anzupassen, in der er sich gerade befand. Er widersprach, als Judenchristen Heiden zwingen wollten, sich gegen ihren Willen beschneiden zu lassen. Andererseits nahm er selbst die Reinigungsriten im Jerusalemer Tempel auf sich, um das Vertrauen der Judenchristen zu gewinnen.

Heutzutage haben wir unsere eigenen, ganz speziellen Nöte. Als das Menschengeschlecht auf einem Planeten, der grenzenlos groß zu sein schien, noch jung und an Zahl gering war, da war die Weisung „Seid fruchtbar und mehret euch" auf jeden Fall angebracht. Doch inzwischen haben wir diese Weisung so wortgetreu befolgt, daß jetzt das Leben überhaupt in Gefahr gerät. Wir müssen uns ganz neu das Gespür schärfen für die Verantwortung, die wir tragen für den Ackerboden und die Tierwelt, und uns vielleicht sehr viel langsamer vermehren.

Der Genuß geschlechtlicher Freude hat heute in der Regel nicht mehr Geburten zur Folge. Darum müssen wir neue Wege finden, um die christliche Ansicht über Sex einsichtig zu machen: Sex ist ein Mittel zum Zweck, doch nicht selber Endzweck. Wenn also Sex nicht mehr unbedingt zum Ziel hat, ein Kind zu zeugen, wie kann Sex dann wieder zum Symbol bleibender und ausdauernder Liebe werden? Ein Mittel, das Eheleute miteinander verbindet, und nicht ein Ausdruck der Lust, die sich zufällig ergibt.

Es gibt in der Kirche Gemeindeglieder, die sich auf die neuen Herausforderungen einzustellen versuchen, die von der medizinischen Wissenschaft ausgehen. Da hat man etwa für den Fall, daß schwere Krankheit das Leben gefährdet, Methoden entwickelt, mit deren Hilfe man das Leben verlängern kann. So ist die Wissenschaft heute in der Lage, das Leben auf nahezu unbegrenzte Zeit zu verlängern, selbst wenn dieses Leben sinnlos, ohne Bewußtsein und ohne Hoffnung auf Genesung weiterläuft. Die alten Regeln, nach denen der Tod eintritt, gelten eben nicht mehr.

Diese Ergebnisse verlangen nicht etwa nach Revision unserer Glaubensgrundsätze, doch mancher Christenmensch fühlt sich dadurch herausgefordert, neu nachzudenken, die Bibel zu studieren und zu beten. Auf diese Weise finden wir zu einem neuen Verständnis des Gotteswillens, das für unsere Generation Bedeutung hat. Diese Propheten und Lehrer leisten im Leibe Christi denselben Dienst wie die lebenden Knochenzellen im Körper. Sie lassen den toten Buchstaben lebendig werden, daß er als lebendiger Gottesgeist uns trägt. Voraussetzung ist, daß sie demütig sind und guten Willens, die Hauptgrundsätze unseres Christenglaubens zu erhalten. Und zugleich müssen sie dafür sorgen, daß diese Grundsätze für unsere Zeit sinnvoll sind und den notwendigen Halt geben, wo er erforderlich ist.

Julius Wolff entdeckte im Jahre 1892 als erster die Kraftlinien, nach denen die Knochenzellen im menschlichen Skelett angeordnet sind. Er faßte seine Entdeckung in dem „Wolffschen Gesetz" zusammen, mit dem sich jeder Medizinstudent vertraut machen muß. In der ersten Entdeckerfreude erklärte damals Wolff, die Knochen seien ständig in Veränderung begriffen, immer darauf aus, sich wechselnden Anforderungen und Aufgaben anzupassen. In Wirklichkeit jedoch bin ich, wenn ich ein Museum besuche und Skelette über die Jahrhunderte hinweg miteinander vergleiche, immer wieder erstaunt über ihre Gleichartigkeit. Anpassungen an besondere Anforderungen bestehen lediglich in kleinen Höckern oder Rillen längs der Knochen, die insgesamt aber Länge und Form bewahrt haben. Die Gesamtkonstruktion überdauerte Jahrtausende.

So steht auch hinter jeder Anpassung des göttlichen

Gesetzes an irgendeine bestimmte Kultur immer dasselbe Grundmotiv: Wir müssen die Achtung vor der Menschenwürde bewahren! Auch dann, wenn wir in medizinischer Sicht neue Definitionen gewinnen für das, was Leben ist. Demut und Ehrfurcht müssen weiter gelten. Diese Haltung drückt sich aber nicht darin aus, ob unsere Frauen ihr Haar kurz oder lang tragen. Demut und Ehrfurcht haben im Herzen des Menschen ihren Sitz. Der Körper, auch der Leib Christi, paßt sich den jeweiligen Anforderungen an. Die Knochen aber, hier die Glaubenssätze, bleiben, wie sie sind.

13 Einigeln genügt nicht

Dein Knochen ist ohne Mark,
dein Blut kalt.

Macbeth

Zweimal jährlich befällt ein merkwürdiges Fieber Louisiana. Wie Flußnebel steigt es aus den Bayous und breitet sich über das Flachland.

„Heute frische Krebse!" So prangt es auf handgemalten Plakaten an den abgeblätterten Fassaden aller Lokale. Verschwitzte, barfüßige Schuljungen ziehen aus den Abzugsgräben Blecheimer, in denen es von Tieren wimmelt, die wie vorsintflutliche Lebewesen aussehen. Da quirlt ein Gemenge von zuckenden Fühlern, schnappenden Zangen, klickenden Panzern.

Fast in jedem Fluß, Teich oder Graben Louisianas kann man Krebse finden. Doch am liebsten sind ihnen Gräben, die sich in ostwestlicher Richtung hinziehen und steile Ufer besitzen. Denn dort finden die Krebse, die das helle Sonnenlicht scheuen, reichlich Schatten.

Lege dich mal – am frühen

Morgen oder auch gegen Abend – an einem solchen Graben auf die Lauer. Es dauert nicht lange, und deine Augen haben sich an das Widerspiegeln der Wasseroberfläche gewöhnt. Jetzt kannst du die Unterwasserwelt erkennen. Wahrscheinlich wirst du die Krebse nicht sofort entdecken. Sie sind nämlich schwer auszumachen, weil ihre grüne und braune Zeichnung sie musterhaft tarnt. Endlich erkennst du so ein Monster: Vorn hat es zwei Klauen, die am Ellbogen angewinkelt sind und recht bedrohlich aussehen. Diese Scheren, die fast halb so lang wie der ganze Körper sind, verleihen dem Krebs ein unausgewogenes, geradezu martialisches Aussehen. Fast sieht er aus wie ein Panzerkreuzer mit zwei seitlich angebrachten Geschützen, die über die Bordwände weit hinausragen. Zwischen diesen Scheren ragen zwei blitzende schwarze Augen hervor. Sie sitzen auf den Enden gut beweglicher Stiele. Wenn der Krebs dich aus einem anderen Blickwinkel betrachten will, dann dreht er nicht etwa den Kopf, sondern bewegt seine Stielaugen hin und her. Und das macht ihm nicht mehr Mühe als dir ein Augenbrauenzucken.

Wenn die Katzenwelse die Müllschlucker der Teiche sind, dann sind die Krebse die Müllzerkleinerer. Nichts, was sie nicht kleinkriegen könnten: Schnecken, Pflanzen, Fische, Frösche und eigene Artgenossen – egal, ob lebend oder tot, ob frisch oder schon vergammelt. Ihre großen Brüder, die Hummer, zermantschen genüßlich hartschalige Krabben, Schnecken und Muscheln. Dies Zerkleinern selbst steinharter Brocken verdanken sie einer ausgeklügelten Ausstattung ihrer Freßwerkzeuge. Da gibt es zwei kurze, unterteilte Gliedmaßen, sogenannte Fußscheren, die alles zerquetschen, was zwischen sie gerät. Weiter innen im Magen, sitzen drei harte Knochenzähne, die das Zerkleinern vollenden. Der übrige Körper des Krebses ist eine Art Miniaturausgabe des ihm verwandten Hummers: Platten eines sich überlappenden Panzers enden in einem breiten, fächerförmigen Schwanz.

Schon 1879 schrieb Thomas Henry Huxley das klassische Krebsbuch. Er berichtete da über die scheußliche Angewohnheit einer bestimmten Art, die eigene Nachkommenschaft zu fressen, oder die Sitte, den Partner nach einer recht gewaltsam verlaufenen Hochzeit einfach zu verspeisen. Er kannte aber auch die erstaunliche Fähigkeit der Krebse, eine verlorene Schere auf wunderbare Weise nachwachsen zu lassen. Er beschrieb auch schon die einzigartige Eignung des farblosen Krebsblutes, sich der Temperatur des umgebenden Wassers anzupassen. Das Blut, das ein verwundeter Krebs verliert, ist klar und durchsichtig. Rotes Blut wäre für ein Geschöpf wie den Krebs wohl zu extravagant.

Ich schreibe nun aber über den Krebs nicht etwa wegen seines Blutes, auch nicht wegen seiner üblen Angewohnheiten oder seiner einzigartigen Regenerationsfähigkeit. Ich schreibe über ihn wegen seines Skeletts. Brich einen Krebs auseinander, und du wirst innen zartes weißes Fleisch finden, das geradezu danach schreit, in Butter gestippt zu werden. Da gibt es keine Knochen, die dem Gourmet den Appetit verderben könnten. Nein, die Schale ist das Skelett.

Wenn die Krebszeit in Louisiana angefangen hat, dann wird man dir in den ländlichen Lokalen Platten mit dreißig oder mehr Krebsen auf den Tisch stellen. Ihre Schalen sind durch das Kochen leuchtend rot gefärbt. Wenn du dann eine Stunde lang geknackt, gelutscht und ausgekratzt hast, dann hast du vor dir eine Platte voller Skelettschalen stehen. Schalen genau in der Form des Krebskörpers, und wenn du sie so zusammenfügst, wie sie beim lebenden Tier geordnet waren, dann sieht es aus, als hättest du wieder den unversehrten Krebs vor dir liegen.

Der Krebs hat eben ein Außenskelett. Seine Muskeln wirken auf ein Skelett, das sie von außen her umgibt. Diese harte Außenhaut des Krebses ist zugleich seine Schutz- und Trutzwaffe im Kampf mit der feindlichen Umwelt.

Ich habe mich mehrere Kapitel hindurch damit befaßt, welche Bedeutung die Festigkeit der Knochen – der Glaubenslehren und Grundsätze – im Leibe Christi hat. Ich muß jetzt, um der Gerechtigkeit willen, eine ernsthafte Warnung aussprechen. Wie notwendig eine solche Warnung ist, wird deutlich, sobald ich die Familie der Krebse und Hummer mit dem Menschengeschlecht vergleiche. Der Unterschied wird im wahren Sinne des Wortes handgreiflich, wenn ich einem Menschen und einem Krebs die Hand gebe. Die Hand fühlt sich zart, warm und mitteilsam an. Versuche aber mal, dem Krebs die Hand zu schütteln! Da stößt du auf Härte und Kälte, und wahrscheinlich tut es sogar weh. Tatsächlich, ein gut ausgewachsener Hummer kann dir mit seiner Schere im Nu den Finger brechen.

Wenn ich auf die Kirchengeschichte zurückblicke, dann fallen mir einige schwere Fehler ins Auge. Das sind Fehler, die darauf zurückzuführen sind, daß man dem Skelett des Leibes Christi – den Glaubenslehren und christlichen Grundsätzen – einen falschen Platz zugewiesen hat. Einige Christen, die ihre Vorstellung über die Wichtigkeit von Gesetz und Ordnung in die Tat umsetzen wollen, tragen unglücklicherweise dieses „Skelett" außen. Begegnet man solchen Leuten, dann merkt man, daß ihr Glaube sie außen umkleidet, ebenso hart und abstoßend, wie den Krebs sein Schalenpanzer umgibt.

Ein paar Beispiele fallen mir eben ein: Da gab es „Kraftprotzen des Glaubens", Mönche, die vor aller Öffentlichkeit und unwiderlegbar klarmachen wollten, daß sie ihr Leben Gott gewidmet hätten. Ein gewisser Simon Stylites, der im Jahre 459 starb, fing damit an. Sechsunddreißig Jahre lang thronte er auf einer Säule östlich von Antiochia. Es wird berichtet, er habe seine Füße 1244mal hintereinander mit der Stirne berührt. Andere Mönche versteiften sich darauf, nur noch Gras zu essen. Theodor von Sykeon, ein Heiliger des siebten Jahrhunderts, verbrachte den größten Teil seines Lebens damit, daß er in einem engen Käfig von einem

Felsen herabhing, offen den Winterstürmen preisgegeben. Er verhungerte schließlich, seelenvoll Psalme singend.

Einige von denen, die solche Praktiken anwandten, suchten auf ganz persönliche Art darzustellen, wie sehr sie sich Gott ergeben hätten. Andere dagegen machten aus ihrem Fanatismus ein öffentliches Schauspiel, um allen, die es sahen, zu imponieren. Genau der schwere Irrtum, den Jesus an den Pharisäern tadelte (Matthäus 23 und Lukas 11).

Heutzutage findet man den härtesten religiösen Rigorismus bei den Religionen des Ostens. Dort gehen Fanatiker über glühende Kohlen oder machen es sich auf Nagelbrettern bequem. Doch die raffiniertesten Arten, den Glauben äußerlich zur Schau zu stellen, finden sich noch immer bei uns Christen.

Halte mal auf der Straße vor deiner Tür einen Nichtchristen an und frage ihn, wie er sich einen bekehrten Christen vorstellt; nicht einen von den üblichen Sonntagschristen, sondern einen von der Art, die sich „wiedergeboren" nennt. Ihm schießt sofort eine Flut von Bildern durch den Sinn. Er denkt etwa an Weltuntergang und Jüngstes Gericht; plakathafte Bilder von Propheten tauchen vor ihm auf, so wie sie in bestimmten Wochenzeitungen zum Klischee geworden sind. Er denkt an Rundfunkprediger, die ihn mit den Schrecken der Hölle konfrontierten. Oder – er sieht Christen vor sich, wie er sie aus seinem Alltag kennt, Christen, die einen ganz bestimmten Lebensstil praktizieren; einen Lebensstil, der sich durch Negationen auszeichnet: nicht rauchen, keinen Tropfen Alkohol, nicht fluchen, kein Kino, und schon gar nicht tanzen.

Woran also erkennt man heutzutage einen „Bekehrten"? Als Leute, die sich streng an ganz bestimmte Regeln halten! Psychiater werfen ihnen vor, sie schüfen unnötig Schuldkomplexe, und behaupten, daß mehr als die Hälfte ihrer Patienten durch solche kirchlichen Einflüsse verwirrt worden sind. Es sieht so aus, als seien wir noch immer dabei, hundert verschiedene Arten von „Säulenheiligen", wie es jener Simon Stylites war, zu produzieren. Wir neigen eben dazu, uns hinter unserem äußeren Skelett von Regeln und Vorschriften zu verschanzen und unseren Platz in der Welt dadurch zu bestimmen, daß wir uns vom bösen Rest der Welt abkapseln.

Ich fühle mich oft versucht, Gesetzlichkeit als eine harmlose Spielart des Glaubens anzusehen. Doch was, wenn eine Glaubensgemeinschaft darauf verfällt, irgendeine ganz ungefährliche Sache zu verteufeln? Ist es nicht wirklich zum Lachen, wenn man in gewissen Kirchen, deren Mitglieder getrost rauchen und trinken dürfen, schon bei der bloßen Vorstellung, Christen könnten Bluejeans tragen oder gar Gummi kauen, in Ohnmacht fällt?

Könnte es nicht sein, daß manche unserer Modetorheiten tatsächlich nichts anderes als harmlose Verirrungen sind?

Die Gesetzlichkeit enthält so viel verborgenen Zündstoff, daß die Bibel die ernstesten Warnungen gegen sie ausspricht. Nichts anderes – weder Pornograhpie, Ehebruch, Gewalt oder was sonst die Christen heute beunruhigt – hat mehr leidenschaftliche Aussprüche Jesu hervorgerufen. Es mag manchen verwundern, doch die Leute, über die Jesus sich am meisten ärgern mußte, waren ausgerechnet jene, die man heute die bibelstrengen Fundamentalisten nennen würde. Diese Leute, damals Pharisäer genannt, wollten wirklich ihr Leben ganz Gott weihen. Sie gaben korrekt den Zehnten, beachteteten jederzeit das alttestamentliche Gesetz und sandten Missionare aus, um Heiden zu bekehren. So gut wie nie waren bei den Pharisäern sexuelle Vergehen oder Gewaltverbrechen zu beobachten. Und dennoch weist Jesus diese Musterbürger ab. Warum?

Um auf diese Frage die Antwort zu finden, gehe ich noch einmal zurück zu den simplen Krebsen, die da auf dem Grund der Bäche Louisianas herumkrabbeln. Wenn ich deren Außenskelett mit meinem höherentwickelten Innenskelett vergleiche, dann werden einige Unterschiede deutlich und werfen erhellendes Licht auf Jesu harte Sätze über die Gefahren der Gesetzlichkeit (Matth. 23 und Luk. 11).

Zunächst einmal verläßt sich der Krebs fast ausschließlich auf den Schutz, den ihm sein Außenskelett verleiht. Dessen zuverlässige Panzerplatten können den Feind abweisen. Ganz im Gegensatz dazu besitzt der Mensch eine zarte, leicht verletzbare Außenhaut. Gott gab uns Richtlinien, damit wir als Leib Christi frei sein sollten. Doch wir lassen sie verkalken und verhärten, um uns hinter ihnen zu verschanzen. In seinen „*Briefen an eine amerikanische Lady*" schreibt C. S. Lewis: „Nichts gibt ein so falsches ‚gutes' Gewissen wie das strenge Halten des Gesetzes, sogar dann, wenn da Liebe und Glaube völlig abhanden gekommen sind."

Die Gesetzesstrengen täuschen dich. Wie die Pharisäer und jene „Kraftprotzen des Glaubens" imponieren sie durch ihre unbezweifelbare Hingabe an Gott. Man muß halt den Eindruck gewinnen, sie seien bei Gott hoch angesehen. Doch als ich in einer gesetzesstrengen Umgebung aufwuchs, da habe ich erfahren, daß die Gesetzlichkeit irrt, und zwar infolge einer Blickfeldverengung. Da wird haargenau auseinandergesetzt, was einer alles tun muß, um Gott zu gefallen. Und ausgerechnet damit wird der Gesetzesstrenge den Kernpunkt des Evangeliums verfehlen: daß die frohe Botschaft ein Geschenk ist, das Gott denen zukommen läßt, die es nicht verdient haben!

Merton Strommen, der für die Sorgfalt, mit der er seine Forschung betreibt, bekannt ist, hat jüngst bei siebentausend jugendlichen Protestanten, die verschiedenen Kirchen angehören, eine Umfrage durchgeführt. Es ging dabei um folgende Punkte:

„Wer von Gott angenommen werden will, muß sich bemühen, ein möglichst gutes Leben zu führen." Mehr als 60 % stimmten diesem Satz zu.

„Gott ist damit zufrieden, wenn einer so anständig lebt, wie es ihm möglich ist." Fast 70 % stimmten dem zu.

„Das Hauptgewicht des Evangeliums liegt auf der Befolgung der Göttlichen Gebote." Mehr als die Hälfte stimmten zu!

Man könnte wahrhaftig meinen, Paulus und Martin Luther hätten nie den Mund aufgemacht. Oder Jesus sei nie für die Sünder gestorben! Und doch ist es so: Die Mehrheit junger Christen ist noch immer der Meinung, man müsse einen festen Codex von Gesetzen und Vorschriften befolgen, um von Gott angenommen zu werden.

Nur unser erbarmungsloses, ständiges Herumreiten auf Gesetzesvorschriften kann daran schuld sein. Wir sollten viel mehr Zeit darauf verwenden, den jungen Menschen klarzumachen, daß Gesetze allenfalls so etwas wie ein Knochengerüst sind. Die Gebote wollen für uns keine Hintertreppe zu Gott sein, sondern uns stark machen, daß wir als Leib Christi in dieser Welt wirken können.

Eine andere Gefahr der Gesetzlichkeit besteht darin, daß sie unser geistliches Wachstum einschränkt, indem sie um uns und die Gruppe der uns Gleichgesinnten eine harte und starre Schale legt.

Ein Krebs hat nur einmal im Jahr eine Möglichkeit zu wachsen. Dieses Wachsen stellt einen heiklen und schwierigen Vorgang dar, die Häutung. Der Krebs ist während dieser Häutung tödlichen Gefahren ausgesetzt. Das alte, feste Außenskelett muß abgesprengt werden. Dabei reibt der Krebs seine Glieder gegeneinander, bewegt sie auch einzeln, wälzt sich dann auf den Rücken und biegt seinen Schwanz auf- und abwärts. Durch diese Bewegungen verschafft er sich ein wenig Spielraum innerhalb der Schale. Nach einer Reihe krampfhafter Bemühungen gibt sich der Krebs einen heftigen Ruck, und die Oberplatte seines Rumpfpanzers platzt ab. Nur noch in der Mundgegend bleibt sie mit dem Körper verbunden. Ganz vorsichtig zieht der Krebs jetzt den Kopf heraus, wobei er ganz besonders darauf achtet, daß die Augen und die Fühler keinen Schaden nehmen, die nur zu leicht bei dieser Prozedur beschädigt werden können. Auch beim Herausziehen der Beine aus der alten Haut kommt es vor, daß eins abbricht. Schließlich zieht der Krebs mit einem plötzlichen Vorwärtsruck den Hinterleib aus der Schale. Nackt und weich liegt er jetzt da.

Erschöpft vom anstrengenden Sprengen des Panzers ruht der Krebs eine Weile aus, dann macht er sich vorsichtig auf die Suche nach einem einigermaßen geschützten Platz. Sein Körper ist jetzt ja nicht mehr durch einen starren und blanken Chitinpanzer geschützt, ist vielmehr weich wie feuchtes Papier. Oft verspeist der Krebs als erstes die eben abgeworfene Haut; die darin enthaltenen Mineralien kommen der neu entstehenden Haut dann zugute.

Während der folgenden Wochen vollzieht sich das gesamte Jahreswachstum des Krebses. Bis zu drei Zentimeter Länge kann das Tier dabei länger werden, bevor der neue Panzer ausgehärtet ist und weiterem Wachsen Halt gebietet.

Ich habe ganz ähnliche Häutungsprozesse auch bei Christen erlebt. Ich habe anfangs in einer Gruppe gelebt, die – fest in sich geschlossen – radikale Vorstellungen entwickelte, wie ein Christ aussehen müsse und wer wert sei, in ihre Bruderschaft aufgenommen zu werden. Doch auf meinen Reisen erweiterte ich meinen Horizont und stellte bald fest, daß es auch Christen gab, die nicht zu meiner Rasse gehörten; Christen, die ganz andere Gottesdienstformen pflegten und unseren Glauben anders auslegten als ich. Da blieb mir nichts anderes übrig, als meine alte Haut, die zu eng geworden war, zu sprengen. Ich wuchs – bis mir die neue Haut durch weitere Erfahrungen zu eng und die nächste Häutung fällig wurde. Immer hatte ich die unglückliche Neigung verspürt, die christliche Gemeinde als eine in sich geschlossene Gruppe von Menschen anzusehen, die mir gleich wären und mit denen ich zusammen von einem Schutzpanzer umschlossen war. Hier drin war alles so schön warm und bequem, und nach außen hin gab uns der Panzer Schutz gegen die böse Welt.

Doch Jesus hat niemals von so etwas wie einem Schutzpanzer gesprochen, der die Gemeinde nach außen hin abschirmt. Er wies vielmehr immer wieder auf höhere und edlere Aufgaben hin, auf Liebe, Freude und volles Leben, Begriffe also, die das innere Leben betreffen. Wenn jemand kam und ihn um Auslegung eines alttestamentlichen Gebotes bat, dann wies Jesus über das äußerliche Gebot auf den Gotteswillen hin, der hinter und über dem Gebot stand.

Jesus wußte eben, daß Gebote und vorbildliche Lebensweise uns freimachen und zu geistlichem Wachsen führen sollen. Sie wirken also wie ein Rückgrat, aber nicht wie ein beengender Panzer.

Am verheerendsten aber ist wohl die Wirkung, die solche gesetzlich eingestellten Gruppen auf die Außenstehenden ausüben. Man faßt auch Hummer und Krebse nicht gerne an, eben wegen ihres harten Panzers. Genau so ist es, wenn Gebote und Glaubenslehrsätze als Außenskelett getragen werden, als stolze Schau geistlicher Überlegenheit. Gottes Barmherzigkeit und Liebe werden dadurch verdunkelt, die frohe Botschaft erscheint dann fragwürdig und langweilig.

In den ersten Jahrzehnten unseres Jahrhunderts versuchten die Missionare, aller Welt die westliche Zivilisation und Denkweise aufzudrängen. Das wirkte wie ein solcher abstoßender Schalenpanzer. Die einheimischen Gesellschaftsgruppen fühlten sich dadurch angegriffen, und die Kirche büßte unnötig Wirkungsmöglichkeiten ein.

Auch in Amerika gibt es heute noch Beispiele ähnlicher Art. Da hat jemand aktiv im Gemeindeleben gestanden, eines Tages aber zog er sich davon zurück. Prompt wirst du hören, es sei wohl etwas mit seinem Glauben faul. Andere Christen neigen dazu, über eheliche Probleme überhart zu richten. Haben darum nicht wenige Geschiedene die Kirche verlassen, weil man sie fühlen ließ, daß sie Christen zweiter Klasse seien? Manchmal ging man auch mit dem Mißbilligen einer schlechten Angewohnheit zu weit, etwa dem Rauchen. Ich habe so manches Emphysem behandeln und Lungenkrebs operieren müssen. Ich hasse darum das Rauchen. Ich hasse auch die Ehescheidung, weil sie so Bitteres den von ihr Betroffenen antut, besonders den Kindern. Doch ich darf es nicht dazu kommen lassen, daß meine Ansicht über Rauchen und Scheidung Menschen aus der Kirche treibt. Ich muß auf Jesus sehen: Der haßte die Sünde, doch er liebte den Sünder. Auf diese Weise legte er Gottes Gebote aus. Mit solcher Liebe überwand er die Sünder, so pries man ihn überall als den Freund der Verlorenen.

Wie steht es mit uns? Vertreiben wir Menschen aus der Nähe Gottes, der so überreich liebt? Und nur, weil wir unsere so eigenen Vorstellungen haben von dem, was sich gehört? Natürlich haben Verhaltensweisen ihre Bedeutung. Nicht umsonst wimmelt es in der Bibel von entsprechenden Anweisungen. Doch wir sollen sie in uns tragen, nicht äußerlich wie ein Umhängeplakat „Superchrist".

Immer wieder kann man an jungen Christen, die in ordentlichen Familien und intakten Kirchen aufgewachsen sind, eine bestürzende Beobachtung machen: Nach einem vielversprechenden Anfang in christlichem Glauben flippen sie plötzlich geistlich aus. Wie kommt es dazu? Hatten sie sich zu sehr auf ein äußerlich sichtbares Christentum geworfen? Hatten sie nur gelernt, bestimmte kirchliche Verhaltensformen nachzuäffen, einen frommen Zungenschlag, gefühlvolle Stimmungen? Hatten sie sich, genau wie der Krebs, eine harte Außenschale wachsen lassen, während sie inwendig weich und verwundbar blieben?

Wenn Christentum nur „eine feine äußerliche Zucht" ist, dann kann sie abgeworfen werden, so wie der Krebs seinen Panzer abwirft. Zweifellos geht so mancher Krebs bei der risikoreichen Häutung zugrunde, der eine infolge Erschöpfung, der andere, weil er jetzt gegen Feinde wehrlos ist.

Ein Außenskelett mag nützlich, vertrauenswürdig und hilfreich scheinen. Es hat gewiß einem toten oder gar keinem Skelett etwas voraus. Gott will aber, daß wir ein noch besseres Stützgerüst besitzen, ein inwendiges, das uns im verborgenen dient.

HAUT

14 Was vor Augen ist

Gott ist es, der das Tiefste ins Höchste zu verwandeln vermag, der den Stolzen erniedrigt und das, was im Dunkeln ist, Licht werden läßt.
Horaz

Während ich mich in Indien ganz der Lepraforschung widmete, praktizierte meine Frau als Augenärztin und gewann bei dieser Tätigkeit eine reiche Erfahrung in der Augenchirurgie. Weil viele gerade der Ärmsten nicht die Reise zum Hospital finanzieren konnten, unternahm meine Frau mit einem eingespielten Helferteam und einem gut ausgestatteten Laborwagen allmonatlich eine Rundreise durch die ländlichen Bezirke. Zu einem vorher bestimmten Datum und an einem vereinbarten Platz – etwa einer Schule oder einer alten Reismühle – strömten dann Menschen zusammen, die an einer Augenerkrankung litten oder gar blind waren.

Unser Team arbeitete unter harten Bedingungen, oft in flirrender Hitze, mit der sie, so gut es ging, fertig zu werden wußten. Stand kein Gebäude zur

Verfügung, dann fand der transportable Operationstisch eben unter einem Banyanbaum Aufstellung. Es kam vor, daß zwei Ärzte an einem Tag über hundert Operationen durchführten.

Im Jahre 1956 bezog Margarets Team für mehrere Wochen ein Camp in einem Gebiet, das durch eine lange Trockenperiode schwer gelitten hatte. Fünf Jahre lang hatte man keine Ernte einbringen können, und alle Trinkwasserbrunnen waren ausgetrocknet. Von weither strömten die Leute herbei und bettelten um Nahrung. Mit Vorliebe hielten sie sich in der Nähe des Lagers auf, um irgendwie etwas zum Essen zu ergattern. Viele wollten – völlig sinnlos – operiert werden. Das ging so weit, daß sie darauf drängten, ein Auge müsse entfernt werden. Und das alles nur, um für diese Zeit Essen zu bekommen.

In diesem hektischen Camp dienten junge Leute als freiwillige Helfer. Margaret wurde dabei ein scheuer, dunkelhäutiger Junge von etwa zwölf Jahren zugeteilt. Mit einem eindrucksvollen, ihm aber viel zu weiten Medizinerkittel ausgestattet, stand er auf einer Kiste. Er hatte genaue Anweisungen, eine Taschenlampe so zu halten, daß der Lichtstrahl genau auf die Hornhaut des Auges fiel, das operiert werden sollte. Margaret war sich im Zweifel: Würde dieser Dorfjunge, der noch nie eine Operation miterlebt hatte, stark genug sein, zuzusehen, wie ein Auge aufgeschnitten und hernach wieder zugenäht wird?

Doch der Junge erfüllte seine Aufgabe großartig. Während der ersten fünf Operationen änderte er ohne Zögern nach Margarets Weisungen den Einfallwinkel des Lichtes und lenkte den Lichtstrahl mit fester und sicherer Hand. Doch bei der sechsten Operation fing er zu zittern an. Margaret ermahnte ihn leise: „Kleiner Bruder, halte bitte die Lampe ruhig!“ Für einen Augenblick gelang es ihm, doch gleich tanzte der Lichtstrahl wieder weg von der Stelle, an der Margaret eben das Skalpell ansetzte. Margaret bemerkte, daß der Junge nicht imstande war, auf dies Auge zu blicken, das sie gerade operierte. Sie hielt also an und fragte ihn, ob er sich nicht wohlfühle.

Tränen liefen ihm über die Wangen, und er stotterte: „Oh, Frau Doktor, ich – ich kann nicht hinsehen. Es ist, es ist meine – Mutter!“

Zehn Tage später hatte der Junge alles hinter sich. Seiner Mutter waren die Fäden gezogen worden, und sie bekam eine Brille. Zuerst versuchte sie, mit dem Blick dem blendenden Licht auszuweichen. Doch dann gelang es ihr, die Dinge fest ins Auge zu nehmen und zu erkennen. Und zum ersten Mal in ihrem Leben sah sie ihren Sohn. Ein Lächeln verschönte ihr Gesicht. Sie streckte die Hand aus, um ihn zu berühren. „Mein Sohn, ich dachte, ich kannte dich, doch heute sehe ich dich.“ Und zog ihn fest an ihr Herz.

Diese Inderin hatte es treffend ausgedrückt: Ihr Sohn war für sie zum ersten Mal sichtbar geworden. Zuvor hatte sie ihn nur durch Berühren erkannt und am Klang seiner Stimme. Jetzt endlich hatte sie eine genaue Vorstellung seines Aussehens und seiner Erscheinung. Wenn sie ihn nachts im Traum vor sich sah, dann wußte sie hinfort, daß er und kein anderer es war. Und dabei hatte sie doch nur ein einziges „Organ“ seines Körpers gesehen: seine Haut.

Die Eindrücke und Erinnerungen, die wir voneinander haben, beruhen einzig und allein auf diesem sichtbaren Teil unseres Körpers, der Haut. Danach beurteilen wir einander und stellen uns entsprechend ein.

Manchmal beneide ich meine Frau, weil sie auf einem Fachgebiet arbeitet, das sich darstellt als zwei durchsichtige Ovale, die nicht von der fahlen Tapete der Haut überdeckt sind. Sie kann da hineinspähen, ohne schneiden zu müssen, und wenn sie schneiden muß, kann sie später den Heilvorgang unbehindert beobachten. Nur die Augen geben dem Arzt die Möglichkeit, lebende Zellen innerhalb des Körpers zu betrachten: Blutkörperchen, die durch Kapillaren pulsen, und ebenso die Spuren von Bakterien und Krebszellen.

Und doch stellt auch die Haut – ganz ähnlich wie die Augen, nur eben in anderer Weise – so etwas wie ein Fenster dar. Wir können an ihr den Gesundheitszustand ablesen und sehen, ob im Körper alles nach Wunsch abläuft. So zeigt sich Anämie an der Haut und den Nägeln. Wie ein geisterhaftes Leichentuch liegt es dann über der Haut des Opfers. Leber- und Gallenerkrankungen färben die Haut gelb, bei einer bestimmten Form des Diabetes nimmt die Haut Bronzefarbe an. Einige Drogen rufen eine irisierende Blaufärbung der Haut hervor; wir haben in Carville ein paar solcher Patienten. Sauerstoffmangel färbt das Blut purpurn. Skorbut, Beriberi und Fehlfunktion der Drüsen – sie und viele andere Krankheiten lassen sich an der Haut erkennen.

Doch mit dem Farbenspiel erschöpft sie nicht ihr Repertoire. Sie hat noch andere Möglichkeiten, Gefahren zu signalisieren. Lepra macht sich erkennbar, sobald die Nervenenden abgestorben sind. Krebs macht sich durch Hautausschlag oder durch Flecke bemerkbar, die sich immer mehr verschlimmern. Der Facharzt für Allergie kann die Vorlieben und verborgenen Überempfindlichkeiten deines Körpers herausbekommen, indem er auf deinem Rücken ein Netz von Punkten absteckt und mit Nadelstichen prüft. Worauf beruht die Allergie? Auf Hundehaar? Pollen? Schellfisch? Deine Haut wird das Rätsel lösen und verkünden, was dich zum Erbrechen oder Niesen bringt.

Die Haut ist aber auch ein Fenster, durch das wir in die Welt unserer Gefühle blicken. Wir können verhältnismäßig wenige Muskeln unserer Haut willkürlich bewegen. Wir können zum Beispiel nicht unsere Haut zucken lassen, wie ein Pferd das vermag. Nur unser Gesicht haben wir unter Kontrolle, und in ihm sind geradezu „Bände geschrieben". Da trägt unsere Haut Spuren von Leiden, die wir als Kinder durchgemacht haben. So ähnlich wie alte Bäume die Anfangsbuchstaben von Liebespaaren in ihrer Rinde zeigen. Die herabgezogenen Mundwinkel seiner Eheliebsten können den Gatten warnen: Vorsicht, sonst hängt der Haussegen schief!

Gelegentlich muckt unser Körper aber auf und zeigt – auch wider unseren Willen –, was er wirklich meint. Der Humorist Mark Twain hat einmal gesagt: „Der Mensch ist das einzige Wesen, das erröten kann – und das auch nötig hat!"

Erröten: Hitze überflutet uns, ohne unser Wollen erweitern sich jäh die Blutgefäße unter unserer Haut, und schon wird sie von der fünfzigfachen Menge Blut durchströmt. Junge Leute erröten leichter als ältere und Frauen eher als Männer.

Doch niemand ist ganz davon ausgenommen. Sogar Blinde erröten, Menschen aller Rassen, auch der dunkelhäutigsten, was sich leicht an Albinos nachweisen läßt. Erröten verrät dem aufmerksamen Beobachter, was wir wirklich empfinden.

Kein anderes Organ ist der Haut vergleichbar. Sie wiegt im Durchschnitt knapp neun Pfund, biegt, faltet und knüttelt sich um Knochenenden, Gesichtsvorsprünge, Zehenspitzen oder muskulöse Hinterbacken. Hier ist sie zart wie das Bäuchlein eines Babys, dort rauh wie bei einem Krokodil. Die Hand eines Maurers ist hornig, hart und wie mit Sandpapier geschmirgelt, doch seinen Bauch bedeckt flexible, weiche Haut. Wie punktgeschweißt wirkt die Haut, die das Bein umspannt. Sie ist fest verbunden mit den Hüllen der Muskeln. Am Ellenbogen hängt die Haut dagegen schlaff, fast wie das Fell einer Katze, die man ja bequem am Nacken packen und hochheben kann.

Nimm einmal Partien der Kopfhaut, der Lippe, der Brustwarze, der Ferse, des Bauches oder der Fingerspitze und bring sie unter ein Mikroskop. Sie sind so verschieden, wie die Individuen einer bestimmten Art nur sein können, ein Flickenwerk, und doch auf geheimnisvolle Weise ein zusammenhängendes Tuch, das den ganzen Körper umspannt. Ein Netz feiner Rillen überzieht die Haut und nimmt jede Dehnung auf, besser als ein Schneereifen es könnte. Erstaunlicherweise und ohne ersichtlichen Grund verfügt jeder von uns über ein ganz individuelles Rillenmuster. Daraus zieht dann die Kriminalpolizei Nutzen mit ihrer Fingerabdruckkartei. Die Hautrillen mit ihrer bestimmten Musterung geben die Möglichkeit, schwere Jungen zu schnappen.

Wir unterhalten ein regelrechtes Liebesverhältnis zu unserer Haut. Unsere Hauptbeschäftigung besteht komischerweise darin, sie noch zu verschönern. Männer vollziehen allmorgendlich ein feierliches Ritual: Sie kratzen den Bart ab, der ihnen über Nacht gewachsen ist. Sie ziehen sich auf dem Kopf sorgfältig einen Scheitel, sind über ein paar Pickel unglücklich und inspizieren argwöhnisch ein oder zwei Flecke. Frauen verstehen es, dies Ritual noch auszudehnen: Sie machen sich an das schwierige Werk, den Ölglanz auf der Nase mit Puder wegzubekommen, kleben sich geschwungene Wimpern an, reißen Brauenhärchen aus und bemalen schließlich die Augen mit Lidschatten. Zweifellos hat die Haut diese Malerei gern und verbirgt sich mit Vorliebe unter bunter Schminke. Dunkelrote Lippen gehören für viele zur täglichen Verschönerung. Und schließlich – als einziges Geschöpf auf Gottes Erdboden – fühlen wir uns genötigt, das Ganze mit langen Streifen Tuch zu umhüllen, wovon eine viele Milliarden schwere Mode-Industrie gut lebt.

Ich kann diesen Drang, sich unbedingt zu verschönern, gut verstehen. Er herrscht auch bei den Millionen Lebewesenarten, die mit uns auf diesem Planeten leben. Nimm eine beliebige Tierklasse – Schnecken, Insekten, Vögel, Säuger – und blättere ein Album durch, das Farbaufnahmen von ihnen zeigt. Die Bilder quellen über vor Farben und seltsamen Formen. Es ist, als habe der Schöpfer sein Werk in ausgelassener Heiterkeit begonnen. Er schwelgte in Farben, als er die Halbaffen schuf, den Killerwal und die Korallenschlange. Bei den Zauneidechsen, dem Sperling und den Weißfischen legte er wohl eine Atempause ein. Doch bei den Tropenfischen sparte er nicht mit eben erfundenen Pigmenten, klatschte über den Kardinalvogel, den Häher und die Elster kübelweise Farbe, bevor er sich an die schwierige Zeichnung der Reptilienmuster, der Zebrastreifen und der Leopardenflecken machte. Ganz am Ende, als seine schöpferische Phantasie sozusagen erschöpft und der Farbenkasten leer war, hatte er nur noch simple Fleischfarben für das Menschengeschlecht. Immerhin kamen dabei noch interessante Varianten heraus: gelbe, braune, rote und schwarze. Diese Menschenhaut ist keineswegs sehr fest, außerdem – mit Ausnahme von Lippen und Brustwarzen, die einen korallenfarbenen Anstrich haben – monoton einfarbig.

Versteht sich unser Schöpfer auf sein Handwerk? Sieh dir einmal all die Zeichnungen, Malereien und Skulpturen an, die Fotoportäts aus jüngerer Zeit – und du erkennst, daß die glatte Menschenhaut – seit den Zeiten der Höhlenmaler – immer wieder die Künstler fasziniert hat.

Wenn ich die Haut auf ihre Biochemie untersuche, dann kann ich feststellen, mit wie wenigen Molekülen sie – zusammen mit dem Sonnenlicht – ihre Farbe verändern kann. So wiegt das Melanin, dem die Haut des Negers ihre dunkle Farbe verdankt, nicht mehr als ein Gramm. Ich kann beobachten, wie schleimige Zellen zur Körperoberfläche wandern, sich dort flächig ausbreiten und zu trockenem Keratin verwandeln; wie sie so eine schützende Lederhaut bilden, bis sie endlich abgestoßen werden. Ich kann sogar den schwierigen Vorgang begreifen, bei dem aus Keratin feste Fingernägel oder gar Pferdehufe entstehen. Doch selbst bei langer Gewöhnung läßt meine Verblüffung nicht nach, wenn ich sehe, wie ein zierlicher Hornstengel seinen Weg aus der Haut heraus sucht, wächst und wächst – und sich am Ende stolz als Pfauenfeder entfaltet. Was als Chemie begann, wird am Ende Schönheit. Das ist, als springe plötzlich aus der Wüste eine Herde tollender Delphine.

Verglichen mit anderen, schön gezeichneten Wesen erscheint der Mensch nackt, leicht verwundbar und irgendwie unvollkommen. Unsere Haut ist – mehr als bei anderen Wesen – auf Kontakt und nicht auf Aussehen angelegt. Sie verlangt geradezu nach Berührung. Und in dieser Hinsicht entspricht sie genau dem, was die „Haut am Leibe Christi" zu leisten hat. An diesem Leibe bildet die Gegenwart Christi die Haut, die uns umfängt, die unsere Gemeinschaft umschließt und den Leib Christi in dieser Welt umgibt. Wir haben schon gesehen, daß Christen manchmal sich gegenüber der Welt mit einem Außenskelett abschließen. Christus selbst hat das verurteilt. Er hält uns zur Liebe an: „Daran wird jedermann erkennen, daß ihr meine Jünger seid, so ihr Liebe untereinander habt" (Johannes 13,35).

Am Beispiel der Haut, die weich, warm und berührbar ist, wird uns die frohe Botschaft von einem Gott deutlich, der seinen Geschöpfen in Liebe verbunden sein will. Christus wollte uns klarmachen: Laßt die Welt zuerst die Wärme und die Geborgenheit eurer Gemeinschaft spüren; und dann erst das dem Ganzen Halt gebende Stützskelett.

Wenn die Welt dieser „Haut" des Leibes Christi begegnet, was sieht und was fühlt sie dann? Sieht man da „Liebe, Freude, Friede, Geduld, Freundlichkeit, Gütigkeit, Glaube, Sanftmut, Keuschheit" (Galater 5,22)?

Wir pflegen Leute nach ihrem Auftreten zu beurteilen. Wir beobachten ihren Gesichtsausdruck und ziehen aus ihm unsere Schlüsse über Stimmung und Einstellung des Betroffenen. Genauso werden auch wir – als Leib Christi – unter die Lupe genommen und bewertet. Nach unserem Auftreten machen sich dann die anderen ihr Bild von Christus. Die Atmosphäre, die in einer Kirchengemeinde herrscht, wirkt wie eine Haut: Sie offenbart, was unter der Oberfläche vorgeht.

15 Genauer als ein Radarschirm

Der wichtigste unserer Körpersinne ist der Tastsinn. Wir fühlen, wir lieben und hassen, sind empfindlich und empfindsam – und dies alles dank der Tastkörperchen unserer Haut.

J. Lionel Taylor

Im Auftrag der Rockefeller-Stiftung bereiste ich 1953 die Vereinigten Staaten. Im Gespräch mit renommierten Chirurgen und Pathologen ging es um die Frage, warum Lepra zur Paralyse führe. Meine Rundreise endete in New York, wo ich verschiedene Chirurgen besuchte und vor der amerikanischen Aussätzigen-Mission einen Vortrag hielt. Bei diesem Treffen begann ich mich elend und schwindlig zu fühlen. Ich brachte mit Mühe meine Ansprache zu Ende. Auf dem Weg zur U-Bahn-Station merkte ich, wie das Fieber stieg. Unterwegs, im Untergrundbahnwagen, wurde mir schwindlig. Ich fiel zu Boden, zu schwach zum Sitzen oder Stehen. Die anderen Fahrgäste hielten mich wohl für betrunken. Jedenfalls nahmen sie meinen Zustand einfach nicht zur Kenntnis.

Irgendwie erreichte ich dann

doch noch mein Hotel. Ich wollte sofort einen Arzt anrufen, doch in der Hotelhalle gab es kein Telefon. Mein Zustand wurde immer schlimmer. Ich konnte mich gerde noch auf mein Bett fallen lassen und stöhnen. Ein paar Tage dauerte das an. Ein Etagenboy versorgte mich täglich mit Orangensaft, Milch und Aspirin. Noch immer schwach und wacklig kam ich gerade noch zur rechten Zeit auf die Beine, um meine geplante Schiffsreise nach Southampton in England antreten zu können. In Southampton nahm ich einen Zug nach London. Da saß ich nun zusammengekrümmt in einer Ecke und wünschte sehnlich, diese Fahrt möge bald ein Ende nehmen. Geistig und körperlich völlig erschöpft, erreichte ich endlich das Haus meiner Tante. Wie ein Kartoffelsack fiel ich auf einen Stuhl und zog die Schuhe aus. Und dann kam der wohl schwärzeste Augenblick meines ganzen Lebens: Als ich mich vorbeugte, um die Socken auszuziehen, bemerkte ich, daß ich in meiner linken Ferse kein Gefühl mehr hatte. Eine entsetzliche Entdekkung!

Lähmende Furcht, tausendmal schlimmer als jede Übelkeit, legte sich auf meinen Magen. Hatte ich mich nach sieben Jahren Arbeit unter Aussätzigen – angesteckt? War ich jetzt selber ein Leprapatient?

Einen Augenblick stand ich erstarrt. Dann suchte und fand ich eine Nadel und setzte mich wieder hin. Ich stach ein wenig in eine Hautfalte unterhalb des Fußgelenks: Ich fühlte keinen Schmerz! Ich stieß die Nadel tiefer hinein, lauerte geradezu auf den Schmerz – nichts! Nur ein winziger Blutstropfen rann aus dem Einstich. Ich legte mein Gesicht in die Hände, ein Schauder überlief mich. Kam endlich der Schmerz? Nein, ich fühlte – nichts.

Sieben Jahre lang hatte ich mit meinem Team gegen die Lepra angekämpft. Unser Ziel: Entgegen der jahrhundertealten Tradition den Leprakranken endlich die Freiheit zu verschaffen. Wir hatten versucht, das Vorurteil Furcht zu besiegen. Wir hatten den elenden Stacheldrahtzaun niedergerissen, der bis dahin das Lepraviertel von Vellore umgeben hatte.

Immer wieder hatte ich neuen Mitarbeitern versichert, daß Lepra unter allen ansteckenden Krankheiten am schwersten übertragbar sei, daß hygienische Sorgfalt sie bestimmt vor einer Ansteckung bewahren würde. Und jetzt, jetzt war ich – ihr Chef – selbst aussätzig! Aussätzig – von der menschlichen Gesellschaft ausgesetzt – ich hatte dieses Wort aus meinen Vokabular zu streichen versucht. Jetzt stieg es wie ein Gespenst aus der Versenkung wieder hervor. Wie glatt war es mir von den Lippen gegangen, wenn ich Aussätzige ermuntert hatte, mit den Wunden der Vergangenheit fertig zu werden. Wie wortreich hatte ich Mut zu einem neuen Leben verlangt und gut zugeredet, alle geläufigen Vorurteile doch endlich zu überwinden.

Ich war mit den Nerven fertig. Ich würde mich von meiner Familie zurückziehen müssen. Kinder von Aussätzigen gehörten ja zu der am stärksten gefährdeten Gruppe. Vielleicht konnte ich in England bleiben? Doch was, wenn die Wahrheit herauskam? Ich konnte mir gut ausmalen, was dann los war. Und wie ging es mit meinem Leprosenwerk weiter? Wer würde es jetzt noch riskieren, sich von der menschlichen Gesellschaft zu isolieren, nur um unglücklichen Opfern der Lepra zu helfen?

Ich lag die ganze Nacht auf meinem Bett, voll angekleidet, nur Schuhe und Socken hatte ich ausgezogen. Ich war in Schweiß gebadet und rang vor innerer Anspannung nach Atem. Szenen der Vergangenheit kamen mir in den Sinn, wie es anderen ergangen war: Was würde ich jetzt als Aussätziger alles aufgeben müssen!

Gewiß, Sulfonamide konnten die Erkrankung zunächst einmal aufhalten, doch ich würde nicht verhindern können, daß der Aussatz sich über mein Gesicht, meine Füße und meine Finger ausbreitete. Meine Hände waren aber mein Handwerkszeug. Wie sollte ich es noch wagen, das Skalpell anzusetzen, wenn ich die Kontrolle über meine Finger und jedes Gefühl in den Händen verloren hatte? Die Folgen waren eindeutig: Meine Laufbahn als Chirurg war zu Ende. Und so viel anderes, was schön war, verschwand aus meinem Leben. Immer hatte mir Gartenarbeit die beste Erholung geboten. Den Boden mit der Hacke bearbeiten, mich dann niederbeugen und die Erde in der Hand zerdrücken. Zerkrümelte ich den Dreck in meinen Fingern, dann erlebte ich eine Fülle verschiedener Sinneseindrücke: die Härte der Erdklumpen, die Feuchte des Grases, den Erdgeruch der Scholle, das Kleben des Tons. Und das alles sollte ich jetzt verlieren?

Doch, so war es: Ich würde nicht mehr die Zartheit eines Hundefelles fühlen, das ich streichele, nicht das Krabbeln eines Junikäfers in meiner hohlen Hand oder das geheimnisvolle Raspeln, mit dem sich eine Raupe aus ihrem rauhen Kokon arbeitet. Meine Welt war doch immer von Wahrnehmungen erfüllt gewesen, die vom Berühren und Fühlen kamen: Federn, ein Frosch, Blumen, Wolle. Erst seit ich Aussätzige behandelte, die den Tastsinn zum größten Teil verloren hatten, hatte ich diesen Sinn höher als andere zu schätzen gelernt.

Endlich begann es zu dämmern, und ich stand auf, zerschlagen und verzweifelt. Einen Augenblick starrte ich mich im Spiegel an, dann riß ich allen Mut zusammen, nahm noch einmal die Nadel, um festzustellen, wie weit sich die Gefühllosigkeit schon ausgebreitet hätte. Ich atmete tief durch, stieß die Nadel ein – und schrie auf! Nie wieder habe ich einen Schmerz als so beglückend empfunden wie diesen, der wie ein elektrischer Impuls mich durchzuckte. Ich sank in die Knie und dankte Gott.

Danach lachte ich mich aus und schüttelte den Kopf über meine Torheit, die mir am Abend zuvor diesen Streich gespielt hatte. Jetzt war alles wieder in Ordnung. Und was war gestern abend gewesen? Nun, ich hatte todmüde im Zuge gehockt, zu erschöpft, um die Muskulatur hin und wieder zu lockern, eingequetscht dort in der Ecke. Und es kam, wie es hatte kommen müssen: Ein Nerv in meinem Bein wurde abgedrückt, das Bein schlief ein. Die Übermüdung hatte dann dazu beigetragen, daß sich meine Furcht noch überschlug und ich falsche Schlüsse zog. Nein, das war keine Lepra. Da war nur ein todmüder Reisender, dem die Nerven durchgegangen waren.

Jahre hindruch habe ich mich geschämt, zu irgend jemand über das bittere Erlebnis jener Nacht zu sprechen. Doch hat es mir eine gründliche Lektion über den Schmerz und den Gefühlssinn erteilt. Ich habe seitdem versucht, zielbewußt Dinge zu erfühlen, tastend wirklich zu begreifen all dic ungewöhnlichen Dinge um mich her. Wälder und Tiere, Kleider, Skulpturen und Gemälde – sie alle verlangen danach, von tasthungrigen Fingerspitzen genauer erforscht zu werden.

Die Haut dient also nicht nur dazu, dem Körper ein gutes Aussehen zu verleihen. Sie ist vielmehr mit aller Macht darauf aus, uns ein unverfälschtes Bild unserer Umwelt zu verschaffen. Unsere anderen Sinnesorgane – die Augen, Ohren und die Nase – befinden sich an einer genau bestimmten Stelle unseres Körpers. Die Haut aber zieht sich wie ein fein ausgerollter Kuchenteig über unseren ganzen Körper. Mit einer halben Million winziger Sinneszellen ausgestattet, die wie Telefone miteinander verbunden sind und darauf warten, unser Gehirn mit wichtigen Informationen zu füttern.

Überleg mal, welche Fülle verschiedener Eindrücke täglich auf deine Haut treffen: Wind, Staubkörnchen und Ungeziefer, Druckveränderungen und Temperatur, Feuchtigkeit, Licht und Strahlung. Deine Haut ist widerstandsfähig genug, um das harte Auftreten beim Laufen auf Asphalt auszuhalten; und sie ist zugleich zart genug, um zu spüren, wie eine leichte Brise über deine nackten Zehen streicht. Das Wort „berühren“ umfaßt eine solche Fülle verschiedener Vorstellungen und Begriffe, daß es in den Lexika spaltenlange Erläuterungen erfordert. Ich kann mir kaum eine menschliche Tätigkeit vorstellen – Sport, Musik, Kochen, werkeln, Sex –, bei der nicht Berühren eine Rolle spielt.

Der Tastsinn ist, wenn wir schlafen, der wachsamste unserer Sinne. Und er ist der einzige, der anscheinend unsere Stimmung aufladen kann. Denk an die Umarmung Liebender oder an das zufriedenen Aussehen nach einer Massage, das Ankuscheln eines Kleinkindes oder das prikkelnde Aufmuntern eines Duschbades. Lies einmal, was Helen Keller darüber schrieb, die blind, taub und stumm aufwuchs und trotzdem „cum laude“ in Radcliffe promovierte und zwölf Bücher schrieb. Und du wirst staunend erfahren, was unser Gehirn zustande bringt, selbst wenn es einzig und allein auf die Informationen unseres Tastsinns gestellt ist.

Die Wissenschaftler sind sich nicht ganz einig, auf welche Weise der Tastsinn so exakt funktioniert. Doch sie können prüfen, wie zuverlässig er arbeitet. Ein leichter Schlag mit dem Fingernagel verrät mir, ob ich Papier, Stoff, Holz, Plastik oder Stahl berühre. Eine ganz normale Hand ist in der Lage, eine glatte Glasplatte von einer anderen zu unterscheiden, in die Rillen von nur $\frac{1}{100}$ mm Tiefe eingeritzt sind. Und ein Textilfachmann kann alleine an der Reibung Leinwand erkennen. Das ist für ihn ein leichtes. Doch er kann auch Satin von Seide unterscheiden, ohne hinzusehen, allein durch Befühlen. Indem er mit seinen Händen über sein synthetisches Gewebe streicht, kann er bis auf 5 % die Beimischung von Nylon feststellen.

Die scheinbar nutzlosen Härchen, die unseren Körper bedecken, wirken wie winzige Hebel, die das Tastgefühl vergrößern. Auf diese Weise sind wir imstande, schon einen Druck von $\frac{3}{100}$ g wahrzunehmen, der auf so ein Härchen ausgeübt wird.

Mein Freund Dr. Khonalker in Bombay erlebte das ganz

unmittelbar, als er eine Gruppe von Frauen testete, um festzustellen, wo eigentlich die Schwelle des Fühlens liege. Er stieß darauf, daß Frauen, die ihre Beine nicht zu rasieren pflegten, dort, wo sie zu Testzwecken rasiert worden waren, höchst unempfindlich wurden, fast so wie Leprapatienten. Nur langsam paßte sich die Haut dem ungewohnten Zustand an. Die Haut verfügt also über eine gewisse Reserve für Empfindungsfähigkeit, doch sie macht davon kaum Gebrauch, solange die feinen Härchen vorhanden sind. Erst wenn die Haare abrasiert waren, nahm der Körper die jetzt „schweigenden" Zonen zur Kenntnis und aktivierte die Tastzellen der bloßen Haut.

Diese vorzügliche Eignung der Haut, mir Informationen zu verschaffen, ist auch die Hauptaufgabe derer, die nach außen hin den Leib Christi vertreten. Sie sollen mit feinem Gespür die Kontakte zu denen draußen aufnehmen. Seelsorger, die noch Anfänger sind und darum darauf erpicht, Ratsuchenden spontan zu helfen, seien gewarnt: „Zuallererst mußt du zuhören. Deine weisen Ratschläge nützen nichts, wenn du nicht zuvor sorgfältig zugehört hast, was der andere auf dem Herzen hat."

Unsere Haut ist so beschaffen, daß sie zunächst einmal gründlichen Kontakt vornimmt, und diese Wahrnehmung erfolgt über Tausende feiner Sensoren. Genau so muß es auch zwischen uns und den Menschen draußen zugehen: Die Liebe zu dem Nächsten beginnt zunächst einmal mit der Kontaktaufnahme durch einfühlendes Zuhören.

Die Sensoren unserer Haut geben Blitztelegramme an das Gehirn, sobald sich da draußen der Luftdruck etwas ändert, die Kleidung oder die Temperatur. Genau so soll es auch in der Christengemeinde sein. Jesus hat gesagt: „. . . in der Welt (Johannes 17,11), doch nicht von der Welt (Johannes 17,14)". Diese unsere Situation macht einen ununterbrochenen Informationsstrom zwischen uns und der Umwelt erforderlich. Wir müssen erkennen, was in der Welt vorgeht und was sie nötig hat. Der Leib Christi auf Erden umfaßt unseren ganzen Planeten. Und er nimmt alles zugleich auf: was in Marina Towers in Chicago geschieht und in den Slums von Harlem, im Dschungel von Peru oder Sri Lanka, in den Wüsten von Rußland und Arabien.

In diesem Leibe Christi gibt es Glieder, die in besonderer Weise dazu bestimmt sind, die sich ständig ändernden Nöte der Welt wahrzunehmen. So bekommen heutzutage, um nur ein Beispiel zu nennen, die Missionen nicht nur Meldungen über die geistlichen Nöte der Völker, sondern auch über ihre leiblichen und sozialen Notstände.

In früheren Zeiten war die Mission eher durch Männer geprägt, die wenig Sinn hatten für die neue Welt, der sie begegneten. Sie achteten nicht darauf, daß die fremden Kulturen auch ihren Wert und ihre eigene Schönheit besaßen. Sie behandelten die halbnackten, trommelschlagenden Afrikaner, als seien sie unterentwickelte Europäer. Darum drängten sie ihnen Kleider auf, die überhaupt nicht zu ihnen paßten, und brachten ihnen Martin Luthers Lieblingschoräle bei. Nachgehende Liebe fängt ganz anders an. Sie stürzt sich nicht sofort auf die menschlichen Nöte. Sie hört zuerst einmal ganz still zu, nimmt also als erstes menschlichen Kontakt auf.

Der Tastsinn ist von allen Sinnen der zuverlässigste. Seinen ersten Kontakt zur Welt nimmt ein Baby mit dem Tastsinn auf. Gib ihm irgend einen Gegenstand, es betastet ihn mit den Fingern, dann steckt es ihn in den Mund und befühlt ihn mit der Zunge. Hören und Sehen kommen erst in zweiter Linie. Erst sehr viel später gewinnt der Gesichtssinn seine Bedeutung. Doch selbst als Erwachsene trauen wir unserem Tastsinn im Grunde mehr zu. Was man er-fassen kann, be-greift man leichter! Auch der ungläubige Thomas hat Zweifel, ob das Sehen des Auferstandenen Wahrheit oder Täuschung ist. „Wenn ich nicht in seinen Händen sehe die Nägelmale und lege meinen Finger in die Nägelmale und lege meine Hand in seine Seite, kann ich's nicht glauben" (Johannes 20,25).

Ein Kind will die Requisiten des Zauberers berühren, um festzustellen, ob sie wirklich sind. Es traut halt seinen Augen nicht. Ein Zauberkunststück kann Auge und Gehirn täuschen, nicht aber den Tastsinn unserer Haut.

Ein Erlebnis mit meiner Tochter Mary fällt mir ein. Sie war damals drei Jahre alt. Draußen tobte ein gewaltiges Unwetter, und Mary versuchte mit der Angst fertig zu werden. Sie begriff, daß wir innerhalb des Hauses sicher waren. Doch als Blitz um Blitz niederzuckte, kam sie zu mir gelaufen und legte ihr kleine Hand in die meine. Mit unsicherer Stimme sagte sie: „Wir haben keine Angst, nicht wahr?"

Gerade in diesem Augenblick schlug es mit fürchterlichem Krachen ganz in der Nähe ein. Alle Lichter gingen aus. Mary schnappte nach Luft und schrie auf: „Papi, wir haben keine Angst, nein, wir haben keine Angst!" Tapfere Worte. Doch was Mary wirklich fühlte, das spürte ich an ihrer Hand, die vor Angst zitterte. Haut an Haut: Da erfährt man alles.

Wir sollten auf diese Fähigkeit der Haut, alle Veränderungen rasch zu vermitteln, mehr achten. Doch diese Fähigkeit ist nutzlos, wenn die Sensoren taub sind. Gott selbst hat sich in unserer Welt offenbart auf wirklich greifbare Weise. Er hat, wie jeder andere Mensch, Erschöpfung und Hunger wahrgenommen und am Ende den Tod. An seinem Leibe, an seiner eigenen Haut. Sein menschgewordener Sohn ist das beste Beispiel für diese „hautnahe" Liebe. Darum sind auch wir dazu aufgefordert, Gottes feinfühlige „Haut" in dieser Welt zu sein.

16 Geschmeidigkeit macht's möglich

Nur Königen und Prinzen sollte der Juckreiz vergönnt sein, denn es gibt nichts Herrlicheres, als sich kratzen zu können.

König Jakob I

In London hatte ich das Glück, bei Dr. Gwynne Williams als Internist hospitieren zu können. Williams war ein Chirurg, der besonderen Wert auf die menschliche Seite ärztlichen Wirkens legte. Wenn er durch die ungenügend beheizten Krankenhaussäle ging, hielt er die rechte Hand – ganz wie der Kaiser Napoleon – im Innern seines Jacketts. Was die Patienten nicht wußten: Dort war eine flache Wärmflasche verborgen.

„Sie dürfen sich nicht auf das verlassen, was Patienten über ihre inneren Organe erzählen", pflegte uns Dr. Williams zu ermahnen. „Lassen Sie lieber die Organe selbst sprechen." Die Wärmflasche machte seine Hand zu einem besseren Gesprächspartner der Eingeweide seiner Patienten. Er lehrte uns, neben dem Bett des Kranken niederzuknien und vorsichtig die erwärmte Hand unter der Bettdecke auf des Patienten Leib zu legen. „Wenn Sie stehen“, erklärte er uns, „werden Sie dazu verleitet, nur mit den abwärts gerichteten Fingerspitzen zu tasten. Knien Sie aber, dann ruht Ihre ganze flache Hand auf dem Leib des Kranken. Und dann fangen Sie nicht sofort mit der Untersuchung an. Lassen Sie Ihre Hand erst ein Weilchen dort liegen.“

So fühlten wir es rasch heraus, wie sich des Patienten Bauchmuskeln – in unwillkürlichem Schutzreflex – bei der Berührung anspannten. Eine kalte Hand hätte diese Anspannung für längere Zeit andauern lassen, doch eine warme, angenehm empfundene Hand führte zu einer schnellen Lockerung. Für solche zarte Berührung bedankte sich die Bauchmuskulatur mit vertrauensvollem Entspannen. Im Nu waren die Muskeln gelockert, und wir konnten fühlen, wie sich die Organe – im Takt des Atmens – bewegten.

Dr. Williams hatte recht: Man braucht den Patienten nicht zu befragen. Eine geübte Hand, die weich tastend untersucht, kann Verkrampfungen und Entzündungen entdecken, ebenso die Ausdehnung von Tumoren, wie es sich hernach bei genaueren Untersuchungen bestätigt. Die tastende Hand ist darum mein bevorzugtes diagnostisches Werkzeug.

Wir haben den Tastsinn einen „Fundamentalsinn“ genannt. Doch dieses Wort kann mißdeutet werden. Tatsächlich ist unser Tastsinn einer unserer umfassendsten Sinne und dazu überaus komplex. Jeder Quadratzentimeter unseres Körpers reagiert auf Berührung in anderer Weise. Wissenschaftler – wie zum Beispiel Maximilian von Frey – haben die Tastnerven so peinlich genau kartiert, wie es die Raumsonden mit unserem Planeten taten. Von Frey ermittelte die Tastschwelle: Wieviel Gramm Belastung sind erforderlich, damit man überhaupt eine Berührung wahrnimmt? Die Fußsohle – wegen der täglichen starken Abnutzung recht derb – meldet erst eine Belastung von 250 Milligramm pro Quadratzentimeter. Die Oberseite unseres Unterarms hat einen Druckpunkt von 33 Milligramm. Hoch empfindlich sind unsere Fingerspitzen mit 3 und die Zungenspitze mit gar nur 2 Milligramm.

Doch alle Nerven erscheinen träge, vergleicht man sie mit denen in der Hornhaut des Auges, die doch so durchsichtig, blutlos und leicht verletzbar ist. Schon ein Druck von nur $2/100$ eines Milligramms genügen, um sie in Alarm zu versetzen. Eine verquerliegende Wimper reicht aus, dem Baseballwerfer das Weiterspielen zu verleiden. Er kann sich vor Schmerz nicht mehr konzentrieren. Eine ausgefallene Wimper auf meinem Unterarm nähme ich dagegen überhaupt nicht zur Kenntnis. Logisch, daß ein pfiffiger Moskito natürlich meinen Unterarm als Landeplatz vorzöge und nicht etwa die viel empfindlichere Hand. Und nur ein wirklich dümmliches Insekt würde eine heimliche Landung auf meinen Lippen riskieren.

Der Tastsinn ist also nicht wahllos hingestreut. „Gott würfelt nicht", hat Einstein gesagt. Die Empfindlichkeit jedes Quadratzentimeters Haut ist zweckvoll und entspricht dem, was gerade diese Hautpartie zu leisten hat. Fingerspitzen, Zunge und Lippen, das sind die Körperpartien, die ganz einfach von ihrer Aufgabe her die höchste Empfindlichkeit besitzen müssen.

Die Wissenschaftler legen beim Erstellen ihrer Druckpunktkarten die Normalwerte zugrunde, auf die unsere Haut noch reagiert. Natürlich ändert sich auch der Tastsinn entsprechend seiner Umwelt. So paßt sich die Haut den Gegebenheiten an. Da wird ein Gewicht von 100 Milligramm auf meinen bloßen Unterarm gelegt. Ohne hinzusehen stelle ich fest, daß mich da etwas berührt. Diese Wahrnehmung hält für etwa vier Sekunden an, dann schwindet sie. Der betreffende Nerv hat sich eben daran „gewöhnt", darum nehme ich den Druck nicht mehr zur Kenntnis. Mein Körper hat die Botschaft, die von meinem

Unterarm gemeldet wurde, zu den Akten gelegt, sobald feststand, daß da keine akute Gefahr bestand und es darum überflüssig war, weitere Informationen über dieses Minigewicht durchzugeben. Ohne daß es mir bewußt wird, verschwindet also die Druckwahrnehmung. Erst wenn das Gewicht wieder weggenommen wird, registriert mein Gehirn erneut eine Druckänderung auf meinem Unterarm. Gäbe es diesen ganz ungewöhnlichen Schalter nicht, der einen andauernden Eindruck auszuschalten vermag, dann wäre ich nicht in der Lage, wollene oder andere kratzige Kleidung zu tragen. Mein Körper würde dann ja ständig das Kratzen spüren, und ich wäre kaum imstande, mich auf irgend etwas anderes zu konzentrieren.

Ich erlebe diese Anpassungsfähigkeit meiner Haut, sooft ich mich in meine heiße Badewanne setze. Ich lasse das Wasser so heiß in die Wanne, wie ich es gerade noch ertragen kann. Langsam lasse ich mich ins Wasser gleiten. Zuerst habe ich das Gefühl, ich sänke in Brennesseln. Doch schon nach zehn Sekunden hat sich mein Körper daran gewöhnt, und dasselbe Wasser empfinde ich jetzt als warm und angenehm. Vorsichtig kann ich sogar die Wassertemperatur noch erhöhen, und mein Körper macht das mit. Bis zu einem Grenzpunkt von 115° F ist das der Fall. Von da an empfinde ich bleibenden und andauernden Schmerz.

Was soll ein so kompliziertes Wahrnehmungssystem? Ist unser Gehirn so sensationshungrig? Verlangt es ständig nach Rundum-Information über die Außenwelt? Speichern unsere Sinne all diese Informationen aus purer Neugierde? Nichts dergleichen. Der Zweck ist einzig und allein, den Körper in die Lage zu versetzen, sinnvoll auf die Umwelt zu reagieren.

Jener ausgeklügelte Mechanismus, der unsere Tastwahrnehmungen steuert, macht es der Haut möglich, sich veränderten Oberflächenformen anzupassen. Die Biologen sprechen von Anschmiegsamkeit. Das ist die Fähigkeit der Haut, jede nur mögliche Oberflächenform, mit der sie in Berührung kommt, gleichsam zu umfließen. Es gibt kein anderes Material, das dazu in gleicher Weise fähig wäre. Anschmiegsamkeit verleiht dem Körper die Freiheit, sich selbständig in seiner Umwelt zu bewegen, sich wechselnden Anforderungen zu stellen und zugleich einen sicheren Schutz zu genießen. Kleidung und Schuhe aus Leder sind darum so hoch geschätzt – und so teuer –, weil sie Tierhäute und darum biegsam und elastisch sind und „atmen". Die DuPont Company hat Millionen Dollar in die Entwicklung von CORFAM investiert, weil sie erwartete, in diesem Material einen Ersatz für Leder zu finden. Doch alle Versuche sind letzten Endes fehlgeschlagen. Auch CORFAM besitzt nicht die Geschmeidigkeit von toter Tierhaut, dem Leder.

In den letzten Jahren habe ich versucht, Schuhe und Geräte für die Füße und Hände von Aussätzigen zu entwerfen, die ihren Gefühlssinn bereits verloren hatten. Ich habe dabei viele hundert Stunden darauf verwandt, die Anatomie lebender Haut zu erforschen. Unter der Haut des Handtellers liegen Fettkügelchen, die nach Aussehen und Konsistenz einem Tapiocapudding ähneln. Diese Fettkügelchen, die so weich und fast flüssig sind, könnten nicht ihre Form bewahren. Darum werden sie von ineinander versponnenen Fasern aus Kollagen umgeben. So etwa, wie ein Luftballon von einem Netz aus Seilen umfangen wird. Kollagen begegnet uns im Körper überall dort in größerer Menge, wo es auf Festigkeit und Halt ankommt. Die Backen und unser Hinterteil haben dagegen viel mehr Fett und nur wenig Kollagen. Das merkt zu seinem Leidwesen jeder, der Hängebakken oder einen Wackelpo sein eigen nennt. Doch dort, wo es auf Beanspruchung ankommt, etwa in der Handfläche, da ist das Fett von Fiberfäden umsponnen, gleichsam wie von flandrischen Klöppelspitzen.

Ich halte einen Hammer in meiner Hand. Jedes Fettklümpchen in meiner Handfläche ändert seine Form entsprechend dem Druck des Hammerstiels. Es gibt nach, läßt sich aber nicht beiseitedrängen, wegen der stützenden Fiberfasern. In der Folge schmiegt es sich – indem es sich verschiebt und verformt – exakt dem Hammerstiel an. Ein Ingenieur, der diese wunderbare Fähigkeit beobachtet, schreit geradezu vor Begeisterung, denn er selbst ist nicht imstande, ein Material zu produzieren, das in gleicher Weise Elastizität und Verformbarkeit vereint.

Wenn das Gewebe meiner Hand härter wäre, dann würde ich einen dünnwandigen Kristallkelch, weil ich nicht das rechte Feingefühl habe, beim Anpacken wahrscheinlich zerbrechen. Wäre meine Haut aber zarter, dann ließe sie ein festes Zupacken nicht zu. Wenn meine Hand etwas umfaßt – eine Tomate, einen Schistock, ein Kätzchen oder eine andere Hand –, dann geben Fett und Kollagen nach und nehmen genau die Negativform des Gegenstandes an, den ich ergriffen habe. Die Kontaktfläche wird damit vergrößert, einzelne Punkte zu hohen Drucks verschwinden, ein begrenzter Druck verteilt sich gleichmäßig auf die ganze Fläche.

Nimm einmal die Knochenhand eines menschlichen Skeletts, wie man es in jedem Biologieraum einer Schule findet, und lege sie um einen Hammerstiel. Du wirst sehen, daß der Hammerstiel nur an vier Punkten mit dem Handskelett in Berührung kommt. Ohne die schmiegsame Haut und das sie stützende Gewebe würden sich diese vier Druckpunkte rasch entzünden. Schon nach kurzem Hämmern gäbe es schlimme Entzündungen. Nur weil meine Hand inwendig mit einer geschmeidigen Haut ausgefüttert ist, kann die Erschütterung des Schlagens aufgefangen werden.

Geschmeidigkeit – diese von den Ingenieuren so hoch geschätzte Eigenschaft – bedeutet eben auch in der Biologie sehr viel. Sie hat aber auch einen hohen geistigen Wert. Die starre Festigkeit meines Skeletts ist nötig, damit ich mich aufrecht halten und meinen Willen in der Umwelt geltend machen kann. Doch wenn ich etwas anpacke, dann ist es gut, daß meine Knochen nicht unmittelbaren Kontakt mit dem angefaßten Gegenstand haben. Das geschmeidige Gewebe, das meine Knochen überzieht, nimmt die Gestalt des betreffenden Gegenstandes an. Es macht ihm nichts aus, ob diese Oberfläche sich angenehm oder widerwärtig anfühlt. Ich muß diesen Gegenstand nicht erst passend für meine Hand machen; nein, meine Hand paßt sich an und nimmt den Druck gleichmäßig auf.

Die wahre Kunst christlicher Lebensweise kann, wie ich meine, in dieser Geschmeidigkeit erkennbar werden. Wie reagiert meine „Haut", wenn ich bei meiner alltäglichen Tätigkeit mit anderen in Kontakt komme? Wessen Persönlichkeit vermag sich anzupassen? Meine oder die des anderen? Werde ich – im Bilde gesprochen – wie meine zupackende Hand viereckig, wenn Viereckiges umfaßt wird, rund, wenn Rundes in ihr liegt?

Der Apostel Paulus hat diesen Vergleich in 1. Korinther 9,19–22 uns vor Augen gestellt:

„Denn wiewohl ich frei bin von jedermann, habe ich doch mich selbst jedermann zum Knechte gemacht, auf daß ich ihrer viele gewinne. Den Juden bin ich geworden wie ein Jude, auf daß ich die Juden gewinne. Denen, die unter dem Gesetz sind, bin ich geworden wie einer unter dem Gesetz – wiewohl ich nicht unter dem Gesetz bin –, auf daß ich die, so unter dem Gesetz sind, gewinne. Denen, die ohne Gesetz sind, bin ich wie einer ohne Gesetz geworden – wiewohl ich doch nicht ohne Gesetz bin vor Gott, sondern bin in dem Gesetz Christi –, auf daß ich die, so ohne Gesetz sind, gewinne. Den Schwachen bin ich geworden ein Schwacher, auf daß ich die Schwachen gewinne. Ich bin allen alles geworden, auf daß ich auf alle Weise etliche rette."

17 Vertrauen geht durch die Haut

Dr. Harry Harlow stand gern vor den Tierkäfigen seines Laboratoriums der Wisconsin Unsiversität und beobachtete die Affenkinder. Verblüfft stellte er fest, daß die Affen sich zu Kleidungsstücken hingezogen fühlten, die auf dem Boden ihres Käfigs herumlagen. Sie hockten sich neben sie, streichelten sie und behandelten sie genau so, wie Kinder ihren Teddybären behandeln. Es stellte sich heraus, daß Affen, die in einem Käfig mit herumliegenden Kleidungsstücken aufgezogen wurden, sich kräftiger und gesünder entwickelten als andere, die in Käfigen mit Maschenboden gehalten wurden. Spielte etwa die Zartheit und Berührbarkeit von Kleidungsstücken dabei eine Rolle?

Harlow konstruierte eine Ersatzmutter aus Frotteetuch und brachte hinter ihr eine Glühbirne an, die Wärme ausstrahlte.

Während der blutigen Verfolgung in Uganda unter Idi Amin schrieb eine englische Missionsgesellschaft an einen dort lebenden Bischof: „Was können wir den Menschen schicken?" Die Antwort lautete: keine Lebensmittel oder Medizin, sondern 250 Priesterkragen. Und die Erklärung: „Nur aufgrund Ihrer westlichen Vorurteile halten Sie unsere Bitte für merkwürdig. Sie müssen eines verstehen; wenn man die Menschen zusammentreibt, um sie zu erschießen, wollen sie ihre Priester wenigstens gleich erkennen können."

Paul Seabury

Auch bekam diese Stoffmutter einen Gumminuckel, der Milch spendete, mit der die Babys ernährt werden konnten. Begeistert nahmen die Jungaffen diese Ersatzmutter an. Warum auch nicht? Sie bot ja alles, was eine richtige Mutter bieten konnte, und besaß zudem noch den Vorzug, niemals das Kind rauh anzupacken oder wegzustoßen.

Nachdem zunächst einmal festgestellt war, daß Affenbabys von einer leblosen Ersatzmutter aufgezogen werden konnten, suchte Harlow herauszufinden, welche Bedeutung dabei der Berührbarkeit und den Berührungsreizen zukam. Er setzte acht Babys in einen großen Käfig, in dem sich eine Ersatzmutter aus Frottee befand und zudem eine andere, die aus Drahtgeflecht hergestellt war. Seine Assistenten sorgten dafür, daß die Milch gleichmäßig zu beiden Müttern floß. Dann brachten sie es vier Babys bei, sich von der Frotteemutter zu nähren, und den anderen vier, sich bei der Drahtmutter ihre Milch zu holen. Jedes Baby konnte sich immer nur von der Mutter Nahrung beschaffen, der es zugeteilt worden war. Gleich zu Anfang ergab sich ein überraschendes Ergebnis: Alle acht Babys verbrachten ihre wache Zeit – etwa 16 bis 18 Stunden am Tag – in unmittelbarer Nähe der Stoffmutter. Sie umarmten und streichelten sie und kletterten auf ihr herum. Zu der Drahtmutter liefen auch die ihr zugeteilten vier nur, wenn sie Hunger hatten. Doch kaum waren sie satt, dann kehrten sie ihr den Rücken und begaben sich wieder in den Schutz der Stoffmutter. Und wenn sie erschreckt wurden, dann flüchteten sich alle zur Stoffmutter und kletterten an ihr hoch.

Harlow schloß aus diesem Verhalten: „Wir waren nicht überrascht, als wir feststellten, daß beruhigender Hautkontakt eine wichtige und grundlegende Komponente für verbindende Liebe ist, doch wir hatten keineswegs erwartet, daß sie sogar die Komponente der Nahrungsaufnahme so stark übertreffen würde. Tatsächlich ist der Bedeutungsunterschied so groß, daß man annehmen muß, die primäre Funktion des Nährens liege darin, zwischen Mutter und

Kind häufigen innigen Körperkontakt sicherzustellen. Es steht fest: Man lebt nicht nur von Milch allein."

In einer anderen Versuchsanordnung wurden Afffenbabys in Käfigen aufgezogen, in denen es nur eine Maschendrahtmutter gab. Auch dort näherten sie sich ihr nur, wenn sie Hunger hatten. Und viele dieser Babys blieben nicht lange am Leben. Die aber, die überlebten, pflegten auf Schreck zu reagieren, indem sie sich in eine Ecke kauerten und kreischten oder das Gesicht unter den gekreuzten Armen verbargen.

Der Anthropologe Ashley Montagu berichtet über diese und viele andere, ähnliche Versuche in seinem wegweisenden und gut lesbaren Buch BERÜHRUNG. Er fand heraus, daß enge körperliche Kontakte mit einem Muttertier für die normale Entwicklung eines Jungtiers entscheidend wichtig sind. Alle Säuger – mit Ausnahme des Menschen – verwenden ein gut Teil ihrer Zeit darauf, ihre Jungen zu lecken. Jungtiere sterben oft, wenn sie nicht nach der Geburt abgeleckt worden sind. Überleben sie, dann stellt sich ein anderer Mangel ein: Sie lernen niemals Sauberkeit. Montagu zieht daraus den Schluß, daß das Lecken nicht so sehr der Reinlichkeit dient als vielmehr der Forderung inniger Körperkontakte.

Wie jeder Haustierhalter weiß, verlieren Tiere, auch wenn sie herangewachsen sind, niemals den Drang nach Kontaktaufnahme. Eine Katze krümmt den Rücken und reibt sich zart am Bein ihres Herrn. Ein Hund wälzt sich auf dem Teppich und verlangt, daß man ihn am Bauch krault. Ein Äffchen dagegen kämmt und striegelt das Haarfell seiner Sippengenossen.

Montagu vermutet sogar, daß der menschliche Fötus die kräftige, massierende Stimulation des Geburtsvorganges nötig hat. Nur beim Menschen vollzieht sich die Geburt als ein längerer und anstrengender Prozeß. Nun sind die rund vierzehn Stunden dauernden Kontraktionen der Gebärmutter immer nur vom Standpunkt der Mutter aus beschrieben worden. Betrachtet man sie einmal vom Standpunkt des Kindes aus, dann könnte sich herausstellen, daß sie für die Reifung bestimmter körperlicher Funktionen eine nicht geringe Rolle spielen. Könnte es daher kommen – überlegt Howard –, daß Babys, die durch Kaiserschnitt zur Welt kamen, eine höhere Sterberate aufweisen? Haben sie nicht auch eine stärkere Neigung zu bestimmten Hautleiden?

Es mag umstritten bleiben, welche Rolle die Geburtspressung als stimulierender Kontakt spielt, daß körperliche Kontakte nach der Geburt nötig sind, erwies sich auf dramatische, ja geradezu tragische Weise. Es war um 1920, als in einigen amerikanischen Findlingshospitälern die Sterblichkeit sich den 100 % näherte. Doch dann brachte Dr. Fritz Talbot, Boston, von einer Deutschlandreise eine ganz unwissenschaftlich erscheinende „Pflegemethode zärtlicher Liebe" mit. Bei einem Besuch der Kinderklinik in Düsseldorf hatte er eine ältere Frau beobachtet, die ständig im Hospital unterwegs war mit irgend einem kränklichen Baby, das auf ihrer Hüfte hockte. „Das ist unsere alte Anna", wurde ihm bedeutet. „Wenn es mit einem Baby trotz Anwendung aller medizinischen Hilfen nicht besser wird, dann vertrauen wir es ihr an, und unsere alte Anna kuriert es."

Als Talbot vorschlug, diese altmodische Methode auch in amerikanischen Instituten einzuführen, da lachte man ihn glatt aus. Wie sollte eine so vorsintflutliche Methode wie der bloße Körperkontakt Heilung schaffen? Doch bald ließen die statistischen Ergebnisse die Lacher verstummen. Man hatte im Bellevue Hospital in New York als Regel eingeführt, daß alle Babys zweimal am Tag aufgenommen, herumgetragen und bemuttert würden. Und prompt sank die Sterberate von fast 35 % auf weniger als 10 %.

Trotz dieser einhelligen Ergebnisse hält man auch heute noch den Körperkontakt oft für weniger wichtig als das

Füttern und Säubern der Babys. Nur selten begegnet man der Erkenntnis, daß Körperkontakt an sich eine ganz wesentliche Bedingung dafür ist, daß ein Baby sich richtig entwickelt. Juden legen auf diese körperlichen Kontakte zwischen Mutter und Kind sehr großen Wert, desgleichen die Angehörigen romanischer Völker. Angelsachsen und Deutsche dagegen rangieren in der Skala ganz unten. Ganz allgemein kann man sagen: Je höher der soziale Status der Eltern, desto seltener sind die innigen Kontakte zwischen Eltern und Kindern. Möglicherweise haben wir in Amerika das Extrem erreicht: Mütter tragen ihre Babys in Plastikträgern, eine Armlänge weit entfernt, und Väter pflegen täglich nur 30 Sekunden Körperkontakt mit ihren Kindern. Für manches ernsthaft gestörte Kind könnte kräftigerer und länger andauernder Körperkontakt die einzige Hoffnung auf Heilung bieten. Ein autistisches Kind braucht einfach ein fast ununterbrochenes Berühren und Streicheln, um aus seiner nur das eigene Ich umklammernden Isolation erlöst zu werden.

Montagu zieht den eindeutigen Schluß, daß die Haut als Organ unter den Sinnen den höchsten Rang einnimmt, noch über Ohren und Augen. Die Haut informiert nicht nur über die Welt da draußen, sie vermittelt auch die wesentlichen Gefühlsbewegungen. Bin ich geliebt? Werde ich angenommen? Ist die Welt mir hilfreich oder feindlich? All diese Eindrücke „gehen durch die Haut“, ich sehe die Welt so, wie meine Haut sie wahrnimmt.

Darum haben Worte, die sich auf den Tastsinn beziehen, in unsere Alltagssprache Einlaß gefunden, wenn es darum geht, unser Gefühl zu anderen auszudrücken. Wir fühlen uns abgestoßen oder gestreichelt. Dieser ist zartfühlend, ein anderer hat ein dickes Fell. Was einer sagt, geht uns unter die Haut. Einen schwierigen Menschen fassen wir mit Samthandschuhen an. Und Taktgefühl hat nichts mit Musik zu tun, sondern mit Kontakt.

Der intimste Hautkontakt findet bei der sexuellen Begegnung statt. Da berühren wir uns so leidenschaftlich, daß zwei Wesen – wenigstens für einen Augenblick – zu einem verschmelzen. Und in unserer westlichen, visuell eingestellten Welt geben viele ihrem Verlangen nach Sex – das sie mit Liebe verwechseln – durch freizügige Bekleidung und Schaustellung nackter Haut Ausdruck. Als wenn sie damit sagen wollten: Komm und streichle mich!

Wenn wir erwachsen sind, stellt die Haut das natürlichste Medium dar, mit dem wir unsere Grundgefühle austauschen, etwa die Liebe. Für die Kontaktaufnahme mit anderen ist sie das wichtigste Organ. Die Sinneszellen der Haut bieten den direkten Zugang zu der ganzen Fülle jener Gefühlswelt, die wir als das „Herz" des Menschen bezeichnen.

Berührung kann auch Risiko bedeuten. Es kann die kühle, verletzende Abwehr eines gekränkten Ehepartners heraufbeschwören, oder das Zurückzucken eines Kindes, das sich einsam fühlt und auftrumpft: Du sollst nur mich liebhaben! Es kann aber auch genauso das elektrische Prickeln der ersten, keimenden Liebe hervorzaubern, dieses geheimnisvolle Zugleich von Berühren und Sichberührenlassen. Ein Kuß oder ein Tätscheln der Wange sind simple Formen des Berührens. Doch beide stellen echte Kommunikation her.

Auch die „Haut" am Leibe Christi auf Erden ist ein Organ, das der Kommunikation dient. Sie überträgt die Nächstenliebe.

Denken wir mal daran zurück, in welcher Weise Jesus verfuhr, damals, als er in menschlicher Gestalt auf Erden weilte. Er streckte seine Hand aus und berührte die Augen des Blinden, die Haut des Aussätzigen und die Beine des Gelähmten. Einmal geschah es, daß sich in der Menge eine Frau an ihn drängte, in der Hoffnung, durch Berühren Heilkraft von ihm zu bekommen. Er fühlte, wie ein Kraftstrom von ihm ausging, gebot der Menge Schweigen und fragte: „Wer hat mich angerührt?" Kein Zweifel, seine Berührung übertrug Kraft. Ich habe mich oft darüber gewundert, daß Jesus Leute, die er heilte, anrührte. Viele von ihnen hatten ja häßliche und abstoßende Krankheiten, waren schmutzig und ungepflegt. Bei seiner Wunderkraft wäre es ihm doch leicht gewesen, so etwas wie einen Zauberstab zu schwingen. Mit ihm hätte er doch mehr Leute erreichen können als mit einer Handberührung. Er hätte auch die Leute in Gruppen einteilen und so seine Heilkraft gut organisiert einsetzen können: die Gelähmten nach rechts hinüber, die Fiebernden in die Mitte, die Aussätzigen nach links! Und dann hätte er mit erhobener Hand das Volk gleich massenweise heilen können.

Doch er handelte so nicht. Sein Kreuzzug richtete sich nicht in erster Linie gegen Krankheiten. Er wollte vielmehr dem einzelnen in seiner Not helfen. Und für einige von diesen bestand die Not eben in ihrer Krankheit. Er wollte, daß diese Menschen – der eine genau wie der andere – fühlten, wie heiß er sie liebte und wie eins er mit ihnen war. Jesus wußte: Liebe kann man nicht wahllos hinstreuen, Liebe erweist sich gewöhnlich im persönlichen Kontakt.

Ich habe schon ausgeführt wie nötig es für uns als den Leib Christi auf Erden ist, weltweit mit Nahrungsmitteln und ärztlichen Maßnahmen zu helfen. Ich bin in Übersee sozusagen an der Front dieser Entwicklungshilfe tätig gewesen. Aus meiner Erfahrung weiß ich: Diese Liebe geschieht von Mensch zu Mensch, in unmittelbarer persönlicher Begegnung. Je unpersönlicher wir uns gegenüber den Menschen in Not verhalten, desto weiter weg sind wir von dem helfenden Dienen, das Jesus uns vorgelebt hat. In Indien kam es oft vor, daß – wenn ich einen ernsten Krankheitsfall behandelt und die Medizin verschrieben hatte – die Verwandten des Patienten losgingen, die Medizin besorgten und dann zu mir zurückkamen und baten: „Gib du – mit deinen guten Händen – unserem Kranken die

Medizin." Sie waren fest davon überzeugt, daß die Medizin besser helfen würde, wenn der Arzt sie mit eigener Hand gibt.

Ich lebe jetzt auf dem Gelände des einzigen Aussätzigenhospitals, das sich auf dem kontinentalen Gebiet der Vereinigten Staaten befindet. Es wurde nach dem Bürgerkrieg (1861–65) von einem katholischen Nonnenorden gegründet, den „Töchtern der Barmherzigkeit". Diese Nonnen fühlten sich besonders zum Dienst an den Aussätzigen berufen. Weil kein Mensch gern in der Nachbarschaft ein Aussätzigenasyl haben mochte, wurde ein abgelegenes Landstück im Sumpfgebiet des Missisippi erworben, angeblich, um dort eine Straußenfarm anzulegen. Die ersten Patienten wurden auf Kohlenkähnen hereingeschmuggelt, geschwärzt und unter Zeltbahnen versteckt.

Irgendwie sickerte durch, daß es sich hier in Wirklichkeit um ein Leprahosital handele. Und prompt kündigten die Bauarbeiter und zogen ab. Falsche Ansichten über diese Krankeit hatten solche Angst vor Ansteckung verbreitet, daß sich niemand der Gefahr aussetzen wollte. Doch die Nonnen entschieden: Ein Ruf Gottes ist und bleibt ein Ruf Gottes! Und hielten durch. Unter Leitung einer beherzten und tatkräftigen Mutter Oberin nahmen sic selbst die Schaufeln und Hacken zur Hand und gruben zuerst einmal Gräben, um das Gelände trockenzulegen. Ohne alle Erfahrung im Hausbau legten die Schwestern in ihren steif gestärkten und drückend heißen Gewändern die Fundamente und zogen die Wände doch. Und über all dem pflegten und versorgten sie noch die verunstalteten Kranken, die bei Nacht und Nebel zu ihnen gekommen waren.

Heute, gut hundert Jahre später, behandle ich die Patienten in diesem Heim. Viele von ihnen können vom Anfassen her nicht Möbelholz, Stoff, Gras oder Asphalt unterscheiden. Oft verbrennen sie sich ihre Hand an einem heißen

Ofen, weil er sich für sie nicht anders als ein kalter anfühlt. Und ich muß dann ihre schweren Verbrennungen behandeln.

Ich hasse die Lepra. Die von Lepra Befallenen, die nicht behandelt werden, fühlen, wie die Krankheit sich langsam über ihre Hände und Füße ausbreitet. Und schließlich machen sie die allerbitterste Erfahrung: Sie verlieren auch jeden menschlichen Kontakt. Sie fühlen nicht mehr, wenn ein anderer ihre Hand faßt und streichelt. Wegen der falschen Informationen und der Vorurteile, die gegen die Lepra bestehen, zerstört diese Krankheit den näheren Umgang zwischen den Kranken und ihren Verwandten, Kollegen und Nachbarn. Lepra ist darum so verheerend, weil sie einsam macht, „aus-sätzig".

Ähnlich wie in Carville sind auch viele andere Unternehmen auf dem Gebiet der Lepraforschung durch christliche Initiativen in Gang gesetzt worden, ganz besonders durch die Leprosy Mission und ihren Partner, die American Leprosy Mission. Ich habe mir oft darüber Gedanken gemacht, warum wohl Lepra eine eigene Mission wert ist. Schließlich gibt es ja auch keine „Malaria Mission" oder „Cholera Mission". Ich glaube, der Grund für eine besondere Lepra-Mission liegt darin, daß Leprakranke am stärksten menschlicher Zuwendung bedürfen. Nur sie leiden unter dieser absoluten Isolierung, und die christliche Liebe, die sich einzufühlen vermag, kann ihnen am besten helfen.

An Plätzen wie Vellore in Indien können Ärzteteams viel für die Leprakranken tun. Sie können ihre offenen Geschwüre behandeln. Sie können die Füße und Hände durch Sehnenübertragung und plastische Chirurgie wieder brauchbar machen. Sie transplantieren Augenbrauen und machen unbrauchbar gewordene Lider wieder funktionstüchtig. Und manchmal gelingt es ihnen sogar, einem Patienten das Augenlicht wiederzugeben. Sie schulen die Kranken in geeignete Berufe um und verhelfen ihnen so zu einem neuen Leben.

Alles wertvolle und wichtige Geschenke für den Leprakranken. Doch das Geschenk, das er am allerhöchsten schätzt, ist ein anderes: daß wir ihn berühren und ihm unsere Hand geben! Schrick nicht vor ihm zurück! Hab ihn lieb, über die Haut, durch Berühren.

18 Auch Liebe

Eine schlichte Frau, weltbekannt als Mutter Teresa, erhielt den Friedensnobelpreis für die Arbeit, die sie in Kalkutta an den Angehörigen der untersten Kaste leistet. Sie weiß, sie kann nicht ganz Indien retten. Darum sucht sie die, die am allerwenigsten Aussichten haben, die Sterbenden. Sie sammelt sie auf in den Müllkippen und den Gossen Kalkuttas, bringt sie in ihr Hospital und umgibt sie dort mit all ihrer Liebe. Lächelnde Frauen salben ihnen die Wunden, befreien sie von ihren Schmutzschichten und betten sie in weiche Laken. Die Bettler – zu schwach, um zu sprechen – starren mit weit aufgerissenen Augen auf diese anscheinend vergebliche Liebe, die ihnen zu spät, um noch helfen zu können, zuteil wird. Sind sie schon tot und im Himmel? Woher kommt sonst diese so unverhoffte und überschäumende Fülle von Lie-

Ohne Liebe sind alle äußeren Werke nichts nütze. Was aber aus Liebe geschieht, das ist durchaus fruchtbringend und gesegnet, so gering und ungeachtet es auch scheinen mag.
Thomas von Kempen

be? Woher die warme, kraftspendende Brühe, die man mir vorsichtig mit einem Löffel einflößt?

Ein Journalist in New York – fein aufgemacht im dreiteiligen Anzug – bezog seine Stichworte offenbar von einem Fernsehsouffleur, der selbst nicht im Bild erschien. Er stellte Mutter Teresa Fragen der obengenannten Art. Er schien auf die scharfe Art, in der er fragte, stolz zu sein. Warum also – wollte er wissen – verschwendete Mutter Teresa ihre begrenzten Hilfsmöglichkeiten an Leute, denen doch nicht mehr zu helfen war? Warum nicht an Leute, bei denen sich eine Wiederherstellung lohnte? Auf welche Art von Erfolgen könne ihr Hospital stolz sein, wo doch die meisten ihrer Patienten in ein paar Tagen oder spätestens Wochen starben?

Mutter Teresa sah ihn schweigend an. Sie hatte die Fragen verstanden, doch sie versuchte, die Fassade dieses Journalisten zu durchdringen, wollte herausbekommen, was für ein Mensch das war, der so fragte. Endlich sagte sie leise: „Diese Menschen sind ihr Leben lang wie Hunde behandelt worden. Ihre schlimmste Not ist, daß sie das Gefühl bekommen haben, daß niemand sie haben will. Sollten sie da nicht wenigstens ein Recht darauf haben, wie Engel zu sterben?"

Auch Malcolm Muggeridge, der ein Buch über Mutter Teresa geschrieben hat, schlägt sich mit diesen Fragen herum. Er lernte den Dreck und das Elend in Kalkutta kennen. Nach England zurückgekehrt, berichtete er darüber mit heftiger Empörung. Doch dann bemerkt er in seinem Buch, der Unterschied zwischen ihm selbst und Mutter Teresa liege eben darin, daß er selbst nach England zurückgekehrt, sie aber in Kalkutta geblieben sei. Rein statistisch gesehen, räumt er ein, schlägt es kaum zu Buche, daß Mutter Teresa eine Handvoll Versprengter aus den Jauchegruben des Elends herauszieht. Doch dann schließt er mit dem Satz: „Aber ein Christ sieht das Leben nicht mit den Augen eines Statistikers."

So ist es. Da läßt der gute Hirte die neunundneunzig

Schafe in der verschlossenen Hürde und macht sich klopfenden Herzens und aufgeregt auf die Suche nach dem einen verlorenen Schaf (Lukas 15,4). Da bekommt der Arbeiter, der nur für eine Stunde verpflichtet war, denselben Lohn wie der, der den ganzen Tag gearbeitet hat (Matth. 20,1–16). Und über den einen Sünder, der Buße tut, ist mehr Freude im Himmel als über neunundneunzig Gerechte, die der Buße nicht bedürfen (Lukas 15,7).

Die Liebe Christi, die *Agape,* die Liebe verschenkt, sie ist keine statistisch faßbare Größe. Liebe, die durch die Haut geht, ist größere Liebe als die, die durch das Auge oder Ohr geht. Sie spürt die Not, sagt ja zur ihr und hilft, ohne zu überlegen, ganz persönlich.

Ich bin keineswegs der Meinung, das Missionswerk werde zwangsläufig wirksamer, wenn man es stärker spezialisiert oder unpersönlich gestaltet. Mitunter mag es unvermeidlich sein, etwa in einem christlichen Medizin-College, die Technologie zu verstärken. Doch ich habe in Indien beobachtet, daß gute christliche ärztliche Stationen vor Ort ihren eigentlichen missionarischen Impetus in dem Maße einbüßten, wie sie durch Errichten von Gebäuden und Erweitern durch Mitarbeiterstäbe institutionalisiert wurden.

Gewiß, die sogenannte „Qualität" ihrer ärztlichen Leistungen steigt. Doch das gilt eigentlich nur für den Umfang. In dem Bestreben, das Werk so zu gestalten, daß es sich finanziell selbst trägt, wirft man sich auf die Technik, um mit ihr Patienten anzuziehen, die bar bezahlen können. Doch die Armen und Ausgestoßenen, die sich nun das Missionshospital nicht mehr leisten können, müssen eine öffentliche Klinik aufsuchen, wenn sie Hilfe brauchen.

Welch ein Gegensatz zu dem Elan, mit dem einst meine Eltern in Indien antraten. Natürlich war es ihr eigentliches Ziel, das Evangelium zu verkünden. Doch dann kamen sie in engste Berührung mit den Nöten dieser Menschen und halfen spontan auf allen möglichen Gebieten. Innerhalb eines Jahres hatten sie begonnen, sich medizinisch einzusetzen, in der Landwirtschaft, Erziehung, Evangelisation und im Übersetzen. Sie nahmen sich die Nöte der Menschen zu Herzen und paßten ihre Tätigkeit den Erfordernissen an.

Sieben Jahre arbeiteten meine Eltern dort, bevor sich auch nur ein einziger zu Christus bekehrte. Doch dann erfolgte die erste Bekehrung als unmittelbare Frucht heilender, christlicher Barmherzigkeit. Und das geschah so: Die Dorfbewohner pflegten ihre Kranken einfach vor unserem Hause abzulegen, und meine Eltern sorgten dann für sie. Eines Tages ließ ein hinduistischer Priester, der im Sterben lag, seine schwächliche, neun Monate alte Tochter zu meinen Eltern bringen, die sie aufziehen sollten. Keiner seiner Angehörigen hatte Lust, für das kranke Kind zu sorgen; sie hätten sie einfach sterben lassen. Meine Eltern nahmen sie auf, pflegten sie gesund und adoptierten sie endlich als eigenes Kind. So bekam ich eine Stiefschwester, Ruth, und meine Eltern empfingen eine unerwartete Antwort auf ihr Gottvertrauen: Die Dorfbewohner waren von diesem Beispiel christlicher Nächstenliebe so angetan, daß sie bald danach selbst den Christenglauben annahmen.

Viele Jahre später, als meine Mutter, Granny Brand, fünfundachtzig Jahre alt war – Vater war schon lange zuvor gestorben –, schaffte Mutter noch einen großartigen Erfolg auf medizinischem Gebiet. Sie hatte oft die Gebirgsleute behandelt, die an häßlichen Abszessen an den Beinen litten. Sie hatte den Eiter abgezogen und dann einen langen, dünnen Guineawurm extrahiert. Verärgert über die Häufigkeit dieser Abszesse, war sie dem Problem nachgegangen und hatte festgestellt, daß der Guineawurm bei seinem Lebenszyklus ein Larvenstadium im Wasser durchmacht. Sie überlegte, daß es gelingen müßte, diesen Lebenszyklus zu durchbrechen. Sie kannte ja die Gewohnheiten der Leute und sagte sich, daß die Übertragung dann erfolgte, wenn die Leute an den Quellen ins Wasser gingen. Sie verließ sich darauf, daß die Leute ihr nach ihrem jahrzehntelangen Dienst voll vertrauten und das tun würden, was sie ihnen riet. Also ritt sie von Dorf zu Dorf und forderte die Leute auf, rund um ihre flachen Quellen, aus denen sie Wasser schöpften, kleine Steinmauern zu bauen, von denen aus sie Wasser fassen konnten, ohne hineinzuwaten. Und tatsächlich hat die alte Dame es in wenigen Jahren durch ihre eigene Initiative geschafft: Die Wurmkrankheit ist in zwei Regionen des Gebirges radikal ausgemerzt.

Meine Frau Margaret hat ähnliche Erfahrungen mit einer Krankheit gemacht, die vor allem die Augen von Kindern befiel. Jedesmal, wenn sie dieser Krankheit begegnet war, konnte ich ihr die Verzweiflung an ihrem Gesicht ablesen. Ich sah sie dann teilnahmsvoll an und murmelte ein einziges Wort: „Keratomalacia?“ Und sie nickte stumm.

Diese Krankheit rührte von einem Mangel an Vitamin A und B innerhalb der ersten zwei Lebensjahre her. Solange das Baby an der Brust der Mutter ernährt wird, ist alles in Ordnung. Doch schon zu bald wird ein weiteres Brüderchen oder Schwesterchen geboren und verdrängt das andere nun von der Mutterbrust. Die jetzt folgende ständige Reisdiät enthält nicht die notwendigen Vitamine. Die Folge sind schwächliche Körper, die gegen die Infektion hilflos sind. Und am Ende pflegt dann eine Conjunctivitis – eine Infektion, die bei gut ernährten Kindern leicht zu behandeln ist – die Augen eines solchen unterernährten Kindes zu befallen. Wenn wir in diese Augen hineinsehen, dann erblicken wir eine gallertartige, klumpige Masse. Es sieht so aus, als ob ein von außen kommender heißer Lichtstrahl alles zerschmolzen hätte. Die Begegnung mit solchen Kindern, die sich ängstlich zwinkernd bemühten, dem Licht auszuweichen, pflegte Margaret selbst dann zu deprimieren, wenn sie an diesem Tag schon viele erfolgreiche Operationen durchgeführt hatte.

Arztkollegen – angeregt durch Margarets Hilferufe – entdeckten dann, daß ein ganz gewöhnliches grünes Kraut, das überall in der Gegend wild wuchs, eine beachtlich hohe Konzentration von Vitamin A enthielt. Außerdem stellten sie fest, daß Erdnüsse – von denen dort eine spezielle Sorte für die Erzeugung von Öl gezogen wurde – das fehlende Protein besaßen. Bisher hatten die Landbewohner die Trester, die aus der Ölmühle kamen, an ihre Schweine verfüttert.

Nun begann eine Aufklärungskampagne. Margaret und die öffentlich angestellten Krankenschwestern sorgten dafür, daß es sich von Haus zu Haus herumsprach: Man kann die Augenerkrankung der Kinder mit jenem grünen Kraut und mit Erdnüssen verhüten. Wie ein Lauffeuer ging das durch die Dörfer, und es dauerte nicht lange, da waren alle Kleinkinder gegen die gefürchtete Keratomalacia immun.

Ich gebe zu, diese beiden Beispiele sind etwas ungewöhnlich. Meist besteht missionarische Tätigkeit in ermüdender Arbeit ohne so dramatische Ergebnisse. Doch beide Beispiele zeigen, was christliche Nächstenliebe bei engem Kontakt von Mensch zu Mensch vermag. Die Regierungsstellen, die Hospitäler vor Ort und die landwirtschaftlichen Berater verfügten ebenfalls über die erforderlichen Kenntnisse, um der Keratomalacia und dem Guineawurm begegnen zu können. Doch sie besaßen nicht das Vertrauen der Dörfler. Der entscheidende Anstoß für den medizinischen Fortschritt kam – wie konnte es auch anders sein – von denen, die im ganz persönlichen Kontakt mit den Betroffenen standen. Sie hatten das Vertrauen gewonnen, das erforderlich war, um Abhilfe zu schaffen.

Ein chinesisches Sprichwort sagt: „Eine Beleidigung kann nur durch die Liebe dessen gesühnt werden, der sie ausgesprochen hat." Wenn ich einem Bettler eine Zehndollarnote in die Hand drücke und mich danach aus dem Staube mache, dann ist das eine Beleidigung seiner Persönlichkeit. Meine Handlungsweise drückt nämlich aus: „Weil du selbst nicht imstande bist, für dich zu sorgen, schenke ich dir dies hier." Doch wenn ich mich in ihn hineinversetze, mich nach seinen

Nöten erkundige, ihm zur Seite stehe und das, was ich habe, mit ihm teile, dann wird er nicht beleidigt.

Ich frage mich, ob Granny Brand so viel erreicht hätte, wenn sie von einem Flugzeug aus Flugblätter abgeworfen hätte, auf denen gedruckt stand, man solle Mauern um die Quellen bauen.

Woche für Woche quillt mein Briefkasten über von Druckschriften, in denen christliche Organisationen zu „Brot für die Welt", „Kleidet die Nackten", „Besucht die Gefangenen" und „Helft uns heilen" aufrufen. Sie beschreiben die unhaltbaren Zustände einer zerstörten Welt und bitten um Geld, um dem Leiden abzuhelfen. Oft gebe ich eine Spende, weil ich selbst unter den Bedürftigen gearbeitet habe oder weil ich weiß, daß die meisten dieser Organisationen tatsächlich Liebe und Mitgefühl ausstrahlen. Doch es betrübt mich, daß zwischen den Gebern und denen, die es empfangen, ein so weiter Abstand liegt und es zu keiner persönlichen Berührung kommt. Da steht alles schwarz auf weiß, Berichte, in hoher Auflage gedruckt, um einen möglichst guten Erfolg zu erreichen –, aber es geht nicht durch die Haut, man kommt sich nicht menschlich näher.

Wenn ich einen Scheck als Feigenblatt meiner Liebe benutze, dann entgeht mir die großartige Erfahrung jener Liebe, die sich in der menschlichen Begegnung vollzieht. Gewiß, nicht jeder von uns kann helfen, mit eigener Person in der dritten Welt die Not zu lindern. Doch jeder von uns könnte Gefangene besuchen, ledigen Müttern oder Heimkindern helfen. Wir machen uns selber arm, wenn wir den Weg der entfernten Liebe wählen. Unsere Liebe muß durch die Haut gehen, im unmittelbaren menschlichen Kontakt. Nur dann hält sie durch. Das beste Beispiel solcher Glaubenshaltung ist Jesus Christus, Gottes leibhaftige Verkörperung auf dieser Erde. Im Brief an die Hebräer wird sein Erdenwandel beschrieben. Es wird uns gezeigt, daß wir einen Heiland haben, der mit all unseren Schwachheiten in Berührung kam. „Wir haben nicht einen Hohenpriester, der nicht könnte mitleiden mit unserer Schwachheit, sondern der versucht ist allenthalben gleich wie wir, doch ohne Sünde“ (Hebr. 3,15). Gott selbst sah, wie nötig es war, uns gleich zu werden. Er hat uns nicht aus der Entfernung geliebt. Er wurde Mensch und erwies so seine Liebe. Und von diesem „Fleisch“ gewordenen Gott Jesus Christus heißt es dann: „Wiewohl er Gottes Sohn war, hat er an dem, was er litt, Gehorsam erlernt“ (Hebr. 5,8). Eine verblüffende Behauptung: Gottes Sohn lernt, lernt durch das, was er hier als Mensch erlebt! Erst durch seine Menschwerdung erfährt Gott, was Schmerz bedeutet, was es heißt, den Armen zu begegnen. Wahrhaftig, Gott lebte unter uns und kam uns hautnah. Seitdem kennt er unsere Not, teilt er unser Leid. Darum sollen auch wir danach streben, unsere Liebe denen zu schenken, die uns zum Anfassen nahe sind: Nachbarn und Verwandten, den Armen in unserer Gemeinde.

Ich durfte das damals in Indien tun. Seit ich in Carville lebe, sehe ich mich nach Menschen um, die mir hier so nahe sind, daß meine Liebe sie persönlich anrühren kann. Natürlich habe ich noch immer viel für die Not in Indien übrig. Und ich sehe mich nach Leuten um, die geeignet sind, den Indern persönlich Liebe zu schenken. Ich unterstütze sie und die hinter ihnen stehenden Organisationen mit meinen Spenden und meinen Gebeten.

Diese Berührung kann sich gleichsam „aus zweiter Hand“ vollziehen, in unserem Körper wie im Leibe Christi, der Kirche. Die eigentlichen Sinneszellen für den Tastsinn liegen tief in meiner Haut. Doch das, was außen, auf meiner Haut geschieht, wird durch andere Zellen weitergeleitet und so den Tastzellen übermittelt.

Ich spende für Indien auf dem Weg über meine Tochter in Bombay, meinen Freund Dr. Fritchie im Leprahospital Karijiri und noch viele andere in ähnlichem Dienst. Sie lassen durch ihr persönliches Tun meine Liebe zur Tat werden. Darum erwarte ich von ihnen einen Bericht über das Ergebnis ihres Wirkens, der mich persönlich berührt. Ich bin ja an ihrem Tun verantwortlich beteiligt, muß von ihnen lernen, indem ich ihre Berichte studiere. Und ich falte die Hände für sie. Wenn ich für diese „Tastzellen an der Außenfront" bete, dann teile ich auch ihre Sorgen und Nöte. So können wir alle Verbindung halten mit den Gliedern des Leibes Christi, die in der dritten Welt tätig sind. Und sie werden für uns zu unseren eigenen Tastzellen.

Die Nöte der Welt stauen sich wie Lava in einem scheinbar schlummernden Vulkan. Tag für Tag hören wir das Klagelied über neue Hungersnöte, Kriege und Epidemien. Oft gerade dann, wenn wir selbst aus dem großen Topf unserer Welt des Überflusses kräftig zulangen. Gelegentlich sind wir perplex, wenn wir auf Bilder von Kindern stoßen, deren Bauch infolge falscher Ernährung aufgetrieben ist. Die Nöte sind so überwältigend, daß wir – statt aufgerüttelt zu werden – bis zur Gefühllosigkeit abstumpfen. Wir laden uns gewisserweise eine Last von Schuld auf, die über unsere Kraft geht. Das kann uns geradezu lähmen.

Und wieder denke ich daran, wie Jesus uns diente. Er heilte Kranke, aber in einer eng umgrenzten Umgebung. Er hat zeit seines Lebens weder die Kelten noch die Azteken oder Chinesen kennengelernt. Und doch ging von ihm die Frohe Botschaft aus, die sich über die ganze Welt ausbreitete, so weit die Nöte der Menschheit reichen. Wir müssen da beginnen, wo unsere Mittel ausreichen, in unserer Umgebung, da ist die Bühne unseres dienenden Handelns. Keiner kann allein die ganze Welt verändern. Doch gemeinsam können wir Gottes Auftrag vollziehen und die Erde mit seiner Liebe und Gegenwart erfüllen. Wenn ich meine Hand ausstrecke, dann strecke ich die Hand Jesu Christi aus. Er wirkt durch mich.

19 Ein Schutz aus Samt und Seide

Ich machte mich der Nachlässigkeit schuldig, wenn ich den Eindruck erweckte, die Haut habe ausschließlich die Aufgabe, uns durch Ertasten und Fühlen über unsere Umwelt zu unterrichten. Die Natur ist nicht verschwenderisch, sie findet auch für die Haut weitere Verwendungsmöglichkeiten. Sie macht die Haut zu einer Maginotlinie, die dafür sorgt, daß das Drinnen drin und das Draußen draußen bleibt. Ohne diesen Schutzwall würden einige Partien unseres Körpers wie Puddingsoße auseinanderlaufen. Wir verlören die Qualität eines eigenen Organismus.

Was der Welt am meisten fehlt, sind Menschen, die sich mit den Nöten anderer beschäftigen. Wir haben anderen Menschen so viel zu verdanken, und wir sollten uns immer wieder fragen, ob wohl auch andere Menschen uns etwas zu verdanken haben.

Albert Schweitzer

Wenn man mich fragt, welche Aufgabe der Haut ich für die wichtigste halte, dann kann meine Antwort nur lauten: ihre Wasserdichtigkeit. Sechzig Prozent unseres Körpers bestehen aus Flüssigkeit und würden rasch austrocknen, wenn da nicht diese wasserfeste Haut uns schützte. Wäre nicht die Haut, wo würde schon ein gewöhnliches Warmbad für uns tödlich. Wie durch ein Fallrohr würde das Badewasser in unseren Körper eindringen, den Körper aufschwemmen, das Blut verdünnen und die Lungenbläschen mit Wasser füllen. Vor solchem Unheil schützen uns allein die wie Dachschindeln wetterdichten Zellen unserer Haut.

Unsere moderne Zivilisation unterzieht die Haut harten Tests. Wir schrubben sie mit scharfen Seifen, die – ein wahrer Hohn auf unsere hygienischen Absichten – die Haut ihrer natürlichen Säure berauben und so das Wachstum von Bakterien fördern. Wir malträtieren unsere Haut, indem wir im stark chlorierten Hallenbad schwimmen, kommen mit Benzin in Berührung, wenn wir unseren Grill anzünden, waschen unsere Malpinsel in Terpentin aus und krönen das Ganze, indem wir die Haut zum Schluß mit Reinigungspaste und rauhem Rubbeltuch bearbeiten. Man kann nur staunen: Irgendwie überlebt die Haut sogar diese mörderischen Prozeduren.

Die Haut schützt uns – wie eine Verteidigungslinie – gegen den Angriff von Bakterien und Hefepilzen, die auf uns herunterprasseln.

Lennart Nilsson hat großartige Mikroskopaufnahmen von der Hautoberfläche gemacht. Da erscheinen die winzigen Öffnungen der Schweißporen und die Ausgänge der Fettdrüsen wie riesige, klaffende Höhlen, die sich schützend vor die tieferen Schichten der Haut legen. Am Rande dieser Höhlen lauern grünlich schimmernde Bakterien und wildwuchernde Pilze. Ein Bakterium, das selbst nur etwa zwanzig Minuten lebt, kann innerhalb von acht Stunden bis zu einer Million Nachkommen haben. Jeder von uns trägt ebensoviele von diesen gefährlichen Kreaturen auf seiner Haut herum, wie es Menschen auf unserer Erde gibt. Die Haut holt ein Aufgebot von Chemikalien zu Hilfe, läßt ein Bombardement von negativ geladenen elektrischen Teilchen los und holt Haufen von Verteidigungszellen heran, um die fremden Plünderer niederzuhalten.

In den Hautfalten tummeln sich größere Wesen. Bis zum Beginn unseres Jahrhunderts gehörten auch in den zivilisierten Ländern Milben, Flöhe, Wanzen und Läuse zum „Landschaftsbild" der Haut. Thomas Beckets Haar war von wimmelnden Läusen übersät, Samuel Pepys ließ eine Perükke an den Friseur zurückgehen, weil sie bedeckt mit Lausnissen geliefert worden war. Der französische Adel – stets auf besondere Sauberkeit bedacht – mißbilligte es, wenn man in aller Öffentlichkeit Flöhe mit den Fingernägeln knackte, doch unter guten Freunden war es durchaus gang und gäbe.

Sogar heutzutage sucht sich noch ein achtbeiniges Wesen, das nur ein dreißigstel Millimeter groß ist und den schönen Namen Demodex folliculorum führt, innerhalb der Haarfollikel seinen Weg. Quietschvergnügt fristet es seine Tage besonders gern in den Wimpern. Diese Milbe – mit einem Körper wie eine winzige Zigarre und verhältnismäßig harmlos – läßt sich auf fast allen untersuchten Personen finden. Die Männchen und Weibchen paaren sich im Kanal neben dem Haarschaft, und manchmal kann man mehr als zwanzig Stück von ihnen in einer Talgdrüse traulich vereint finden.

Die Haut muß auch den Angriffen größerer Tiere begegnen: Moskitos, Skorpionen, Zecken, Flöhen, Spanischen Fliegen und Stechfliegen. Bestimmte Wanzenarten eilen – wild auf Menschenblut – so rasch sie können zu jenen Körperpartien, wo infolge einengender Kleidung die Haut dicht auf die darunterliegenden Blutgefäße gepreßt wird. So ein winziger Hüpferling rast mit einer Geschwindigkeit von fast zehn Zentimetern in der Minute dahin, bis er die Gegend erreicht, wo das Gummiband unserer Unterwäsche die Haut einschnürt. Ha, hier ist die Haut so dünn und einladend appetitlich! Und er stopft sich voll mit Blut, bis er fast platzt.

Die Wucht schwerer Stöße wie die von Schlägen oder Quetschungen wird auf eine Fläche von vielen tausend Hautzellen verteilt. Und die geben – ganz wie ein Trampolin

– federnd nach und fangen so den Anprall auf. Innere Organe werden so vor ernsteren Verletzungen bewahrt.

Es ist wahrhaftig ein rauhes Leben da draußen an der Front. Kein Wunder, daß es abgestorbene Zellen, die sich geopfert haben, geradezu regnet. Die äußere Hornschicht ist so leicht zerreibbar wie Corn-flakes. Jeden Augenblick können sie abgestoßen werden und müssen jungen, frischen Zellen weichen, die von unten nachrücken. Man hat das mal zu zählen versucht und kam dabei auf eine Milliarde abgestoßener Hautzellen am Tag. Du gibst jemand die Hand oder faßt einen Türgriff an, und ein Schauer von vielen tausend Hautzellen rieselt zu Boden. Man schüttelt sich bei dem bloßen Gedanken, wie viele wohl bei einem Tennismatch draufgehen.

Tote Zellen sammeln sich unter einem Verband an, der mehrere Wochen unseren Arm bedeckt hat. Doch wo sind all die anderen geblieben? Massenhaft haben sich abgestorbene Hautzellen in unserer Unterwäsche angesammelt, einige hat der Wind davongeführt, doch die meisten schwirren in unserer Wohnung herum. Bis zu 90 % des Haushaltsstaubes bestehen aus abgestoßenen Hautzellen – liebenswerter Abfall von dir, deinen Familienangehörigen, deinen Gästen. Und wartet nur noch darauf, daß du ihn mit einem Tuch oder dem Staubsauger aufnimmst und ohne ein Dankeschön für seinen aufopfernden Dienst nach draußen beförderst.

Dankeschön? Wozu auch! Die abgestoßenen Zellen werden ja zwischen Mitternacht und Morgen – während der übrige Körper sich ausruht – durch neue ersetzt.

Eines Tages konsultierte mich ein lebhafter junger Student, der gerade dabei war, das Gitarrespielen zu lernen. Mit sorgenvoll gefurchter Stirn bat er mich, seine Fingerspitzen zu untersuchen. Sie waren rot und geschwollen, manchmal begannen sie gar, wenn er spielte, zu bluten. „Sind sie zum Gitarrespielen zu weich? Werde ich niemals Gitarre spielen können?“ fragte er kläglich.

Ich mußte über die Art, wie er seine eigenen Hautzellen ansah, lachen. Obwohl sie doch ein Stück von ihm selbst waren, ging er mit ihnen um wie ein Manager, der seine Angestellten kontrolliert, ob sie auch ihre Pflicht tun. Ich riet ihm, es mit dem Üben etwas ruhiger angehen zu lassen. Seine Haut gab sich ja alle Mühe, mit den ungewohnten neuen Beanspruchungen Schritt zu halten. Noch wurde die papierdünne Haut durch die Saiten schneller abgescheuert, als frische Ersatzzellen herangeschafft werden konnten. Doch bald würden sich seine Hautzellen darauf einstellen, schneller Nachwuchs produzieren und seine Fingerspitzen mit harten Schwielen ausstatten.

Die Haut scheint mir von allen Organen die höchste Opferbereitschaft aufzubringen. Kein Wunder, daß da ein Viertel aller Patienten in einer Allgemeinpraxis wegen Hautleiden den Arzt aufsucht. Die Haut fängt unglaublich viele Belastungen auf, um lebenswichtige Organe funktionsfähig zu erhalten, die selbst nicht in der Lage wären, diesen Wechselfällen standzuhalten. Schon ein plötzlicher Temperaturanstieg von sieben oder acht Grad würde uns töten. Doch die Haut vermag wie ein Heizstrahler die Wärme nach außen abzuleiten. Sie verdampft Körperflüssigkeit und kühlt so den Körper ab. Das wird noch dadurch unterstutzt, daß Blut dicht unter die Haut steigt und von dort aus die Hitze ableitet. An einem heißen Sommertag können bis zu acht Liter Flüssigkeit als Schweiß ausgeschüttet werden, um den Körper ausreichend zu kühlen.

Die Gemeinschaft der Gläubigen stellt, wie ich schon sagte, den Leib Christi auf Erden dar. In gewissem Sinn haben darum alle Christen Anteil an dem, was die Haut offensichtlich für sie alle leistet. Jeder von uns kann einmal in die Lage kommen, Außenposten des Leibes Christi gegenüber der Welt zu sein. Und ich glaube, daß mindestens so wie der Körper auch die besonders wichtigen Zellen in den Augen oder in der Leber vor den harten Belastungen, die von draußen kommen, geschützt werden müssen. So gibt es auch in der Kirche Individuen, die Ruhe brauchen und Zeit haben müssen für ungestörte Meditation. Andere brauchen wenigstens für bestimmte Zeiten Schutz. Aus all diesen Gründen müssen gewisse Glieder des Leibes Christi in vorderster Front Stellung beziehen und für die andern sich verwunden lassen.

An der Front haben Anfänger nichts zu suchen. Die Haut steht auf vorgeschobenem Posten. Sie ist dazu da, den Selbstschutz und die Feindabwehr des Körpers in die Hand zu nehmen. Allergien, Pocken und Tuberkulose werden auf ihr getestet. Die Haut schützt also nicht nur den Körper, sie gibt zugleich auch über seinen inneren Zustand Auskunft.

Christen, die auf die Welt mit Erfolg Eindruck machen wollen, neigen dazu, Neubekehrte als Organe Christi einzusetzen. Doch viele dieser Neubekehrten sind nicht klug oder auch nicht reif genug, um das durchzustehen. Ich könnte eine ganze Liste von Sportgrößen aufstellen, die als hervorragende Sprecher in der christlichen Sportszene begannen, dann abbauten und heutzutage überhaupt nicht mehr christlich engagiert sind. Sie erinnern mich an die weichen, angeschwollenen Fingerspitzen jenes Gitarrespielers, die sich noch nicht an die ungewöhnliche Beanspruchung durch Metallsaiten gewöhnt hatten.

Neubekehrte sind besonders empfindlich gegenüber allem Ungewohnten in ihrer neuen Umgebung. Es scheint ihnen gefährlich. Sie brauchen daher Schutz, wenigstens so lange, bis sic die Spielregeln beherrschen, die in dem Leibe, zu dem sie jetzt gehören, herrschen. Auch der Apostel Paulus benötigte eine lange Zeit der Zurückgezogenheit (Galater 1,17–18). Sollten wir da nicht auch denen, die heute neu zu uns stoßen, eine solche Zeit der Schonung zubilligen?

Nicht jeder ist dazu berufen, in vorderster Linie zu kämpfen. Und die zu niedrigeren Diensten im Innern berufen sind, müssen ihren eigenen, ganz besonderen Gefahren ins Auge sehen. Sie müssen sich vor Minderwertigkeitskomplexen gegenüber denen hüten, deren Leistungen mehr ins Auge fallen. Wie ist das: Leisten die im Büro eines Krankenhauses Beschäftigten oder die Raumpflegerinnen weniger für das Reich Gottes als die jedermann auffallenden Glaubensgrößen?

Gewiß, die Bibel macht oft auf die wenigen aufmerksam, die als Wegweiser und Pioniere des Glaubens berufen sind, die neues Gebiet für den Glauben und seinen Betätigungswillen erschließen. Und sie sind ja tatsächlich wertvolle Vorbilder für uns. Doch wir wollen und können nicht alle Apostel werden. Und in der Bibel findet sich auch wirklich kein Hinweis, daß wir es werden sollten. Insgesamt besteht die Kirche aus ganz gewöhnlichen Bürgern, die sich nur in dem Maße unterscheiden, wie sie ihre Bürgerpflicht im Reiche Gottes ernst nehmen. Einige sind in die vorderste Front gerufen, wie etwa Mutter Teresa, Corry ten Boom oder Billy Graham. Sie müssen von uns Unterstützung und Fürbitte empfangen und nicht etwa Neid. Denn das Leben dort draußen an der Front des Leibes Christi ist alles andere als leicht.

Die Kirchengeschichte berichtet immer wieder von solchen „Zellen", die bereit waren, an vorderster Linie sich gerade da einzusetzen, wo es am härtesten herging. Diese Männer und Frauen fürchteten nicht Beulen und Brandblasen, hatten keine Angst, daß sie Unerträgliches aushalten müßten. Da lese ich in Hebräer 11,33–38 eine Auflistung solcher Märtyrertaten: „Die Zeit würde mir zu kurz, wenn ich sollte erzählen von Gideon und Barak, Simson und Jephta, David, Samuel und den Propheten, welche haben durch den Glauben Königreiche bezwungen, Gerechtigkeit gewirkt, Verheißungen erlangt, der Löwen Rachen verstopft, des Feuers Kraft ausgelöscht, sind des Schwertes

Schärfe entronnen, sind kräftig geworden aus der Schwachheit, sind stark geworden im Streit, haben der Fremden Heere zum Weichen gebracht. Frauen haben ihre Toten durch Auferstehung wiederbekommen. Andere aber sind gemartert worden und haben die Freilassung nicht angenommen, auf daß sie die Auferstehung, die besser ist, erlangten. Etliche haben Spott und Geißeln erlitten, dazu Ketten und Gefängnis; sie wurden gesteinigt, gefoltert, zersägt, durchs Schwert getötet; sie sind umhergezogen in Schafspelzen und Ziegenfellen, mit Mangel, mit Trübsal, mit Ungemach. Deren die Welt nicht wert war, die sind im Elend umhergeirrt in den Wüsten, auf den Bergen und in den Klüften und Löchern der Erde."

Auch heute werden Christen in Diktaturen um ihres Glaubens willen verfolgt. Alexander Solschenizyn erinnert uns in seinen Werken daran, welche unsagbaren Leiden die russischen Christen ertragen müssen. Ein Erbteil der Heiligen, das aller Welt zugute kommt.

Ich denke auch an meine Mutter. Sie verließ ihr gepflegtes Zuhause in einem vornehmen Londoner Vorort und ging als Missionarin nach Indien. Als Granny Brand neunundsechzig Jahre alt war, legte man ihr nahe, nun doch in den wohlverdienten Ruhestand zu gehen. Sie tat das auf ihre Weise: Sie hatte eine Gebirgsgegend entdeckt, in die noch kein Missionar vorgedrungen war. Ohne jegliche Unterstützung von seiten ihrer Missionsgesellschaft drang sie in dieses Gebirge vor, erbaute sich eine Holzhütte und wirkte dort weitere sechsundzwanzig Jahre. Infolge einer gebrochenen Hüfte und fortschreitender Lähmung konnte sie nur noch mit Hilfe zweier Bambusstöcke gehen. Doch sie ritt auf dem Rücken eines alten Gaules durch das Bergland, hinter ihrem Sattel die Medizinkiste aufgeschnallt. Sie suchte sich die Unerwünschten und Ungeliebten heraus, die Kranken und Blinden, und half ihnen allen. Kam sie an einen Ort, wo man sie schon kannte, dann strömten ihr die Menschen entgegen, um sie herzlich zu begrüßen.

Meine Mutter starb 1974 im Alter von 95 Jahren. Infolge unzureichender Ernährung und mangelnder Gesundheitspflege waren ihre Gelenke geschwollen. Sie war total abgemagert und hinfällig. Sie hatte sich schon lange nicht mehr um ihre äußere Erscheinung kümmern können. Und um nicht die Folgen ihres aufreibenden Lebens zu sehen, hatte sie seit Jahren keinen Blick mehr in einen Spiegel geworfen. Sie war ein echter Vorposten draußen an der Front, wo sie Gottes Liebe gegenüber den Entrechteten praktizierte.

In einer anderen Frau, die auch an vorderster Linie wirkt, sind für mich all die Wesensmerkmale enthalten, dic der Haut des Leibes Christi eigen sind. 1950 besuchte ich in der Nähe von Karatschi, Pakistan, die Nonne Frau Dr. Pfau. Es herrschten die schlimmsten Zustände, die mir je zu Gesicht kamen. Schon lange bevor ich den Platz selbst erreichte, stieg mir ein widerlicher Fäulnisgeruch in die Nase, so dick, daß man sich hätte drauflegen können. Bald sah ich dann eine gewaltige Müllkippe, den zusammengekarrten Abfall der großen Stadt, der dort schon monatelang vor sich hin stank. Die Luft summte und brummte von Fliegen. Und schließlich sah ich zerlumpte menschliche Gestalten, die an den Hängen des Müllgebirges hinkrochen. Es waren Aussätzige, mehrere hundert. Aus Karatschi ausgestoßen, hatten sie hier in diesem Dreck Heimstatt gefunden. Dächer aus verrostetem Blech boten ihnen Schutz, und eine tropfende Tonne – mitten in dem Dreckgebirge – war ihre einzige Wasserquelle.

Dicht neben diesem widerlichen Platz sah ich eine hübsche Klinik aus Holz. Dort fand ich Dr. Pfau. Stolz zeigte sie mir ihre Regale mit den Ordnern, in denen die Berichte über all die Kranken hier auf der Müllkippe sorgfältig aufgezeichnet waren.

Der harte Kontrast zwischen dem Dreck da draußen mit all dem entsetzlichen Leid und dieser Oase der Nächstenliebe hier in der kleinen Klinik machte auf mich tiefen Eindruck. An Frau Dr. Pfau konnte man Tag für Tag erkennen, welches die ganz besonderen Eigenschaften derer sind, die als „Haut“ am Leibe Christi wirksam sind: Gespür für die Nöte anderer, Einfühlung und schließlich die feste und furchtlose Tatbereitschaft der Gottesliebe in Form engen menschlichen Kontaktes. In gleicher Weise erfüllen andere Christen über die ganze, weite Welt hin das Gottesgebot der Barmherzigkeit. In ihrem Handeln wird Christus selbst gegenwärtig.

Nur am Rande möchte ich noch berichten, daß jene üble Müllkippe, auf der Frau Dr. Pfau damals wirkte, heute nicht mehr vorhanden ist. Frau Dr. Pfau ist heute als dienstältester Lepraarzt in einem modern eingerichteten Hospital dort tätig.

BEWEGUNG

20 Gezähmte Kraft und meisterliche Kontrolle

Ein freundlicher alter Herr mit stark vorspringender Nase und zerfurchtem Gesicht geht über die Bühne. Seine Schultern hängen, seine Augen liegen tief in den Höhlen. Er nimmt auf dem schwarzen Klavierstuhl Platz und verstellt ein wenig dessen Höhe. Jetzt holt er tief Atem und streckt die Hände vor. Mit leichtem Zittern streichen sie sacht über die schwarz-weiße Tastatur. Und nun beginnt er zu spielen.

Nein, sie spüren nichts mehr von seinem Alter und seiner Hinfälligkeit, die viertausend, die gekommen sind, Arthur Rubinstein zu hören.

Er hat für diesen Abend ein schlichtes Programm zusammengestellt: Schuberts Impromptu, einige Rachmaninow-Präludien und Beethovens volkstümliche Mondschein-Sonate. Dergleichen kann man bei Konzerten jeder Musikschule hören. Aber nicht so, wie Rubinstein spielt!

In jedem Menschen kann mir Gott erscheinen. Alles Gute in der Welt ist unmittelbare Wirksamkeit Gottes.

Novalis

Wahrhaftig, er trotzt der menschlichen Vergänglichkeit. Da vereint sich brillante Technik mit poetischem Ausdruck zu einer Interpretation, die immer wieder die Bravo-Rufe des begeistert applaudierenden Publikums herausfordert.

Rubinstein verbeugt sich leicht, faltet diese wunderbaren neunzigjährigen Hände und steigt von der Bühne herab.

Ich muß ehrlich gestehen, daß eine so bravouröse Leistung wie die Rubinsteins meine Augen tiefer beeindruckt als meine Ohren. Hände gehören nun einmal zu meinem Beruf. Ich habe sie mein Leben lang studiert. Ein Pianokonzert: Das ist für mich ein Fingerballett, ein Fanfarenmarsch, komponiert aus Gelenken, Sehnen, Muskeln und Nerven. Ich muß ganz vorn an der Bühne sitzen, um mir ja keine Bewegung entgehen zu lassen.

Aufgrund meiner eigenen, sehr sorgfältig vorgenommenen Nachprüfungen weiß ich, daß einige dieser Läufe – wie etwa die im Arpeggio von Moonlight's – viel zu schnell sind, als daß unser Körper imstande wäre, sie bewußt zu verarbeiten. Die Nervenimpulse können gar nicht schnell genug zum Gehirn gelangen, um dort zu melden: Der dritte Finger hat eben die Taste verlassen, jetzt ist der vierte an der Reihe, die nächste Taste zu berühren. Monatelanges Üben ist erforderlich, bis das Gehirn diese Bewegungsabläufe in unbewußtem Reflex meistert. Fingergedächtnis nennen die Musiker das.

Ich muß aber auch über die leisen Triller und Läufe staunen. Ein guter Pianist kann den Fingern die selbständige Kontrolle überlassen: Beim beidhändigen Anschlagen eines aus acht Tönen bestehenden Akkordes weiß jeder Finger den Druck, mit dem er die Taste trifft, verschieden stark zu dosieren, so daß die Note, die die Melodie führt, am klarsten herauszuhören ist. Dieser winzige Unterschied in der Aufschlagstärke bei einer schwierigen Pianopassage ist so gering, daß allenfalls ein mit allen Raffinessen ausgestattetes Laboratorium ihn messen könnte. Doch das menschliche Ohr verfügt über ein solches Laboratorium. Und Musiker vom Können eines Rubinstein erhalten deswegen so starken Beifall, weil die kritischen Zuhörer auch die feinsten Nuancen heraushören können.

Oft habe ich vor einer Gruppe von Medizinstudenten oder Chirurgen gestanden und ihnen die Bewegungsmechanik eines Fingers erklärt. Ich führte ihnen das an einer abgetrennten Leichenhand vor, übrigens – wenn man sie da so ohne den übrigen Körper vor Augen hat mit ihren Sehnen und Fasern – ein geradezu obszöner Anblick. Ich kündige an, daß ich den kleinen Finger bewegen will. Um das zuwege zu bringen, muß ich die Totenhand auf den Tisch legen und mich fünf Minuten lang damit beschäftigen, das verzwickte Netzwerk von Muskeln und Sehnen zu sortieren. Um eine solche Geschwindigkeit und Gewandtheit aufzubringen, wie sie für ein Pianospiel erforderlich sind, verfügen die Finger über keinerlei eigene Muskeln. Die Kraftübertragung erfolgt von den Muskeln, die im Unterarm und in der Handfläche sitzen, durch Sehnen in die Finger hinein.

Endlich habe ich es geschafft, die Dutzend Muskeln befinden sich in der richtigen Lage und Spannung. Mit einem vorsichtigen Zug kann ich es erreichen, daß der kleine Finger sich deutlich bewegt, ohne daß sein Nachbar zuckt.

Siebzig verschiedene Muskeln steuern die Bewegungen der Hand. Ein Zimmer ließe sich füllen mit den chirurgischen Büchern, in denen die verschiedenen Möglichkeiten beschrieben werden, wie man verletzte Hände wieder gebrauchsfähig machen kann. Doch in vierzig Jahren eigenen Studiums ist es mir nicht gelungen, irgendwo eine Technik aufzustöbern, die imstande gewesen wäre, etwas noch Besseres als eine normale, gesunde Hand herzustellen.

Ich denke an meine Studien in Konzertsälen. Da saß ich und beobachtete, wie schlanke Finger auf und ab tanzten und über die Tastatur huschten. Ich schätze die Menschenhand hoch ein. Rubinstein aber tut, als sei ihre Leistung etwas Selbstverständliches. Die Hände sind für ihn seine gehorsamen Diener. Oft schließt er die Augen oder blickt zur Decke hinauf, ohne im geringsten auf seine Hände zu achten. An seinen kleinen Finger verschwendet er keinen Gedanken, er versenkt sich ganz in Beethoven und Rachmaninow.

Eine Menge anderer Muskeln sind Rubinsteins Händen behilflich. Sein Oberarm bleibt straff gespannt, seine Ellenbogen bilden einen rechten Winkel, um die Hände auf gleicher Höhe mit der Tastatur zu halten. Schultermuskeln, die zu seinem Rücken laufen, müssen angespannt werden, um die Oberarme zu halten, und Muskeln in seinem Nakken und auf seinem Brustkasten sorgen dafür, daß die Schultern festen Halt haben. Wenn er an einen anstrengenden Part des Musikstücks kommt, versteift sich sein ganzer Körper und auch die Beinmuskulatur, um den Armen ein festes und sicheres Fundament zu geben. Ohne diesen festen Halt, den ihm diese Muskeln verschaffen, würde Rubinstein, sooft er sich über die Tasten neigt, den Halt verlieren.

Um bestimmte Typen künstlicher Hände kennenzulernen, die Wissenschaftler und Ingenieure in jahrelanger Forschung und unter Einsatz von Millionen Dollar entwikkelt haben, besuchte ich auch Institute, in denen man mit radioaktiven Stoffen arbeitet. Stolz führten mir diese Wissenschaftler die geschickten Hände vor, mit deren Hilfe sie eine radioaktive Verseuchung vermeiden können. Über Knöpfe und Hebel können sie eine künstliche Hand führen, deren Gelenk sich beugen und drehen läßt. Ganz neue Modelle besitzen sogar einen gegenüberliegenden Daumen, ein fortgeschrittenes Werkzeug, über das in der Natur nur die Primaten verfügen. Und nur wir Menschen können die Spitzen all unserer Finger mit dem Daumen berühren, was uns die Fähigkeit verleiht, zu greifen, festzuhalten und Gegenstände leicht und exakt zu handhaben. Stolz lächelnd wie ein junger Vater ließ der Wissenschaftler den künstlichen Daumen wackeln.

Ich nickte anerkennend und gratulierte ihm für die Leistung, die der künstlichen Hand ein weiteres Betätigungsfeld eröffnet. Doch er weiß so gut wie ich, daß, verglichen mit einer Menschenhand, diese künstliche unbeholfen und nur begrenzt leistungsfähig ist, vielleicht sogar mitleiderregend – eine Kasperlefigur im Vergleich zu einem Meisterwerk Michelangelos. Das Rubinsteinkonzert ist der Beweis dafür.

Sechshundert Muskeln machen etwa 40 % unseres Gesamtgewichts aus, also rund doppelt so viel wie die Knochen. Diese Muskeln verbrennen den größten Teil der Energie, die wir in Gestalt von Nahrung aufnehmen können, um die Fülle unserer Bewegungen durchführen zu können. Ganz winzige Muskeln regeln den Lichtzutritt in unser Auge. Muskeln, die kaum 3 cm lang sind, ermöglichen uns unseren so vielseitigen Gesichtsausdruck – den unser Bridgepartner ebensogut wie jeder SALT-Unterhändler zu deuten weiß. Ein weit größerer Muskel, das Zwerchfell, regelt das Husten, Atmen, Niesen, Lachen und Aufseufzen. Äußerst kräftige Muskeln im Gesäß und in den Oberschenkeln sorgen dafür, daß wir ein Leben lang gehen können. Ohne Muskeln läuft nichts: Die Knochen klappten zu einem kläglichen Häuflein zusammen, Gelenke fielen auseinander, alles stünde still.

Die Muskeln des Menschen lassen sich in drei Klassen einteilen. Die glatten Muskeln besorgen die ohne unseren Willen selbständig ablaufenden Prozesse in unserem Körper. Die gestreiften Muskeln sind für dic willkürlichen Bewegungen da, und die wieder anders gebauten Herzmuskeln dienen ihrem ganz speziellen Auftrag. Ein Kolibriherz wiegt nicht ein Gramm, schlägt aber achthundertmal in der Minute. Das Herz eines Wals wiegt rund tausend Pfund. Verglichen mit diesen beiden erscheint uns das Menschenherz geradezu langweilig. Doch es erfüllt seine Aufgabe ausgezeichnet, siebzig Jahre, und wenn es hoch kommt, achtzig Jahre. Und dabei nimmt es keinen einzigen Tag Urlaub!

Auf Schritt und Tritt begegnen wir Bewegungen, die künstlich vom Menschen geschaffen sind: Flugzeuge, Motocross-Rennen, Farbtupfen, die über den Bildschirm flimmern. Wir stumpfen dadurch ab und verlernen es, über die Bewegungsleistung unserer eigenen Muskeln zu staunen. Doch schon die niederen Formen tierischen Lebens zeigen eindrucksvolle Leistungen auf diesem Gebiet. Die Muskeln der gewöhnlichen Stubenfliege reagieren innerhalb einer tausendstel Sekunde. Darum kann man sie so schwer mit der Hand fangen. Der so verachete Floh vollführt akrobatische Sprünge und Purzelbäume, die – wollte man sie mit menschlichen Maßstäben messen – jeden Olympiakämpfer vor Neid erblassen ließen. Oder besuche einen Zoo und betrachte durch das Unterwasserfenster Seehunde und Seelöwen. Diese an Land so schwerfälligen Tiere geben hier mit ihren Bewegungen dem Wort „graziös" eine völlig neue Bedeutung. Oder stell dich auf einen Bauernhof und beobachte die rasanten Sturzflüge einer Schwalbe.

Wie so oft auf anderen Gebieten, so ist auch hinsichtlich der Bewegungsfähigkeit der Mensch rückständig und durchaus nicht Spitzenklasse. Wir können nicht sehen wie ein Adler, hören wie eine Eule, leuchten wie ein Leuchtkäferchen. Wir können auch nicht so schnell laufen wie ein Hund, tanzen wie eine Mücke oder fliegen wie eine Wildgans. Und doch haben wir genügend Fähigkeiten in unseren Muskeln, um wie das Bolschoi-Ballett zu tanzen, Schlittschuh zu laufen oder Gymnastik zu treiben. Im Fernsehen führen uns Künstler schwerelose Schönheit vor Augen, wirbeln durch die Luft, drehen Pirouetten auf der Spitze eines einzigen Zehs, gehen im Doppelsalto mit Schraube vom Barren. Im Menschen erscheint Grazie sozusagen als Nebenprodukt harter Arbeit. Es geht da wüst zu: Stöße, Schläge, Quietschende Dielen, stoßender Atem und schwitzende Körper. Und doch, der Mensch ist imstande, all diese Muskelarbeit in fließende Grazie zu verzaubern. Er huldigt damit der Doppelnatur der Bewegung: gezähmte Kraft und meisterliche Kontrolle.

21 Gut ausbalanciert

Die Bewegungsfähigkeit eines Klaviervirtuosen, Turners, Läufers fällt dem Menschen nicht in den Schoß. Jener Teil der Hirnrinde, der die Bewegungen steuert und in dem alle Bewegungsimpulse gespeichert werden, gleicht zuerst einem unbeschriebenen Blatt. Zwar sind die Ansätze instinktiven Verhaltens vorhanden, doch kann ein Neugeborenes, der Schwerkraft ausgesetzt, Kopf oder Rumpf nicht aufrecht halten. Seine Hand- und Beinbewegungen sind rukkartig und abgehackt, fast so wie in einem Stummfilm aus den Anfangszeiten des Kintopps. Doch dann lernt das Kind rasch, mit all dem fertig zu werden. Schon nach einem Monat kann es sein Köpfchen aufrecht halten, nach zwei Monaten seinen Rumpf. Geht alles gut, dann kann es nach sieben Monaten ohne Hilfestellung sitzen. Im Alter von acht Monaten kann es stehen,

Das Christentum überwand die Schwierigkeit, enorme Gegensätze zu vereinen, indem es sie beibehielt und sie enorm ließ.

G. K. Chesterton

doch es dauert noch sieben weitere Monate, bis es mit der Geschwindigkeit von einem Schritt pro Sekunde flüssig gehen kann, ohne sich krampfhaft darauf konzentrieren zu müssen.

Wenn wir all die Körperimpulse, die für das Gehen vonnöten sind, aufzuspüren versuchen, dann entdecken wir, daß in diesem tolpatschig daherwackelnden Kleinkind eine unglaublich komplizierte Gleichgewichtsmechanik steckt. Über hundert Millionen Sinneszellen in jedem Auge entwerfen ein genaues Bild von dem Tisch, auf den das Kind losmarschiert. Nerven im Nacken melden, welche Haltung der Kopf gegenüber dem Rumpf einnimmt, und veranlassen entsprechende Muskelkontraktionen. Andere Sensoren melden laufend, welche Stellung die Gliedmaßen zueinander haben. Die Gleichgewichtszellen im Innenohr informieren das Gehirn über die Richtung der Schwerkraft und über die Stellung des Körpers und seine Balance. Die Zehen berichten, wie der Bodengrund beschaffen ist, auf dem das Füßchen gerade ruht.

Sogar das bloße Stehen ist ein Kunststück: Die Muskeln, die sich als Strecker und Beuger gegenüberstehen – in Hüfte, Knie und Fußgelenk –, müssen sich kräftemäßig genau ausgleichen. Andernfalls gäben die Gelenke nach und das Kleine klappte zusammen. Wir reden vom „Muskeltonus", wenn wir diesen gesamten Zusammenhang von statistischer Ausgewogenheit beschreiben wollen, der es dem Kinde ermöglicht, sich aufrecht und still zu verhalten oder auch gleich darauf in Bewegung überzugehen.

Ein flüchtiger Blick nach unten: Auf dem Teppich liegt ein Spielzeug, dem ich ausweichen muß? Und schon erwachen alle Sinnesorgane zu fieberhafter Tätigkeit. Über die Retina des Auges flimmert das Bild des Fußbodens. Zugleich melden Innenohr und Muskelsensoren dem Gehirn, wie die Lage des Körpers ist, daß er nicht fällt. Die geringste Kopfbewegung bewirkt eine Verlagerung des Körperschwerpunktes durch reflexartige Anspannung der betreffenden Gliedermuskeln. Millionen Meldungen durchzukken den Körper des Kindes, informieren das Gehirn und geben Weisungen durch, die überhaupt erst diesen komplizierten Vorgang ermöglichen, den wir so einfach Gehen nennen.

Muskeln müssen sich darauf verlassen, daß über ihnen eine durchdachte Rangordnung besteht, die in der Lage ist, die einzelnen Zellen organisiert einzusetzen. Die Muskelzellen selbst – längliche, schlanke Körper mit dunklen Zellkernen – beherrschen nämlich nur eine einzige Arbeit: Sie können sich zusammenziehen. Das geschieht, sobald zwei Proteinmoleküle aktiv werden und sich ineinanderschieben wie die Zähne zweier Kämme. Die einzelnen Zellen vereinen sich durch Fasern, die mit winzigen Stricken eine gewisse Ähnlichkeit haben. Sie bilden so die nächsthöhere Organisationsform, die Muskelgruppe. Jede Muskelgruppe wird von einem motorischen Nerv gesteuert. Die Stränge dieses Nervs umklammern die Muskelgruppe, genau so, wie ein Tintenfisch einen Pfahl umarmt. Sobald dieser Nerv ein Signal gibt, werden die zu ihm gehörenden Muskelfibern kürzer und dicker. Einige Muskelfibern sind „Schnellzünder" und reagieren rasch, aber nicht ausdauernd. Andere sind „Dauerbrenner", reagieren langsamer, dafür aber mit großer Ausdauer. Muskelfibern gehorchen dem Prinzip „Alles oder nichts". Sie sind nicht in der Lage, ihre Kraft zu dosieren, sie besitzen lediglich einen „Ein-oder-aus"-Schalter. Kommt es darauf an, die Kraft zu variieren – je nachdem, ob Rubinstein eine Taste nur leicht anschlägt oder mit voller Wucht –, dann ist das nur dadurch möglich, daß eine unterschiedliche Menge von Muskelgruppen einen Nervenimpuls erhält. Die Dirigenten großer Chöre ermahnen ihre Sänger, nicht am Ende eines Pianissimos Atem zu holen. Das gleichzeitige Einatmen vieler Sänger wäre deutlich hörbar und würde störend auffallen. Sie sollten vielmehr irgendwann in der Mitter der Tonpassage atmen und auf diese Weise das Atemholen so verteilen, daß der ganze Chor voll durchsingt. Das ist tatsächlich möglich, weil immer nur wenige Sänger zugleich Atem holen. Natürlich ist ein Muskel kein Gesangverein. Er kann also nicht seine einzelnen Untergruppen bitten, piano zu singen. Der Bizeps muß anders verfahren, wenn er nur halbe Kraft entfalten will: Er läßt dann eben die Hälfte seiner Muskelgruppen feiern, mal diese, mal jene. So bleibt die Muskelkraft stetig, ganz wie gewünscht.

In einem großen Muskel kommt es kaum vor, daß sämtliche Muskelgruppen zugleich angespannt sind. Nur im Notfall veranlaßt ein Adrenalinstoß den Einsatz voller Kraft, dann treten alle Muskelgruppen in Aktion.

Nun kann man tatsächlich den Muskelchor zum Singen bringen: Man sticht eine Nadel in den Muskel und schließt sie an einen Apparat an, der elektrische Energie in Töne verwandelt. „Klick-Klick-Klick“: Ein beständiger Strom von tönenden Botschaften meldet, daß unser Muskel-„Tonus“ am Singen ist. Beuge ein wenig den Bizeps, und prompt wird sich die Folge des Klickens beschleunigen. Bewege deinen Arm rasch, und das Klicken schwillt zum Maschinengewehrfeuer an. Die Zellen hören gar nicht mehr auf zu klicken und zeigen es sofort, in Bruchteilen einer Sekunde, an, wenn das Gehirn verstärkte Tätigkeit fordert.

Das Meßinstrument meldet zwar, daß ständig ein Strom ausgeht von diesem einen Muskel von Stecknadelkopfgröße, an den es angeschlossen ist, die vielen hundert anderen Muskeln aber, die auch tätig sind, bleiben dabei unberücksichtigt. Eine große und wichtige Gruppe von diesen arbeitet, ob wir nun an sie denken oder nicht: die automatischen Muskeln, die unsere Augenlider betätigen, unsere Atmung, den Herzschlag und die Verdauungsvorgänge. Es ist, als traue die unserem Körper eigene Weisheit nicht dem vergeßlichen und zum Irrtum neigenden freien Willen, wenn es um diese lebenswichtigen Funktionen geht. Ihre Automatik ist so gesichert, daß wir mit unserem Willen nicht imstande sind, Herzschlag oder Atmung anzuhalten. Niemand kann durch Atemanhalten Selbstmord verüben. Kohlendioxid, das sich in der Lunge staut, setzt einen Mechanismus in Gang, der unser bewußtes Wollen überrennt und die Muskeln von Rippen, Zwerchfell und Lungen zur Arbeit zwingt. Stell dir einmal das Netz der elektrischen Anlagen vor, das jede Wohnung und jedes Haus in der Hamburger City durchzieht. Ständig werden da Lichter ein- und ausgeschaltet, Toaster schalten automatisch ab, Mikrowellen-Herde spulen ihr Computerprogramm ab, Spülmaschinen rasen los. Ein wüstes Durcheinander von „an und aus", das dennoch funktioniert. Ein noch viel komplizierteres Schaltsystem arbeitet in deinem Körper, auch in diesem Augenblick, wo du dies hier liest. Und es wird genauestens kontrolliert und funktioniert großartig. Wenn du diese Seite zu Ende gelesen hast, blätterst du die Seite mit deinen Fingern um und wirst dir dabei kaum bewußt, was für ein kompliziertes motorisches System erforderlich ist, um diese unbedeutende Leistung zu vollbringen.

In unserem Körper wie auch in dem geistlichen Leib, den wir als Glieder Christi darstellen, müssen Muskeln geübt werden, wenn sie wachsen sollen. Verlieren wir infolge einer Lähmung die Bewegungsfähigkeit, dann setzt alsbald Muskelschwund ein. Der Muskel schrumpft mehr und mehr, bis er schließlich völlig absorbiert ist. Genau so erfreut sich auch der Leib Christi auf Erden nur dann bester Gesundheit, wenn er sich in der Nächstenliebe betätigt. Sobald er nicht mehr gegen Leid und Ungerechtigkeit vorgeht, beginnt er zu verfallen und zu welken. Denn ein Organ, das nicht genutzt wird, verkommt. Das ist ein Naturgesetz.

Doch da gibt es noch eine andere Art von Bewegung im Leibe Christi, die mir mehr und mehr zu denken gibt.

Jedesmal, wenn sie sich im Laufe der Kirchengeschichte abspielte, kam es zu heftigen und verwirrenden Erschütterungen. Du kannst ein beliebiges Jahrhundert wählen, stets kam es zu Spaltungen und Aufsplitterungen, zu hitzigen Auseinandersetzungen über soziale Fragen und heftigen Reaktionen gegen nichtchristliche Einflüsse. Weil es in der Kirchengeschichte solche überspannten Reaktionen reichlich gibt, neigen wir dazu, kirchlichem Handeln weniger zuzutrauen. Ein gut Teil unserer Unsicherheit rührt daher, daß mitunter die verfaßte und organisierte Kirche durchaus nicht mit dem wahren Leibe Christi identisch ist. Es kommt leider vor, daß Pastoren oder gar Bischöfe außerhalb des Leibes Christi stehen und gegen ihn agieren.

Seit ich mich genauer mit der Biologie der Bewegung befaßt habe, kann ich besser begreifen, wie es kommt, daß scheinbar gegensätzliche Impulse gleichzeitig wirksam werden können. Im menschlichen Körper ergibt sich Bewegung nicht aus einem einmütigen Zusammenwirken aller Teile; im Gegenteil, jeder Aktion entspricht eine genau gegenläufige Reaktion. Wir sahen ja schon, daß die Muskeln antagonistisch, also entgegengesetzt wirkend, angeordnet sind. Spannt sich der Trizeps, so dehnt sich der Bizeps, und umgekehrt. Nun hat einer der führenden Neurophysiologen, Sir Charles Sherrington, darauf hingewiesen, daß wirklich alle Muskeltätigkeiten dieses antagonistische Verhalten des Spannens und Dehnens enthalten. Bei jedem Muskelimpuls gibt es dieses „Ja – aber".

An dem bekannten Kniezucken, bei dem nur zwei Muskeln tätig werden, kann man das Sherrrington-Prinzip gut erklären. Sobald der Doktor vorn gegen die Kniescheibe des Patienten klopft, reagiert der Muskel an der Vorderseite des Oberschenkelknochens und zieht sich zusammen. Der Unterschenkel zuckt nach vorn. Doch dieses Zucken ist nur möglich, weil zugleich der Beugemuskel auf der Rückseite des Oberschenkels entspannt wird und sich dem Strecken des Beins nicht widersetzt. So werden stets zwei Impulse wirksam, einer, der aktiviert, und ein anderer, der den Widerpart inaktiviert. Bei komplizierteren Bewegungen – etwa dem Gehen oder dem Baseballschlag – spielen sich Hunderte solcher konträren Impulse gleichzeitig ab. Jede Muskeltätigkeit beruht auf diesem Prinzip des „Nimm und gib". Sherrington bemerkt dazu: „Man hat darauf hingewiesen, daß Leben im Tun und nicht im Denken besteht. Wir müssen heutzutage diesen Satz ergänzen: Der Verzicht auf eine Aktion ist ebenso ein Entscheidungsakt wie das Durchführen einer Aktion. Die Ruhigstellung eines Muskels und die Betätigung, beide sind – so konträr sie scheinen – gleichwertige Aktivitäten unseres Nervensystems."

So ist es: Auch wer sich entscheidet, nichts zu tun, hat eine Entscheidung getroffen.

Ein ausgleichendes System solchen „Entspannens", durch das Muskeln ruhiggestellt werden, regelt die Abläufe in unserem gesamten Körper. Es koordiniert den Herzschlag, das Ein- und Ausatmen, den Muskeltonus, ganz wie es jeweils verlangt wird. Kurz gesagt: Anspannung ist die eine, Entspannung die andere Komponente. Beide sorgen dafür, daß unser Körper funktioniert.

Schon in der Frühzeit der Kirche brach der Streit aus über das rechte Verhältnis von Aktivität zu Inaktivität. Charles Williams hat darauf hingewiesen, daß es zwei gegensätzliche Meinungen über die Lebensweise eines Christenmenschen gab. Die eine Richtung vertrat den Standpunkt: „Alles hier auf Erden reicht ins Unendliche hinein." Die andere sagte: „Mag sein, doch der gesunde Menschenverstand rät uns, wir sollten nicht von jeder Kleinigkeit so viel Aufhebens machen." Die erste, die rigorose Ansicht führte zu einer entschiedenen und harten Weltsicht, die jeder, auch der geringsten Tat ewige Auswirkungen zumaß. In ihrer letzten und schlimmsten Konsequenz führte das zu einem gesetzlichen Pharisäismus bis hin zur Intoleranz „heiligen" Kreuzzugsdenkens. Die zahmere Theorie, die dem gesunden Menschenverstand huldigte, führte letzten Endes zu der nicht minder gefährlichen Haltung eines „Was soll's?" bis hin zur völligen Gleichgültigkeit gegenüber Unrecht und Sünde.

Der Apostel Paulus focht – besonders in den Briefen an die Römer und die Galater – eine regelrechte Schlacht gegen diese beiden Extreme. Den Gesetzlern warf er vor, sie verkehrten Gottes Gnade, andererseits hob er hervor, daß gute Werke die natürlichen Früchte des neuen Lebens sind, das wir in Christus begonnen haben.

Auch hinsichtlich der Welt da draußen haben die Christen zwischen beiden Polen hin und her geschwankt. In den ersten beiden Jahrhunderten ging es darum, ob man auf die Welt zugehen oder sich von ihr fernhalten solle. Beide Ansichten fanden ihre fanatischen Anhänger.

Die Ansicht, man müsse sich ganz der Welt zuwenden, führte in letzter Konsequenz zu seltsamen Formen der Kirchenzucht: „Ein Bischof, Priester, Diakon oder anderer Kleriker, der die Ehe ablehnt, den Genuß von Fleisch oder Wein verweigert, soll zurechtgewiesen, amtsenthoben oder aus der Kirche ausgestoßen werden." Wer sich der Ehe enthielt und nicht mit der Welt mitfeiern wollte, der galt eben als Verächter der Gottesschöpfung. Und die Verfechter des Wirkens in der Welt schütteten Kübel von Hohn aus über die seltsamen Heiligen, die als Athleten Gottes dürr und splitternackt in der Wüste herumtrabten. Dieser Spott war keineswegs neu. Schon Jesus hat darauf hingewiesen, daß Johannes der Täufer wegen seiner asketischen Lebensweise verketzert wurde. Und umgekehrt, Jesus selbst, der Sohn Gottes, wurde als Fresser und Weinsäufer beschimpft (Matthäus 11,19). Trotzdem, jede dieser beiden konträren Richtungen hat uns auch etwas Gutes beschert: Der „Weg *in* die Welt" bescherte uns große künstlerische Leistungen, Nächstenliebe, Philosophie und soziale Gerechtigkeit. Der „Weg *aus* der Welt" bescherte uns die tiefgründige Mystik, die aus der ungestörten Meditation über das Heilige erwuchs.

Gegenwärtig versuchen wir Christen, das weite Gebiet kirchlicher Kunst mit den bitteren Nöten einer übervölkerten Welt ins rechte Verhältnis zu bringen. Kann man es verantworten, angesichts der Mittel, die dafür aufgebracht werden müssen, heutzutage schöne Künste und verschwenderische Kirchenarchitektur zu fördern? Manche entdecken neu die Notwendigkeit gemeinsamen Handels, das in einer Gesellschaft, die so zähflüssig ist wie unsere westliche Demokratie, durch klare Strukturen bestimmt sein muß. Die Leiter der Missionsgesellschaften sehen sich ständig zwischen den beiden Aufgaben hin und her gerissen, geistlich mit der Verkündigung des Evangeliums und zugleich materiell durch soziale Hilfeleistung dienen zu müssen. Selbst kleine Kirchengemeinschaften müssen sich Gedanken darüber machen, wie sie mit diesen sich widersprechenden Anforderungen fertig werden.

Wenn ich eine christliche Kommune junger politischer Radikaler besuche, die jedwede Regierung ablehnen, einen totalen Pazifismus und gewollte Bedürfnislosigkeit verkünden, dann kann es passieren, daß ich nach Hause gehe mit dem Gedanken, auf welch verrückte Abwege doch christliches Engagement in der Welt führen kann. Und dennoch: Auch eine solche christliche Konterkultur kann – genau nach dem biologischen Prozeß der Gegensteuerung – die Aktivitäten der verfaßten Kirche ausgleichen, Einseitigkeiten glätten und vor allem das Gefühl für Gerechtigkeit neu wecken. So kann der Einsatz solcher Kontergruppen den Leib Christi, die Kirche hier auf Erden, vor Einseitigkeit bewahren.

Der einigende Faktor bei all diesen Auseinandersetzungen muß die gemeinsame Bindung an das Haupt Jesus Christus sein. Wir mögen darüber streiten, wie er dies oder jenes gesagt oder gemeint hat und wie man die Ziele, die er gesetzt hat, in dieser Gesellschaft erreichen kann. Doch wenn wir vergessen, daß wir in seinem Dienst Brüder sind, dann werden unsere unterschiedlichen Handlungsweisen nicht als

Aktionen erscheinen, die aufeinander abgestimmt sind, um die Bewegungen des Leibes Christi in der richtigen Balance zu halten, sondern als krampfhafte und völlig sinnlose Zuckungen.

22 Fehlschaltungen

In meiner Praxis in Indien erschien ein Patient, ein unförmiger Dickwanst. Er war, wie ich erfuhr, ein erfolgreicher Ingenieur aus Australien, der nun schon viele Jahre hier in Indien tätig war. Seine Nackenmuskeln zuckten so heftig, daß sein Kinn alle paar Sekunden gegen seine rechte Schulter schlug. Er hatte Torticollis spasmodica – das Drehnackensyndrom. Das ist eine ausgefallene Krankheit, die stark auf die Nerven geht und meist auf tiefwurzelnde psychologische Ursachen zurückgeführt werden kann.

Ständig von den krampfhaften Zuckungen seines Kinns unterbrochen, erzählte mir der Patient, wie verzweifelt er war. Von Selbstmitleid übermannt, hatte er sich den Kummerspeck angefuttert und im Alkohol Trost gesucht. Die Krankheit hatte sich, wie er berichtete, bald nach seiner Rückkehr von

Das Wesen aller Dinge geht nur durch ihre wechselseitige Beleuchtung immer klarer hervor.

Adalbert Stifter

einer Australienreise eingestellt. Bis dahin war er all die Jahre in Indien ein eingefleischter Junggeselle gewesen. Doch von Australien war er mit einer attraktiven Frau nach Indien zurückgekommen. Sie war viel ansehnlicher und auch bedeutend jünger als er. Kein Wunder, daß sie sogleich von allen Klatschmäulern der Stadt durchgehechelt wurde. Was hatte diese Frau nur an dem Dicken gefunden? Was mochte wohl die Ursache für diese so ungleiche Paarung sein?

Ich überwies den Patienten, da ich ihm nur vorübergehend mit einem Sedativ helfen konnte, an einen Psychiater. Der bestätigte alsbald meinen Verdacht, daß der Grund der Erkrankung im Seelischen lag. Der Patient litt unter der Angst, seiner ihm in jeder Hinsicht überlegenen Frau nicht gewachsen zu sein. Schön, das war also die Diagnose. Doch die geeignete Therapie wußte auch der Psychiater nicht aufzuzeigen. Ein paar Wochen darauf stellte sich der Patient wieder bei mir ein, diesmal noch verzweifelter als zuvor. Er sah schmuddelig und verwahrlost aus. Mit seinem ständigen Zucken konnte er einem wirklich leid tun.

Seltsam, sobald er allein gelassen wurde und niemand ihn beachtete, ließ das Zucken deutlich nach. Doch sobald man ihn ansprach, schleuderten krampfhafte Zuckungen sein Kinn gegen die Schulter, wo sich schon eine blutunterlaufene Schwellung gebildet hatte. Ich untersuchte ihn nochmals und gab mir mit ihm alle Mühe, doch nichts half. Nur Sedativa schufen eine vorübergehende Erleichterung. Ruhe fand er nur, wenn ich Novocain in die Nervenwurzeln gespritzt hatte. Schließlich war er so verzweifelt, daß er einen Selbstmordversuch unternahm. Danach versicherte er mit aller Entschlossenheit, er werde es wieder und wieder versuchen, bis es ihm endlich gelinge. Nein, er wolle nicht länger mit diesem revoltierenden Nacken leben.

Weil wir dort in Indien keinen Neurochirurgen hatten, versuchte ich den Patienten in seine Heimat zu schicken. Doch er lehnte das ab.

Widerwillig stimmte ich endlich zu, eine gefährliche und komplizierte Operation vorzunehmen, bei der das Rückenmark und die Hirnbasis freigelegt werden mußten. Ich hatte noch nie dergleichen versucht, doch der Patient beharrte stur darauf. Andernfalls, versicherte er, würde er sich das Leben nehmen.

Ich kann mich an keine andere Operation erinnern, bei der so viele Zwischenfälle eintraten. Wir hatten einen simplen Ausziehtisch provisorisch zu einem Operationstisch hergerichtet, auf dem der Patient mit dem Gesicht nach unten liegen konnte, genau wie auf einem richtigen Op-Tisch für Neurologie. Unglücklicherweise geriet der Anästhesist in Schwierigkeiten, als der Sauerstoffschlauch aus der Luftröhre des Patienten herausrutschte. In der Bauchlage ließ sich der Schlauch kaum wieder einführen. Die Folge war natürlich eine zu geringe Sauerstoffzufuhr. Diese wieder verursachte stärkere Blutung. Ausgerechnet in diesem Augenblick, wo ich ihn zum Blutstillen am nötigsten brauchte, hatte der elektrische Thermokauter einen Kurzschluß. Prompt gingen alle Lichter aus, und ich stand da, nur beim Schein einer Taschenlampe, und ohne Thermokauter. Natürlich ausgerechnet in dem Augenblick, als ich das Rückenmark freigelegt hatte. Um das Malheur vollzumachen: Ich hatte vergessen, vor der Operation meine Blase zu leeren. Jetzt stand ich da und fühlte mich – bedrängt.

Mitten in all diesem Wirrwarr versuchte ich mich auf den so heiklen Schnitt zu konzentrieren. Rückenmark und Hirnbasis lagen frei. Ich mußte jetzt die haarfeinen Nerven aufspüren, die zu den verkrampften Nackenmuskeln führten. Ein winziger Ausrutscher mit dem Skalpell – und ein Nervenstrang konnte durchtrennt werden. Ein Kunstfehler, der völlige Lähmung und Gefühllosigkeit zur Folge hätte.

Trotz all dieser Schwierigkeiten ging die Operation gut aus. Als der Ingenieur mit dickverbundenem Genick erwachte, entdeckte er, daß das gefürchtete Nervenzucken ihn nicht mehr plagte. Natürlich nicht, ich hatte ja die motorischen Nerven, die vom Rückenmark zu dem Nackenmuskel liefen, durchgetrennt. Er konnte jetzt – auch wenn er es gewollt hätte – dies Zucken, das ihn bisher beherrscht hatte, nicht zustande bringen. Diese Muskelgruppe war, weil sie gegen das Gehirn gemeutert hatte, total lahmgelegt worden. Schritt um Schritt wurden diese Muskeln, weil sie nicht mehr benutzt wurden, in der Folgezeit abgebaut.

Wer einen Patienten sieht, der an spastischer Muskelverkrampfung leidet, der denkt oft, der Muskel selbst sei krank. In Wahrheit aber ist der Muskel völlig gesund. Er ist sogar – wegen des häufigen Gebrauchs – gut entwickelt. Sein Fehlverhalten rührt daher, daß er vom übrigen Körper unabhängig sein will. Er zeigt seine Kraft zur falschen Zeit, gerade dann, wenn der Körper sein Wirken weder braucht noch wünscht. Ein solcher spastischer Muskel verschafft dem Betroffenen – wie der Fall jenes australischen Ingenieurs zeigt – Ärger, Schmerz, am Ende gar Verzweiflung.

Wir hatten ja schon gesehen, daß Fettzellen, die ihrer eigentlichen Aufgabe untreu werden, zu einem Tumor entarten können, der alle Vorräte des Körpers eigennützig an sich reißt. Genau so können Muskelzellen mit der normalen Körperbewegung in Widerstreit geraten. Ganz schlicht gesagt: Ein spastischer Muskel schert sich nicht um das, was der übrige Körper braucht. Sein Fehlverhalten ist keine Krankheit, es ist eine Revolte.

Die „Bewegungen“, die der geistliche Leib Christi auf Erden in Gang setzt, heißen tätige Barmherzigkeit: heilen, Arme speisen, erziehen, die Frohe Botschaft verkünden. Alle diese Tätigkeiten sind wahrhaftig gut. Und doch können auch sie gefährlich entarten. Ganz wie ein spastischer Muskel können auch wir an sich gute Handlungen für unseren eigenen Nutzen einsetzen, um uns selbst interessant zu machen und in den Vordergrund zu schieben. Gerade wenn wir leibliche und seelische Nöte lindern wollen, sind wir der Versuchung ausgesetzt, uns als der liebe Gott aufzuspielen, und platzen vor stolzer Selbstzufriedenheit. Es ist das alte Teufelsspiel aus dem Paradies: Der Mensch, der wie Gott sein will, wird zum Spielzeug des Teufels.

Ich habe entdeckt, daß gerade die von uns, die im Dienst Christi stehen und sich mühen, gegen die Versuchung anzukämpfen, leicht dem Stolz erliegen. Da kommt jemand zu mir und sucht meinen geistlichen Rat. Er bekommt ihn, bedankt sich und geht. Doch er hat mein Beratungszimmer noch nicht verlassen, da schlage ich mir schon selbst auf die Schulter: Was bist du doch für ein ausgezeichneter Ratgeber!

Jesu Jünger, als erste dazu berufen, ihm nachzufolgen, sind immer wieder genau an dieser Stelle gestolpert. Sie stritten sich um eine so banale Sache, wer wohl unter ihnen der größte wäre und im Himmel zur Rechten Jesu sitzen dürfe (Matthäus 20,20–23). Jesus zeigte ihnen, daß man sich selbst opfern muß. Ein Kind stellte er vor sie hin: „Es sei denn, daß ihr umkehrt und werdet wie die Kinder . . .!" (Matthäus 18,1–5) Die Füße wusch er seinen Jüngern (Johannes 13,1–15): „. . . auf daß ihr tut, wie ich euch getan habe." Sie begriffen es nicht. Erst nach dem dunklen Tag von Golgatha.

Ich will nicht richten, auch nicht Christen bei Namen nennen, bei denen ich den Eindruck habe, sie verwendeten ihre Muskeln mehr zum eigenen Nutzen als zum Vorteil des ganzen Leibes. Doch ich wundere mich manchmal, wie rasch das Geschäft der elektronischen Kirche aufgeblüht ist. Dieser kraftvolle neue Muskel erreicht Millionen Menschen und bringt kehrweise auch Millionen Dollar ein. Doch geben nicht die Medien einigen wenigen Kirchenführern zu hohes Ansehen und zu große Macht? Gerade weil ich selbst früher in der Mission dienen durfte, kenne ich die menschliche Schwäche, dem geistlichen Hochmut zu verfallen, nur allzu gut. Evangelisten, Kommentatoren und Künstler, die in den Medien auftreten, haben mir geschildert, welchen Anfechtungen sie ausgesetzt sind. Nur zu leicht erliegen sie der Versuchung, sich zu sonnen im Wohlgefühl, gut angekommen zu sein, und den stürmischen Beifall begeisterter Fans, der dem lieben Ich so gut eingeht, genüßlich auszukosten. Denn im Grunde sind führende Kirchenmänner wie schlichte Pastoren in gleicher Weise den Versuchungen des Hochmuts und dem Bewußtsein, etwas Besonderes zu sein, ausgesetzt.

Keiner von uns ist davon frei. Christliche Radikale, die in der Innenstadt demonstrieren, Konservative, die ein gut Teil Ihres Einkommens für die Mission geben, Theologiestudenten, die sich ihrer frisch erworbenen Kenntnisse rühmen, aktive Gemeindeglieder, die sich in Ausschüssen betätigen, – wir alle müssen zu dem Vorbild zurück, das Christus uns gegeben hat, als er auf hartem Boden niederkniet und seinen Jüngern die staubigen Sandalen aufbindet (Johannes 13). Als Glieder und Muskeln am Leibe Christi können wir den Sinn unseres Lebens nicht darin finden, daß wir die eigene Kraft beweisen. Was immer wir tun, es muß dem Leibe Christi dienen. Wenn wir treu unserem Herrn dienen und in diesem Dienst Zustimmung oder gar besonderen Ruhm ernten, dann haben wir Gnade besonders nötig, um damit fertig zu werden. Suchen wir aber bewußt Zustimmung, Ruhm oder Gewinn, dann kommt am Ende – ganz gleich, welchen äußeren Erfolg wir haben mögen – nichts anderes heraus als das krampfhafte Zucken eines entarteten Muskels. Dann verkehren wir ein an sich gutes Tun in Böses, weil böse Absicht uns trieb. Die Geschichte von Ananias und Saphira (Apostelg. 5,1–11) ist ein treffendes Beispiel dafür.

Zweckmäßige Bewegung setzt voraus, daß viele Teile des Körpers gern und glatt miteinander zusammenarbeiten. Sie müssen die eigene Kraft dem Kopf unterordnen. Tun sie das nicht, sondern folgen sie ihrem eigenen Willen, dann nützen sie dem Körper selbst dann nicht, wenn sie sich mit aller Kraft einsetzen.

Doch noch ein anderes Problem kann dem Körper zu schaffen machen. Wenn Teile sehr eng zusammenarbeiten, kann es zu Reibungen kommen. Ich wurde daran erinnert, als mich eine bekannte Pianistin in England aufsuchte. Wie sie berichtete, zwang ein ganz genau umgrenzter Schmerz sie, Pausen einzulegen. Der Schmerz war so heftig, daß sie sich nicht mehr auf Melodie und Rhythmus konzentrieren konnte. Dieser Schmerz, der ihr durch die Hand schoß, sobald der Daumen eine ganz bestimmte Stellung zum Handgelenk einnahm, lenkte sie völlig vom Spiel ab. Gerade in den letzten Tagen hatte sie eine Konzerttournee wegen dieser scheußlichen Schmerzen absagen müssen, obwohl all ihre anderen Fertigkeiten – Interpretation, Fingerfertigkeit, Gefühl für Anschlag und Takt – völlig in Ordnung waren.

Ich erklärte ihr, daß dieser Ärger von einer kleinen arthritischen Zone zwischen zwei Handgelenkknochen herrühre. Ich redete ihr gut zu, auch weiterhin Konzerte zu geben, aber jene bestimmte Daumenhaltung nach Möglichkeit zu vermeiden. Sie protestierte: „Wenn ich dauernd an den richtigen Daumenwinkel denken soll, wie soll ich dann noch an Chopin denken?“ Immer, wenn sie zu spielen begann, wurde ihre Aufmerksamkeit durch den Reibungsschmerz abgelenkt, der von dieser winzigen aufgerauhten Stelle in ihrem Handgelenk ausstrahlte.

Die Behandlung solcher Patienten wie dieser Pianistin veranlaßte mich, der Sache auf den Grund zu gehen: Wie funktioniert eigentlich die Schmierung in unseren Gelenken? Und dabei stellte ich fest, daß das glatte und schmerzfreie Arbeiten unserer Gelenke eine der erstaunlichsten Leistungen unseres Körpers ist. Im Cavendish Laboratorium zu Cambridge vergleicht ein Team von Chemikern und Ingenieuren die Gleitfähigkeit jener Knorpel, die unsere Gelenkköpfe bilden, mit der jener Materialien, die unsere Ingenieure in der Technik benutzen. Vor allem sind sie dabei auf der Suche nach einem Material, das für Hüftprothesen geeignet wäre. Zunächst berechneten sie, daß die Reibung im Kniegelenk eines Rindes nur ein Fünftel so groß war wie die von auf Hochglanz poliertem Metall, also etwa genau so groß wie die von Eis auf Eis. Es schien kaum glaublich, daß die Natur in der Lage ist, ein Gelenk anzubieten, das fünfmal reibungsgünstiger arbeitet als jedes Material, das die technische Wissenschaft zuwege gebracht hat.

Man forschte weiter und entdeckte, daß der Gelenkknorpel gespickt ist mit feinen Kanälchen voller Gelenkschmiere. Der Knorpel ist komprimierbar, und wenn das Gelenk bewegt wird, dann wird an den Partien, die dem Druck ausgesetzt sind, aus diesen Kanälchen Gelenkschmiere herausgepreßt. Diese dünnflüssige Schmiere bildet einen Film, der sich zwischen die Oberflächen der beiden Gelenkteile legt. Geht die Bewegung des Gelenks weiter, so wird natürlich ein anderer Teil des Gelenkknorpels belastet. Sofort preßt dieser Schmiere heraus, jene Partie dagegen, die vorher belastet war, kann sich jetzt wieder ausdehnen und dabei mit Schmiere vollsaugen. So kommt es, daß die beiden Gelenkflächen sich niemals unmittelbar berühren, sondern auf Gelenkschmiere gleiten, die zwischen sie gepreßt wird. Die Ingenieure waren, als sie das feststellten, sprachlos. Denn Grenzflächenschmierung und Druckschmierung, das waren Erfindungen, die sie selber erst vor ganz kurzer Zeit ausgeklügelt hatten. Als erste – wie sie dachten.

Auch am Leibe Christi sind die Gelenke ganz besonders der Gefahr von Reibungen ausgesetzt, eben weil da Menschen eng nebeneinander tätig werden.

Ein Körper in Ruhe braucht sich nicht zu sorgen, wie er mit Reibungen fertig wird. Doch sobald Muskeln und

Knochen in Bewegung geraten, werden die Gelenke zu neuralgischen Punkten. Wieviel Aufmerksamkeit und Pflege erfordern Gelenke und Lager in einer neuen Maschine. Die Gelenke meines Körpers dagegen versprechen mir eine Haltbarkeit über Jahrzehnte hinweg, ohne je zu knirschen oder zu quietschen. Und doch, auch ihre beachtliche Fähigkeit, sich selbst zu schmieren, versagt, falls sie beschädigt werden oder sich abnutzen.

Ganz allgemein kann man sagen, daß Gelenke im höheren Lebensalter Gleitfähigkeit einbüßen und uns darum Schmerzen bereiten. Das ist ein ganz natürlicher Alterungsprozeß. Am Leibe Christi gibt es etwas Ähnliches: Da kommt es vor, daß alte, weise und erfahrene Christen unduldsam über die zu Gericht sitzen, die sich frisch und begeistert für den Glauben einsetzen, aber eben noch Anfänger sind im christlichen Lebenswandel und in der Glaubenslehre. In den letzten Jahren haben die Kirchen einen Zustrom von jungen Leuten aufgenommen: die „Jesus People“ der sechziger und die charismatischen Gruppen der siebziger Jahre. Nicht wenige ältere Christen fühlten sich durch diese Bewegungen verunsichert und lehnten sie ab. Doch manchmal muß es so sein, daß Gottes Gnade in solchen Gruppen uns sichtbar wird: Gelenköl in angemessener Dosis. Es nimmt die Reibung zwischen Alt und Jung weg, hilft den Alten, die Jungen zu verstehen und bei der Hand zu nehmen; und es hilft den Jungen, den Wert einer zarten Gelenkhaut zu begreifen.

Weit ernster als die altersbedingte Erkrankung der Gelenke ist die Rheumatische Arthritis. Sie kann auch junge Leute befallen und zu Krüppeln machen. Wir kennen noch immer nicht die Ursachen dieser Krankheit, die auf unbekannte Weise eine Überempfindlichkeit in den Gelenkzellen hervorruft. Oft wird ein Gelenk von Enzymen überschwemmt, die sonst nur dann erscheinen, wenn Bakterien oder Fremdprotein das Tätigwerden des Abwehrmechanismus erforderlich machen. Eine an sich normale Reaktion wird plötzlich selbstmörderisch: Die Zellen in der Gleitschicht des Gelenks benehmen sich, als seien sie von einer Infektion befallen. Legen wir dieses Gelenk frei, dann finden wir keine feindlichen Eindringlinge, sondern nur die in diesem Fall überflüssige und darum ärgerliche Ansammlung von Abwehrzellen, die – in Ermangelung eines wirklichen Feindes – die körpereigenen Knorpel und Bänder attackieren. Ein furchtbarer Bürgerkrieg ist ausgebrochen: Die Verteidigungskräfte des Körpers sind selbst an der Krankheit schuld.

Es gibt verschiedene Theorien, mit denen man die Rheumatische Arthritis zu erklären versucht. Die eine besagt, da gibt es eben doch einen Feind, nur wir haben ihn noch nicht isolieren und stellen können. Theorie hin, Theorie her – die Überreaktion des Körpers verursacht schmerzhaften und nicht mehr zu beseitigenden Schaden. Falls da wirklich ein Feind vorhanden sein sollte, dann richtet er jedenfalls geringeren Schaden an als die körpereigenen Zellen, die gegen ihn angetreten sind.

Auch in der Kirche gibt es hin und wieder so etwas wie eine Rheumatische Arthritis. Christen werden überempfindlich und stürzen sich in übersteigerte Kritiksucht. Ihre eigene Würde und Stellung wird für sie wichtiger als das gute Zusammenspiel in der Gemeinde. Manchmal jubeln sie auch irgend einen ganz nebensächlichen Glaubenssatz hoch und machen die Gemeinschaft im Glauben davon abhängig, ob man ihnen gerade in dieser Sache zustimmt.

Worum es geht, ist so klar, daß eine Erklärung sich eigentlich erübrigt. Doch die Einsicht genügt nicht, sie muß auch angewendet werden. Tauchen irgendwo in meiner Umgebung Reibungen oder Spannungen auf? Könnten sie vielleicht von meiner eigenen, selbstgerechten Empörung herrühren, die über etwas laut wird, was mir in meiner Familie, bei meinen Kollegen oder in meiner Gemeinde nicht paßt? Könnte meine verärgerte Kritik vielleicht mehr Schaden anrichten als jener Übelstand, über den ich mich aufrege?

Arthritis trifft die Gelenke, weil gerade dort die von Bewegungen verursachte Reibung ihren Zoll fordert. Mancher mag denken, Christen seien weniger anfällig für Reibungen, weil ja hohe Ideale und hehre Ziele sie zusammenhalten. Doch die Wirklichkeit sieht anders aus: Christliche Betätigung kann nämlich gerade dadurch Reibungen erzeugen, daß man auch ganz gewöhnliche Tätigkeiten als „geistliche" herausputzen möchte. An unserem Christian Medical College in Indien hatten wir einen Psychiater, dessen Patienten oft Missionare waren. Missionare sind stets mit ganzem Herzen bei ihrer Sache, arbeiten auf einsamen Posten, oft nur mit einem einzigen Partner – und gerade darum scheinen sie besonders leicht persönlichen Spannungen zum Opfer zu fallen. Oft weigern sie sich, überhaupt zuzugeben, daß sie Probleme haben, bis es dann zu spät ist und die nun offen zutage tretenden Reibungen alle bisherigen Erfolge zunichte machen.

Da arbeiteten zwei Frauen auf einer Station. Sie hatten mit niemand sonst Umgang, waren ganz auf einander angewiesen. Sie hatten einen äußerst schweren Dienst zu leisten. Doch was ihnen zu schaffen machte, war nicht die Schwere ihrer Arbeit, sondern der aufreibende, tägliche Zwang des Aufeinanderangewiesenseins. Doch sie gaben diese Spannung nicht zu, weil sie meinten, daß solche Spannung unchristlich sei. Sie wollten die Schwierigkeiten, die zwischen ihnen bestanden, einfach nicht wahrhaben. Also fraßen sie es in sich hinein, zum Schaden für Leib und Seele. Und wenn es dann einmal zum Ausbruch kam, dann über so banale Dinge wie einen unpassenden Scherz, die Neigung zum Schnarchen oder auch über die Art und Weise, wie die Stubengenossin in den Zähnen stocherte.

Außenstehende meinen oft, Christen seien in ihrem Dasein gegen Reibungen gefeit. Doch dem ist nicht so. Der menschliche Körper muß sich unglaubliche Mühe geben, um schmerzhafte Reibungen zu vermeiden. Genau so ist es auch nötig, daß im Leibe Christi die Gelenke gut geschmiert werden, damit wir alle zum gemeinsamen Nutzen tätig sind.

23 Wer hier das Sagen hat

Ich habe schon hier und da auf jene Kraft hingewiesen, die mit Lichtgeschwindigkeit alle Teile des Körpers verbindet: die Elektrizität. Elektrizität bedeutete vor hundert Jahren noch ein gewagtes Abenteuer. Heute ist sie etwas ganz Alltägliches. Bei dem bloßen Wort – mit dem sich die Vorstellung von zuckenden Blitzen und zerschmetterten Körpern verband – lief früheren Generationen ein Schauer des Entsetzens über den Rücken. Sie wehrten ab „Nein, danke!“, genau wie heute die Gegner der Atomkraftnutzung.

Das hat sich gewandelt. Heutzutage produzieren wir Elektrizität in regionalen E-Werken, die auch festsetzen, zu welchem Preis wir die Energie für die Versorgung unseres Haushalts beziehen können. Doch zugleich treffen in jeder Minute rund tausend Blitze als wild niederzukkende Feuerschläge unsere Er-

Auch die verwickeltste Anschauung besteht aus einfachen Grundteilen; wenn du diese in der Hand hast, so wird dir das Verwickeltste einfach.
Johann Heinrich Pestalozzi

de. Der alte Zeus stellt sein Licht auch heute nicht unter den Scheffel.

Und dieser aus den Wolken niederzuckende „Saft“ sollte auch für die Milliarden winziger Nervenzellen, die alle Teile meines Körpers verbinden, etwas bedeuten? Der Italiener Luigi Galvani, der dreißig Jahre nach dem wagemutigen Ben Franklin lebte, stellte im Labyrinth menschlicher Nerven erste Versuche an. Bis dahin waren alle Wissenschaftler und Ärzte der Lehre des griechischen Physikers Galen (um 130 n.Chr.) gefolgt. Galen hatte schwungvoll dargelegt, daß alle Kommunikation im Körper durch „ätherische Lebensgeister“ erfolge, die als ununterbrochener Strom durch ein Kanalsystem hohler Röhren flössen. Diese Lehre paßte gut in seine Zeit. Erst in unserer Ära verfiel man darauf, die zitternde Erwartung eines Liebenden, die Flut der Gefühle beim Hören der Musik eines Vivaldi oder den erhebenden Mystizismus eines Heiligen auf die mathematischen Formeln chemischer Vorgänge und elektrischer Impulse zurückzuführen.

Galvani konnte nicht ahnen, was er da mit seiner Entdekkung in Bewegung setzte. Es fing ja auch so unbedeutend an: An einem wolkenverhangenen Tage brachte er zum Essen Frösche heim und hängte sie auf der Veranda auf. Er schnitt ihnen die Köpfe ab und enthäutete sie. Und dann hatte er einen jener verrückten Einfälle, die immer wieder die Geschichte der wissenschaftlichen Entwicklung bestimmt haben: Er verband das freigelegte Rückenmark der Frösche durch einen Draht mit dem Blitzableiter. Gespannt beobachtete er, was wohl geschehen würde, während ein Sommergewitter sich über Bologna entlud. „Sobald ein Blitz niederzuckte, zuckten auch die Froschmuskeln heftig zusammen, und zwar noch bevor der Donner zu hören war. Es war, als warnten die zuckenden Froschbeine vor ihm.“

Galvani war Wissenschaftler. Wäre er Schriftsteller gewesen, dann hätte er wahrscheinlich das fast ängstliche Erstaunen seiner Gäste geschildert, die mit ihm zusahen, wie die

Froschbeine strampelten, als wollten sie über einen Teich schwimmen. Die atmosphärische Elektrizität hatte also die Nerven der Frösche durchströmt und das Zucken in den ansonsten toten Tieren hervorgerufen.

Galvani führte noch eine Reihe anderer Versuche an Fröschen durch. Über einige hat man im Laufe der Jahre so viel hinzuphantasiert, daß es schwer ist, heute noch festzustellen, was Dichtung und was Wahrheit ist. Er war ein scheuer Mensch und veröffentlichte seine Entdeckungen erst verhältnismäßig spät. Auch überließ er es meist seinem Neffen, seine Theorien in der Öffentlichkeit zu vertreten. Doch die folgenreichste Entdeckung gelang ihm an einem wolkenlosen Tage, als er ein paar enthauptete Frösche an Kupferhaken an das Eisengeländer seiner Veranda hängte. Sooft eins der Froschbeine gegen das Geländer stieß und Kontakt bekam, zuckte es heftig zusammen. Wenn tote Frösche während eines Gewitters zu springen anfangen, dann ist das schon eine tolle Sache. Doch wenn sie an einem sonnenhellen Tage zu strampeln anfangen, nur weil sie Kontakt mit dem Eisengeländer bekommen, dann ist das eine Entdeckung, bei der die gesamte Wissenschaft die Ohren spitzt.

Galvanis Kollege Alessandro Volta zog aus dieser Beobachtung den Schluß, daß der elektrische Strom nichts mit den Froschbeinen zu tun habe, wohl aber mit dem Vorhandensein zweier verschiedener Metalle und einem Conductor, der sie miteinander verbindet. Das brachte ihn darauf, die Batterie zu entwickeln. So kommt es, daß wir ihm zu danken haben für die Digitalrechner, die Nachrichten in laufender Lichtschrift, Flutlichtbeleuchtung und nicht zuletzt für einen Akku, der unseren Wagen auch bei Frosttemperaturen einwandfrei startet.

Galvani beharrte – im Gegensatz zu Volta – stur darauf, die Zuckungen rührten von einer „tierischen Elektrizität" her. Und darum können wir uns nun beim ihm bedanken, daß es EKG-Monitore gibt, biologische Meßgeräte und

Elektroschockbehandlung. Und als Demonstrationsobjekte hopsen ungezählte Millionen Froschbeine wie verrückt in medizinischen Hörsälen.

Erst anderthalb Jahrhunderte später fanden die Wissenschaftler eine überzeugende Erklärung dafür, auf welche Weise Elektrizität durch den Körper läuft. Es war klar: Sie konnte nicht so einfach dahinsprudeln wie in der Leitung hinter einer Steckdose. Dazu waren die Nerven viel zu fein: Ein Nervenbündel von der Stärke eines Haares enthält etwa 100 000 einzelne „Drähte". Nein, der elektrische Strom in unserem Körper wird durch chemisches Reagieren von Natrium- und Kaliumionen weitergeleitet. Medizinische Lehrbücher bieten heutzutage anschauliche farbige Zeichnungen, auf denen deutlich Nervenzellen mit positiver Ladung auf der Außen- und negativer Ladung auf der Innenseite abgebildet sind. Da wird dann deutlich, daß Moleküle die Botschaften in den Nerven wie Staffelläufer einander weitergeben.

Eine Zellenart, die wir Neuron nennen, spielt für die Nachrichtenübermittlung im Körper die Hauptrolle. Zwölf Milliarden Neuronen stehen, wenn wir geboren werden, zu unserem Dienst bereit. Alle anderen Zellen in unserem Körper sterben weg und müssen nach wenigen Jahren ersetzt werden. Doch nicht das Neuron! Wie könnten wir bestehen, wenn alles, was in unserem Gedächtnis gespeichert ist und was wir über die Welt erkundet haben, in schöner Regelmäßigkeit ausgelöscht würde? Ein Neuron, das stirbt, kann nicht ersetzt werden. Alle Fachleute sind sich einig: Das Neuron ist die hervorragendste und interessanteste unter allen Zellen unseres Körpers.

Biologiebücher bringen Zeichnungen von Neuronen, dem Körper entnommen und in idealisierter Form dargestellt, wie sie in der Natur so nicht vorkommt. Doch selbst an so einer Karikatur kann man den besonderen Adel eines

Neurons erkennen. Das fängt bei unglaublich feinen Fädchen an, die wie zarte Wurzeln eines Baumes vom Hauptstamm ausfasern. Man nennt sie – eben wegen dieser Ähnlichkeit mit dem Wurzelgeflecht eines Baumes – Dendriten. Da gibt es Neuronen, die liefern Informationen an das Gehirn. Ihre Dendriten erstrecken sich bis in jeden einzelnen Teil des Körpers und melden alles, was dort geschieht. Andere Neuronen bedienen den Gegenverkehr. Ihre Dendriten umschließen die Enden der Muskelfibern, laufen in deren Endflächen aus und regulieren so ganz unmittelbar die Tätigkeit der Muskeln.

Ein Medizinstudent, der bisher Organe nur sauber präpariert und etikettiert im Schauglas kennengelernt hat, ist recht erschrocken, wenn er zum ersten Mal einen Leichnam öffnet und sieht, wie sich da eine Unmenge von blutigen Organen, die sich äußerlich sehr ähneln, auf engstem Raume drängen. Nicht anders ergeht es dem Forscher: Nirgendwo bekommt er ein Neuron in den Blick, das sich deutlich vom Körper abhebt. Er sieht vielmehr Hunderte, vielleicht sogar Tausende von Neuronen, die – zusammengedreht wie die Fasern eines Taus – sich zu stärkeren Strängen vereinen und schließlich zum Rückenmark laufen. Die Dendriten sind so innig miteinander verflochten, daß man selbst unter dem Mikroskop nicht feststellen kann, wo der eine endet und der nächste beginnt.

Ich stelle mir vor, ich stünde an einem Wintertag am Rande eines Waldes. Vor mir ragt eine Front von vielen hundert Bäumen auf, die ihre schwarzen, mit Schnee bedeckten Äste nach allen Richtungen durcheinanderweben. Wenn man alle diese Bäume auf ein paar Kubikmeter zusammenpressen könnte, doch so, daß ihre Zweige unbeschädigt blieben und nur den freien Zwischenraum ausfüllten, ohne sich direkt zu berühren, dann hätte man ein Bild vor sich, das dem eines Nervenstranges im Körper entspricht.

Seit Jahrzehnten tobt unter den Neurophysiologen eine

heiße Debatte: Berühren sich die Äste – die Dendriten – oder tun sie es nicht? In der elektrischen Anlage unseres Hauses sind die stromführenden Drähte über die Aggregate mit den Massedrähten verbunden, so daß – ganz wie in einem Röhrensystem – ein Kreislauf, ein Stromkreis, zustande kommt. Im Körper ist das anders. Da hört jedes Neuron dicht vor dem nächsten auf. Zwischen all den zwölf Milliarden Neuronen liegen also winzige Trennfugen, die man Synapsen nennt.

Die Synapsen ermöglichen eine Funktionsfülle, die einfach phantastisch ist. Nehmen wir einmal als Beispiel eine motorische Neuronzelle, die eine Muskelfiber in meiner Hand unter Kontrolle hält. Entlang dieser einzigen Zelle gibt es an die tausend gesonderte Punkte, an denen sie über Synapsen Kontakt mit anderen Zellen hat. An besonders großen Nervenzellen finden sich gar bis zu zehntausend gesonderte Kontaktpunkte, und bei Gehirnzellen können es bis zu achtzigtausend sein. Sobald eine solche motorische Nervenzelle zur Tätigkeit angeregt wird, werden unmittelbar auch Tausende benachbarter Zellen in Alarmbereitschaft versetzt. Die vielen Einzelzellen, die da in den Biologiebüchern abgebildet sind und sich auf jedem Quadratmillimeter Haut, Muskel oder Blutgefäß finden, stellen auf diese Weise ein perfekt integriertes Schaltsystem dar.

Ich will meine Hand bewegen. Reicht der Impuls, der von meinem Hirn ausgeht, aus, den entsprechenden Muskel zu kontrahieren? Wieviele Muskelfibern müssen gespannt werden, um die angemessene Kraft zu entfalten? Sind auch die Kontramuskeln entspannt? Ein einzelner Nerv überträgt all diese elektrischen Meldungen, und zwar bis zu tausend pro Sekunde. Und zwischen diese vielen Einzelmeldungen schaltet er angemessene Zwischenpausen, damit es zu keinem Tohuwabohu kommt.

Dabei wird jeder einzelne Impuls über die rund zehntausend Synapsen vermittelt, die sich entlang dieser Nervenbahn befinden. Daraus ergibt sich, daß jenes Klick-klick-

klick, das wir mit dem elektrischen Meßgerät hörten, ein Kinderspiel ist gegen das wilde und aufregende Elektronenkonzert, das da in jedem Augenblick in unserem Körper abläuft.

Sollten wir da nicht etwas unternehmen, um dieses geradezu hysterische Kommunikationsgezeter abklingen zu lassen? Sollte ich jetzt vielleicht hier mit dem Schreibmaschinengetippe aufhören, damit sich die Neuronen in meinen Fingern ausruhen können? Genau das wäre falsch! Es ist, als verlange unser Körper geradezu danach, möglichst viele anregende Impulse aufzunehmen. Man hat durch entsprechende Versuchsanordnung den Körper von Freiwilligen, die sich dafür zur Verfügung stellten, von allen Außeneinwirkungen freigehalten. Das Ergebnis war verheerend. Einige hatten sich in dunkle, schallsicher abgedichtete Kisten einschließen lassen; andere hatten sich mit verbundenen Augen bewegungslos in körperwarmes Wasser gelegt. Das Ergebnis: So wie es in der Natur einen „Horror vacui" gibt, eine Angst vor der Leere, so herrscht im Gehirn ein „Horror silentii", eine Angst vor der Stille. Es käme zum völligen Zusammenbruch, füllte nicht das Gehirn die Leere alsbald mit Halluzinationen aus. Schon nach wenigen Stunden verlangten die Versuchspersonen den Abbruch des Experiments. Sie konnten es ohne die Eindrücke, die von außen kamen, nicht aushalten.

Das Gehirn kann nicht in jedem Fall Anordnungen an den nachgeordneten Körperbereich erteilen. Das widerspräche dem Managementgrundsatz des Delegierens, des Abtretens ganz bestimmter Aufgaben an untergeordnete Instanzen. So werden viele Aufgaben von einem ausgeklügelten Reflexsystem bewältigt.

Wenn ich einem Patienten auf die Sehne unterhalb seines Knies tippe, dann schnellt sein Bein aufwärts, bis Muskelanspannung diese Bewegung stoppt. Ich fordere den Patienten auf, jetzt den Reflex zu unterdrücken, und tippe nun abermals. Versager! Das Bein schnellt trotzdem hoch. Welche finstere Kraft ist da in seiner Sehne am Werk und zwingt das Bein, dem Gehirn zu widerstehen? Es ist ganz einfach ein eingebautes Selbstschutzsystem. Kleine, spindelförmige Strukturen, die unmittelbar neben der Sehne eingebettet sind, spannen sich mit den Muskeln und alarmieren die Nervenfibern, die Meldung an das Rückenmark zu funken. Der Reflextest, den der Arzt vornahm, stellt einen Ausnahmefall dar. Normalerweise bedeutet ein solcher Tipp auf das Knie, daß das Bein an dieser Stelle einem heftigen Druck oder Schlag ausgesetzt ist. Das tritt gewöhnlich dann ein, wenn man zu fallen droht. Das bloße Stolpern löst dann schon diesen automatischen Reflex aus, der das Bein streckt. Das Gehirn delegiert solchen Selbstschutz an den Reflexbereich. Der Reflex ist eingebaut, er funktioniert prompt und absolut zuverlässig.

Es ist eine ausgezeichnete Form von Management, das Niesen, Husten, Schlucken, Speichelabsondern und Augenblinzeln an Reflexe zu delegieren. Apropos Augenblinzeln: Ich habe bereits erwähnt, daß der Verlust der Augenlidreflexe bei Leprakranken auf tragische Weise zur Erblindung führt. Da erfolgt keine Reaktion mehr, wenn die Hornhaut trocken wird und durch ein Augenblinzeln befeuchtet werden müßte. Manchmal gelingt es, den Aussätzigen vor der Erblindung zu bewahren; dann nämlich, wenn er es lernt, ganz bewußt mit den Lidern zu blinzeln. Man sollte meinen, Patienten, bei denen das Augenlicht auf dem Spiel steht, müßten so etwas schnell lernen. Doch bewußte Reflexe prägen sich schwer ein. Die Patienten müssen mit allen Mitteln trainiert werden: mit Plakaten und Stoppuhren, mit Kommandos und mit Schimpfen, mit Betteln und mit Schmeicheln. Es ist eben widersinnig, ein hochentwickeltes Gehirn mit etwas so Simplem wie Reflexen ständig zu belästigen. Das ist, als wolle man einen hochgezüchteten IBM-Computer damit beauftragen, alle dreißig Sekunden einmal bis zehn zu zählen.

Einige Patienten lernen es nie, und ihre Augen trocknen aus.

Doch es gibt auch Funktionen, die nicht durch das starre, roboterhafte System der Reflexe gesteuert werden. Im Hirnstamm befindet sich die nächsthöhere Kommandostelle. Von hier aus werden Atmung, Verdauung und Herztätigkeit geregelt. Diese Funktionen erfordern nämlich höhere Aufmerksamkeit als bloße Reflexe. Bei jedem Atemzug müssen neunzig verschiedene Brustmuskeln sinnvoll zusammenarbeiten. Und die Bedingungen, unter denen der Körper zu bestehen hat, wechseln jeden Augenblick. Wenn ich etwa die Treppe hinaufstürme, müssen Herzschlag und Atmung sofort beschleunigt werden.

Die oberste Instanz im hierarchischen System der Nerven ist das Großhirn. Es ist das Allerheiligste des Körpers. Bestens durch die Schädelknochen geschützt, ist es höchst verletzlich, falls es zu einem Schädelbruch kommt. Da gibt es zehn Milliarden Nervenzellen und hundert Milliarden Gliazellen, die das Gehirn mit elektrischer Energie versorgen. Das alles ist eingebettet in eine geleeartige Masse und ständig bemüht, einlaufende Informationen zu sichten, Erinnerungen zu speichern und dem Ich zur Bewußtheit zu verhelfen. Im Gehirn liegt unsere Neigung zur Wut und zum Bösen, aber auch unsere Sehnsucht nach Reinheit und Liebe. Daher sind Forscher bereits in der Lage, Wutausbrüche unter Kontrolle zu bekommen. Vermittels eines im Gehirn implantierten Unterbrecherkontaktes können sie einen wütenden Stier in ein harmloses Kuscheltier verwandeln. Manche greifen bestimmte Begriffe wic Liebesgefühl, Altruismus oder auch die Gottesvorstellung heraus und lösen sie auf in Kaliumionen, chemische Vorgänge in Gedächtnis- und Assoziationszellen im Gehirn. Doch damit landen sie bei mir nicht. Wie kann ich sicher sein, daß meine Vorstellung von Gott mehr ist als ein Ablauf von elektrischen Impulsen in meinem Gehirn? Als Antwort stelle ich die Gegenfrage: Woher will ich wissen, daß diese elektrischen Impulse nicht ein Kunstgriff Gottes ist, mit dem er mir eine geistliche Wirklichkeit nahebringt, von der ich sonst nie etwas erfahren hätte?

Die Rangordnung scheint völlig klar. Doch da taucht immer wieder ein mißliches Problem auf und streut Sand in das so gut geölte Getriebe. Die letzte Entscheidung, der lokal begrenzte „Wille", der Muskeln und Bewegungen im Griff hat, sitzt nicht in den Windungen der Hirnrinde, sondern in der auf viel tieferer Rangstufe stehenden Neuronzelle, die eine Muskelfiber betätigt. Sir Charles Sherrington entdeckte diesen unerwarteten Sachverhalt und bezeichnete ihn als den „zielgerichteten gemeinsamen Pfad".

Der Zellkörper eines Neurons empfängt eine Fülle von Impulsen von den umliegenden Nervenzentren. Er achtet auf Muskelspannung, Schmerz und die Aktion der Kontramuskeln. Er mißt den Kraftaufwand, der für eine bestimmte Arbeitsleistung erforderlich ist, die Häufigkeit der eingehenden Stimuli, den Sauerstoffspiegel, die Körpertemperatur und achtet auf den Ermüdungsgrad. Kommandos laufen vom Gehirn ein: Heb den Arm – die Kiste ist schwer, halt dich also bereit, eine Armee von Bewegungseinheiten einzusetzen. Alle diese Meldungen werden als Für-und-wider in einem Pool gespeichert. Dieser großartige Pool, der ja oder nein sagt, ist das Motorneuron selbst, das irgendwo da unten im Rückenmark steckt. Für solche Entscheidung, ob ein Muskel sich zusammenzieht oder nachgibt, ist es bestens ausgerüstet. Es steht ja ebenso wie das Gehirn mit Tausenden lokaler Synapsen in innigem Kontakt.

Professor Bullock von der University of California in San Diego faßt das in dem Satz zusammen: „Diese Entscheidungsfreiheit auf unterer Ebene erlaubt eine fast unbegrenzte Komplexität des Ganzen". Nachdem wir die Rangordnung, die im Körper herrscht, aufgezeigt haben, läßt sich mit einem kurzen Satz zusammenfassen: Das Neuron tut immer das, was es für das beste hält.

Da hat mal einer gesagt, die Natur sei keine Demokratie. Jahrzehnte lang haben uns Physiker das eingeredet. Jetzt zeigen uns das Gehirn und seine Agenten den wirklichen Sachverhalt. Nur der „zielgerichtete gemeinsame Pfad" kann entscheiden zwischen unzweckmäßigen Kommandos und Reflexen. Wir sollten dafür dankbar sein.

Ich stehe auf einer steilen Granitklippe in den Rocky Mountains. Vor mir, grade außerhalb meiner Reichweite, wächst in der Wand eine herrliche Wildpflanze, die ich noch nie zuvor gesehen habe. Vorsichtig setze ich meinen Fuß in die Wand, neige mich dann – immer unter voller Kontrolle meines wachen Gehirns – nach vorn und nehme die Blume durch meine Kamera ins Visier. Mein Objektiv ist schon dicht vor der Blume, als plötzlich eine Sehne zusammenzuckt und ich – wie eine Marionette an Fäden – zurückfahre. Mein Herz hämmert, und ich blicke mich um, um zu sehen, was mich da vom Fotografieren zurückgehalten hat. Aber da ist niemand, nur ein schimpfender Häher. Doch seit ich über die Klippenkante siebenhundert Meter tief in die Schlucht hinabgeblickt habe, wurden meine Zellen chemisch gewarnt und wegen der gefährlichen Situation auf höchste Alarmstufe gebracht. Mein bewußtes Gehirn wünschte ein Foto jener seltenen Blume. Doch meine unbewußten Reflexe nahmen eine leichte, aber in dieser Lage gefährlichen Störung des Gleichgewichts mit dem Innenohr wahr. Sie schlossen die Befehle, die das Bewußtsein gab, durch Kurzschluß aus, gaben Alarm direkt über die Zellen, die die Muskeln kontrollieren, und rissen mich so zurück.

Dieselbe hilfreiche Rebellion spielt sich ab, wenn ich barfuß über das Gelände des Carville-Hospitals gehe. Ich muß dazu bemerken: Ich bin ein Barfußfan, weil ich meine, es stärke die Gesundheit, festige die Füße und vermittle mir außerdem ein völlig neues Gefühlserlebnis des Bodens, der mich trägt. Trete ich da nun auf einen Dorn, dann verhält mein Fuß mitten in der Bewegung und zuckt zurück, lange bevor die Schmerzmeldung mein Gehirn erreicht. Ganz anders, wenn ich mich aus einem brennenden Flugzeug retten will. Meine Zellen würden begreifen, daß das Gehirn ihnen bestimmte Belastungen abverlangt, um Schlimmeres zu vermeiden. Ich könnte in einem solchen Fall eine schon glühende Tragfläche betreten. Denn die normalen Reflexe wären um des Überlebens willen abgeschaltet. Jim Corbet beschreibt in seinem Buch über Indien so einen bemerkenswerten Fall, der beispielhaft zeigt, wie die Willenskraft den Schmerz im Notfall überwinden kann. Eine Frau, die von einem Tiger angegriffen wurde, versuchte, sich auf den Ast eines Baumes zu retten. Als der Tiger sie von dort herabzog, hielt sie sich an dem Ast so fest, daß die Haut ihrer Hände an der Astrinde hängen blieb.

Wir sehen: Die Rangordnung innerhalb meines Nervensystems ist so konstruiert, daß sie dem Überleben in jedem Falle dient. Manchmal hat mein Gehirn das Kommando, ein andermal delegiert es die Befehlsgewalt an Außenposten. Doch allemal hängt das Ergebnis seiner Anweisung von der örtlich zuständigen Zelle ab. Das eben ist der „zielgerichtete gemeinsame Weg“!

24 An den Schalthebeln der Macht

Hierbei denk' ich an mich selbst, wie's in mir hin und her treibt und bald dies und bald das regiert, und daß das alles Herzquälen ist und ich dabei auf keinen grünen Zweig komme. Und dann denk' ich, wie gut es für mich wäre, wenn doch Gott all' Fehde ein Ende machen und mich selbst regieren wollte.

Matthias Claudius

Wir haben uns eben ein Bild der Rangordnung, die innerhalb des Körpers gilt, vor Augen geführt: von der Zelle zum Neuron, über den Reflex zum eingeschränkten Reflex, vom Hirnstamm weiter zum Großhirn; dann zurück auf dem „zielgerichteten gemeinsamen Pfad" zum Neuron und dessen letzter Entscheidung. Trotz des komplexen Ineinandergreifens Tausender Synapsen zeigt das System doch einen Gesamtentwurf von großartiger Einfachheit. Meisterhaft vereint es das Prinzip der Freiheit mit dem der Zusammenarbeit. Schon so einfache Handlungen wie etwa das Zerdrücken einer Mücke oder das Fotografieren einer Blume nehmen alle angebotenen Möglichkeiten dieses bewundernswerten Systems voll in Anspruch.

Das alles ist ein treffender Vergleich für das Kommunikationsgeflecht, das die Glieder des Leibes Christi verbindet. Jeder von uns hat zu verstehen gegeben, daß er dem Haupt Jesus Christus voll und ganz ergeben sein will. Doch Gott ist ein Freund der Freiheit. Er überläßt darum die letzte Entscheidungsfreiheit dem einzelnen Christen. Dieser einzelne wird so zur letzten Instanz auf dem „zielgerichteten gemeinsamen Pfad".

Der Körper erteilt uns eine überzeugende Lektion: Alle einzelnen Kommunikationsebenen sind gleich wichtig. Das Leben würde unzumutbar kompliziert, wenn mein Gehirn gezwungen wäre, jede einzelne Muskelkontraktion durch bewußt erteilte Befehle zu bewirken. Wenn ich morgens zur Arbeit gehe, dann ist mein Kopf frei, sich schon mit den Nöten meiner Patienten zu beschäftigen oder auch dem Vogelgezwitscher in den Bäumen zu lauschen. Denn meine Beine haben keine Lenkung durch mein Bewußtsein nötig, sie folgen vielmehr den sauber geordneten Reflexen, die mir einprogrammiert sind.

So können sich die für die Bewegungen zuständigen Muskeleinheiten abwechselnd ausruhen, und meine Bewegungen laufen fließend ab. Meine Neuronen, die ja zugleich auf alle anderen Teile des Körpers achten, verlangsamen meinen Schritt, sobald mein Herz sich beschwert, oder aber veranlassen sofortige Maßnahmen, falls ich stolpere.

Ein gesunder Körper bietet also eine wunderbare, klingende Harmonie zwischen dem zentralen Nervensystem und dem von diesem gelenkten Gewebe. Diese herrliche Harmonie kommt dadurch zustande, daß jedes einzelne Neuron auf der Grundlage der ihm vorliegenden Fülle von Informationen seine eigene Entscheidung trifft. Der mikroskopisch kleine Computer in jeder Nervenzelle rechnet exakt aus, was nötig ist, um meine Absichten in die Tat umzusetzen. Er ruft die Meldungen anderer Muskeln ab, analysiert den Hormonspiegel, vermerkt die vorhandenen Kraftreserven und prüft, ob Ermüdung oder Schmerz hinderlich sind. Und am Ende jagt er einen Ja- oder Neinbefehl an die ihm unterstellte Muskelgruppe.

Und nun stelle dir bitte vor, du selbst seist so eine motorische Einheit im Leibe Christi, eine von vielen Millionen. Welche Motive bestimmen deine Entscheidung darüber, wie und wann du handeln mußt? Wie sieht echte Führung, wie sieht verantwortungsvolles Handeln aus? Soll ein Impuls, der von höherer Warte kommt, immer Vorrang haben vor dem, der von unten kommt?

Jede Zelle ist durch zahlreiche unmittelbare Kontakte mit örtlichen Neuronen verbunden. Einige von diesen nehmen die Impulse von anderen Motorzellen auf, andere von schmerzempfindenden, von druck- und von wärmeempfindlichen Zellen und von solchen, die den Muskeltonus melden. Sie alle geben eine Flut von Daten durch und informieren so das einzelne Neuron, das nun weiß, wie es im Interesse des Ganzen zu handeln hat.

Ich bin der festen Überzeugung, daß Gott in ganz ähnlicher Weise bestimmte Aufgaben an die örtlichen Kirchengemeinden delegiert hat. Wie sollte sonst die Kirche reagieren, wenn irgendwo in ihr etwas faul ist? Wie soll sie fertig werden mit wachsenden Spannungen, die eine Familie auseinanderzureißen drohen? Mit einem verheerenden Hochwasser? Gott hat Grundsätze festgelegt, nach denen der Körper als Ganzes zu handeln hat, doch zugleich hat er bestimmt, daß örtliche Gruppen seiner Gläubigen über die Rolle befinden, die die einzelnen Zellen spielen sollen.

In der Bibel werden die geistlichen Gaben aufgezählt, nach denen die Rangordnung unter den Gemeindegliedern bestimmt werden soll. Es ist bemerkenswert, daß bei der Beschreibung der kirchlichen Amtsträger die Auswahl nicht nach Können und Befähigung erfolgt. Da ist nicht die Rede davon, daß ein Mann, der in der Gemeinde ein leitendes Amt hat, ein guter Manager sein müsse, ein ausgezeichneter

Buchhalter oder gar eine ausgesprochene Führerpersönlichkeit. Was da gilt, sind vielmehr geistliche Werte: Ist er wirklich Gott ergeben? Hält er sein Temperament im Zaum? Wie bewährt er sich als Familienvater? Die Bibel lehrt uns: In der Kirche öffnet nicht der Befähigungsnachweis den Zugang zu einem Amt; es kommt vielmehr darauf an, ob man sich ganz in den Dienst Christi zu stellen bereit ist. Gott nimmt jeden als Mitarbeiter, der ihm gehorsam ist. Gott hat uns mit Freiheit ausgestattet. Er will in seiner Kirche Führer, die freudig bereit sind, diese „Freiheit des Christenmenschen" mit seinem heiligen Willen zu verbinden. Eine talentierte Persönlichkeit, die sich nicht Gottes Willen fügt, mag wunderbare und eindrucksvolle Leistungen zustande bringen. Sie sind trotzdem nichts anderes als jene spastischen Muskelzuckungen. Denn sie dienen nicht dem Wohle des Ganzen.

Wer in einer der westlichen Demokratien aufgewachsen ist, wo der einzelne über ein hohes Maß an Selbständigkeit und Freiheit verfügt, wird diesem Bild vom Körper als einer Demokratie, in der der einzelne Entschlußfreiheit besitzt, bereitwillig zustimmen. Doch das ist nur die eine Seite der Medaille. Bischof Leslie Newbigin stellt fest: „Gott hat es nicht darauf abgesehen, eine Mustersammlung von individuellen Schöngeistern anzulegen, die alle fein voneinander geschieden sind. So etwas ist unvereinbar mit dem Bild, das uns die Bibel von Gott, dem Menschen und der Gottesschöpfung zeichnet. Die Erlösung, um die es Gott geht, ist sozial und zugleich weltweit. Darum zielt sein Wirken auch stets darauf hin, das rechte Verhältnis von Mensch zu Mensch und das vom Menschen zur übrigen Gottesschöpfung neu zu schaffen. Im Mittelpunkt steht dabei immer eine besondere Tat, die sich zu einem ganz bestimmten historischen Zeitpunkt und an einem eng umrissenen Ort ereignet. Und immer geht die Fühlungnahme innerhalb einer Gemeinschaft vor sich, die aus Menschen besteht, die zu einem neuen Miteinander wiedergeboren sind und die nun ihrerseits auch andere in diese neue Gemeinschaft hereinholen wollen." Meist offenbart uns Gott seinen Willen nicht durch unmittelbare Anrede. Er spricht zu uns durch den Mund von Brüdern, die auch Glieder seines Leibes sind. Und eben das verbindet uns miteinander.

Es gibt christliche Führerpersönlichkeiten, die es verstanden haben, diese Wechselbeziehung zwischen den „Zellen" in ganz besonderer Weise zu gestalten. John Wesleys „Methodisten" bekamen ihren Namen nach der bei ihnen üblichen Methode, in der sie diese gegenseitige Wechselbeziehung pflegten. In Gebetskreisen, die sich allwöchentlich trafen, hatte jeder gegenüber den andern Rede und Antwort zu stehen. „Welche Versuchungen sind dir begegnet?" – „Hast du sie bestanden?" – „Wie war es diese Woche um dein geistliches Wachsen bestellt?" – „Wofür sollten wir jetzt beten?" Die frühen Methodisten nahmen die Ordnung, die im Leibe Christi wie in unserem Körper gilt, ganz ernst: Verantwortung gegen die Befehlsstelle da oben, und zugleich Verantwortung gegenüber den Brüdern da neben uns.

Tag für Tag trifft jeder einzelne eine Unzahl Entscheidungen: Was esse ich zum Frühstück? Welche Radiostation schalte ich ein? Was für eine Zahnpaste benutze ich? Wen besuche ich? Wen rufe ich heute an? Doch über diese Bagatellfragen hinaus habe ich auch ethische Entscheidungen zu fällen: Wie kann ich es schaffen, meinen Nächsten zu lieben wie mich selbst? Da habe ich Geld übrig – soll ich mir dafür ein neues Hemd kaufen oder –? Bin ich bei meiner Einkommensteuererklärung ehrlich gewesen? Wie weit höre ich bei diesen Entscheidungen auf Gottes Weisung? Viele religiös eingestellte Leute werden mit diesen Problemen nicht fertig. Die Psychiater wissen davon ein Lied zu singen. Unser Gehirn kann durch den Ansturm von Informationen so überlastet sein, daß wir einfach abschalten.

Aus diesem Grund, meine ich, macht uns die Bibel Mut,

uns so eng an Gott und sein Wort zu halten, daß unser christliches Handeln gleichsam von Reflexen bestimmt wird. Wenn ich in jedem einzelnen Fall entscheiden müßte, ob ich die Wahrheit sage oder nicht, dann wäre ich glatt überfordert. Ganz anders, wenn ich über so etwas wie einen Wahrheitsreflex verfüge. Dann brauche ich nicht jedesmal oben anzufragen, was zu tun ist. Dann habe ich als Christ laufen gelernt, ohne über jeden einzelnen Schritt nachdenken zu müssen.

Paulus weiß, was es für uns bedeutet, daß solche geistlichen Reflexe uns eingepflanzt sind: „Stellt euch nicht dieser Welt gleich, sondern verändert euch durch Veränderung eures Sinnes, auf daß ihr prüfen möget, was Gottes Wille ist, nämlich das Gute und Wohlgefällige und Vollkommene" (Römer 12,2).

Auf dieser Grundlage zeichnet er dann das Bild vom Leibe nach und fügt klare Anweisungen hinzu, wie wir Gottes Willen erfüllen können: Hasse das Böse und eifre dem Guten nach! Achte deinen Nächsten höher als dich selbst! Teile dein Gut mit den armen Brüdern! Überhebe dich nicht! Halte Frieden mit jedermann!

Paulus beruft sich dabei nie auf ausgeklügelte psychologische Spitzfindigkeiten. Er forscht auch nicht nach, ob familiäre oder soziale Verhältnisse einem das Befolgen der Gebote erschweren. Er versucht erst gar nicht, uns zum Guten zu überreden. Nein, er stellt ganz schlicht fest, wie es wirklich um uns steht, und ermahnt uns, „unseren Sinn zu verändern". Das heißt mit anderen Worten: Der einzelne soll sich darauf besinnen, daß er in Christus eine neue Existenz gewonnen hat, ein neuer Mensch geworden ist.

Wir vergessen ja nur zu leicht, das liebe Ich dem Haupt Jesus Christus zu unterstellen. Darum empfiehlt uns Paulus diese „Sinnesveränderung". Wir sollen uns ganz bewußt der Ordnung eingliedern, die Gott vorgesehen hat.

Oft genug treffe ich Christen, die ihren Glauben wie einen Heiligenschein tragen. Wollte man ihnen glauben, dann müßte man meinen, ein wirklich überzeugter Christ sei einer, der beständig versichert: „Wie mir Gott sagt, sollte ich mir einen neuen Anzug kaufen" oder „Gott will, davon bin ich überzeugt, daß wir in unserer Kirche unser Geld für diesen ganz bestimmten Zweck verwenden." Und unversehens wird dieses „Gott sagt mir" zur stehenden Redensart. Ich bin da anderer Meinung: Fast alles, was Gott mir zu sagen hat, steht bereits in der Bibel geschrieben. Ich muß nur fleißig dort nachforschen, was Gott mir da als seinen Willen offenbart hat. Kaum einer von uns besitzt einen heißen Draht zu Gott, über den er direkt Gottes Willen abrufen könnte. Gott lenkt uns anders, entweder, indem er uns in besonderer Weise im Leben führt, oder durch das, was gescheite Glaubensbrüder uns sagen. Diese Art der Führung ist, weniger spektakulär, aber nicht weniger wirkungsvoll.

Da gibt es Leute mit Doktorgrad, die sich mit der Frage herumquälen, was Gott wohl mit ihnen vorhat. Sie warten darauf, daß Gott ihnen einen Rippenstoß gibt, indem er ihnen einen maßgeschneiderten Plan in den Schoß fallen läßt. Tatsächlich benutzt Gott in der Bibel gelegentlich Engel, Gesichte oder ähnliches, um auf übernatürliche Weise seinen Willen zu offenbaren. Doch bei genauerem Zusehen erkennt man, daß sich so etwas nur selten als Antwort auf ein Gebet um rechte Führung ereignet. Meist treten solche Ereignisse ungebeten und völlig unerwartet ein.

Nehmen wir doch mal jenen Ruf nach Mazedonien, der in Troas an Paulus erging (Apostelgeschichte 16,9–10). „Und dem Paulus erschien ein Gesicht bei der Nacht; das war ein Mann aus Mazedonien, der stand da, bat ihn und sprach: Komm herüber nach Mazedonien und hilf uns! Als er aber das Gesicht gesehen hatte, da trachteten wir alsbald, zu reisen nach Mazedonien, gewiß, daß uns Gott dahin berufen hätte, ihnen das Evangelium zu predigen."

Hier ist wichtig: Paulus wird durch diese Vision veranlaßt,

seinen Reiseplan zu ändern! Wir hatten wahrscheinlich angenommen, Paulus habe immer nur auf die fromme Art geplant. Doch dieses Ereignis da in Troas zeigt uns ganz deutlich, daß Paulus seine Missionsreisen gewöhnlich ohne Visionen oder besondere Weisung des Heiligen Geistes angesetzt hat. Er hat – so dürfen wir wohl annehmen – ganz nüchtern die Lage studiert und dann die Reiseroute gewählt, die ihm am günstigsten schien. Doch jetzt verlangt der Heilige Geist von ihm, in eine völlig fremde Gegend zu ziehen. Und diese Wendung kann nur auf so ungewöhnliche Weise herbeigeführt werden. Es liegt hier ein Ausnahmefall göttlicher Führung vor. Für gewöhnlich erfolgten des Paulus Reiseentschlüsse auf weniger spektakuläre Weise.

Wenn Paulus nach Vergleichen sucht, um das Wachsen des Glaubens zu beschreiben, dann wählt er gern Bilder aus dem Sport: Laufen, Boxen, Ringen. Denn gerade an Sportlern kann man jene Disziplin gut beobachten, die den Körper fit macht zu herausragenden und konstanten Leistungen. Ein Sportler muß sich darauf verlassen können, daß seine Muskeln im entscheidenden Augenblick voll leistungsfähig sind und ihm gehorchen. Dafür hat er ja seine Neuronen in harter Trainingsarbeit geschult. So weiß der Körper, was der Athlet von ihm verlangt, und ist bestens ausgerüstet und geübt, diese Wünsche in die Tat umzusetzen. Ganz ähnlich sollte auch der einzelne Christ seine Zeit darauf verwenden, seinen Gehorsam gegen Gottes in der Bibel offenbarten Willen zu üben. Er kann es sich ersparen, nach so ausgefallenen und windigen Geheimnissen zu forschen wie dem Heiligen Gral.

Nachdem wir uns so gründlich über die Frage unterhalten haben, wie der Körper von einem Führungsstab und von eingeübten Reflexen gesteuert wird, muß ich darauf hinweisen, daß jedes Neuron aber auch einen direkten Draht zum Gehirn hat. Dieser direkte Weg wird zwar nicht oft und auch nicht in auffälliger Weise benutzt, doch er ist da; und seine Schnellverbindung über die Kontakt-Synapsen kann in unvorhergesehenen, entscheidenden Situationen hilfreich sein.

Ich erlebte das während des ersten Jahres meines Indienaufenthaltes. Ich hatte schon immer das sichere Gefühl gehabt, ich sei zum Missionar bestimmt. Darum entschloß ich mich nach meinem Medizinstudium, in mein Geburtsland Indien zu reisen. Als die medizinische Fakultät zustimmte, schloß ich zunächst nur einen Einjahrvertrag ab, weil ich mir über meine Zukunftspläne noch nicht klar war. Ich ging also nach Indien, unterrichtete, war chirurgisch tätig und betrieb eigentlich alles, was so als Alltagsarbeit im Hospital anfiel. Dann, nach wenigen Monaten, besuchte ich Dr. Robert Cochrane, der als renommierter Hautspezialist das Aussätzigen-Hospital in Chingleput, ein paar Meilen südlich von Madras, leitete. Das Hospital, in dem ich arbeitete, nahm keine Aussätzigen auf, und ich hatte noch nie einen behandelt. Dr. Cochrane führte mich auf dem Hospitalgelände herum und zeigte mir alles. Dabei nickte er freundlich den Kranken zu, die da herumhockten, auf verbundenen Füßen herumhumpelten oder uns mit ihren blinden und entstellten Gesichtern verfolgten. Allmählich wich meine Nervosität – eine Folge meiner Kindheitserinnerungen – einer Art wissenschaftlicher Neugier. Mein Blick richtete sich immer wieder auf die Hände der Patienten.

Diese Hände: Sie winkten mir entgegen und hoben sich zum Gruß. Ich studiere Hände, so wie andere Leute Gesichter studieren. Und oft kann ich mich an die Hände besser erinnern als an das Gesicht eines Menschen. Doch diese Hände hier waren nicht jene Musterbeispiele für Zweckmäßigkeit, wie ich sie in meinem Medizinstudium kennengelernt hatte. Diese Hände hier waren verdrehte, knotige und eiternde Stümpfe. Einige waren steif wie Metallklauen, anderen fehlten sämtliche Finger.

Ich konnte nicht länger an mich halten. Ich unterbrach

Cochranes langatmige Ausführungen über Hauterkrankungen: „Ich verstehe nicht viel von Hautkrankheiten, Bob. Aber sage mir etwas über diese Hände: Wie kam es, daß sie so wurden? Und wie behandelst du sie?"

Bob zuckte die Schultern und sagte: „Tut mir leid, Paul, aber ich kann dir dazu nichts sagen. Denn ich weiß nichts."

„Du weißt nichts!" Ich konnte mein Erstaunen nicht verbergen. „Da bist du nun all diese Jahre Lepraspezialist und weißt nichts? Es müßte doch bestimmt möglich sein, irgendwas für diese Hände zu tun?"

Beinahe wütend drehte sich Cochrane zu mir herum. „Und wessen Schuld ist das, wenn ich fragen darf? Meine oder eure? Ich bin Hautspezialist, und auf diesen Teil der Lepra verstehe ich mich. Doch du bist Knochenmann, Fachmann für orthopädische Chirurgie." Leise, mit Bitterkeit in der Stimme, erzählte er mir nun, daß noch nicht ein einziger Orthopäde die Mißbildungen der fünfzehn Millionen Aussätzigen studiert habe.

Wir gingen weiter, doch seine Worte drangen mir ins Herz. Es gibt in der Welt weit mehr Leprakranke als infolge Kinderlähmung Behinderte, weit mehr auch als Verkehrsopfer, die auf den Rollstuhl verbannt sind. Doch nicht ein einziger Orthopäde befaßt sich mit den Leprageschädigten? Cochrane verschwieg mir auch nicht, was seiner Meinung nach der eigentliche Grund dafür war: Vorurteile! Um das Wort Lepra rankt sich so etwas wie eine Art Schwarzer Magie. Viele Ärzte trauen sich nicht an Leprakranke heran. Die wenigen, die es wagen, sind Idealisten oder Geistliche und Missionare.

Ein paar Minuten später bemerkte ich einen Kranken, der da auf der Erde saß und eine Sandale auszuziehen versuchte. Seine verunstalteten Hände waren nicht in der Lage, zusammenzuarbeiten, als er sich abmühte, die Senkel zwischen Daumen und Handballen zu packen. Er jammerte, daß er nie wieder Dinge werde fassen können – immer entglitten sie ihm. Einem plötzlichen Impuls folgend, trat ich zu ihm. „Bitte“, sagte ich auf tamilisch, „darf ich mal deine Hände sehen?“

Der junge Mann stand auf und streckte mir lächelnd seine Hände entgegen. Noch etwas zögernd nahm ich sie in meine. Ich befühlte seine entstellten Finger mit den meinen und untersuchte sie gründlich. Schließlich öffnete ich seine Hand und legte meine Hand in seine, in der Art, wie man sich die Hände zu schütteln pflegt. „Und jetzt drücke meine Hand“, gebot ich, „so toll du kannst!“

Ich erschrak nicht schlecht: Anstatt eines schwachen Drucks, den ich erwartet hatte, zuckte scharfer Schmerz mir durch die Hand. Er hatte wie ein Schraubstock zugepackt, und seine Finger hatten sich wie Stahlklauen in mein Fleisch gegraben. Er hatte damit bewiesen, daß er keinesfalls gelähmt war, und ich schrie ihn an, er solle loslassen. Ärgerlich sah ich ihn an, doch auf seinem Gesicht glänzte ein entwaffnendes Lächeln. Er ahnte überhaupt nicht, daß er mir weh getan hatte. Und da hatte ich den springenden Punkt: In dieser böse entstellten Hand wohnten Muskeln, die über ihre volle Kraft verfügten. Doch offensichtlich waren sie nicht durch Kontramuskeln ausbalanciert. Darum konnte er nicht spüren, wieviel Kraft er jeweils anwandte. Ob es wohl möglich war, sie wieder gebrauchsfähig zu machen?

Plötzlich war mir, als drehe sich dic ganze Welt um mich her. Mir fiel es wie Schuppen von den Augen: Hier war mein Platz, hier stand ich vor meiner Lebensaufgabe!

Dieses Erlebnis im Jahre 1947 hat mein Leben verändert. In diesem Augenblick erkannte ich, wozu ich berufen war, und zwar so sicher, wie eine jede Zelle meines Körpers ihre ganz bestimmte Aufgabe kennt. Jede Einzelheit jener Szene hat sich meinem Gedächtnis eingebrannt: die Leute, die herumstanden, der Schatten des Baumes, das fragende Gesicht des Kranken, dessen Hand ich hielt. Das war meine Stunde: Ich hatte den Ruf des Heiligen Geistes vernommen. Für diese Stunde hatte Gott mich geschaffen, und ich wußte, daß ich, wenn ich wieder an meiner Wirkungsstätte war, mein Leben ganz neu würde ausrichten müssen. Ich war mir vollkommen sicher, und ich bin es noch heute.

25 Mitten unter uns

Ich hatte als junger Arzt in einem Londoner Krankenhaus Nachtdienst, als ich ans Bett einer einundachtzigjährigen alten Dame gerufen wurde. Frau Twigg war eine muntere und tapfere Patientin, die an Kehlkopfkrebs litt. Sie war, obwohl sie nur noch krächzend und tonlos sprechen konnte, witzig und liebenswürdig geblieben. Sie hatte vor der Operation gebeten, wir sollten alles tun, um ihr Leben zu verlängern. Dann hatte einer unserer Professoren ihr den Kehlkopf und das umliegende erkrankte Gewebe entfernt.

Zunächst sah es so aus, als erhole sich Frau Twigg gut. Bis ich dann an jenem Morgen, früh um zwei Uhr, eilig auf ihre Station gerufen wurde. Vornübergebeugt saß sie im Bett, Blut strömte ihr aus dem Mund. In ihren Augen stand Todesangst. Ich erkannte sofort, daß tief in ihrer Kehle eine Arterie

Der Heilige Geist ist die Kraft in den angespannten Muskeln eines Arms, er zeigt sich in den Schweißperlen auf der Stirn, in der Feuchtigkeit zusammengefalteter Hände. Er ist so nahe, doch so unscheinbar, und unwiderstehlich stark.

John V. Taylor

gesprungen sein mußte. Ich wußte mir keinen anderen Rat, wie ich den Blutstrom hätte stoppen können, als meine Hand in ihren Mund zu schieben und die blutende Stelle abzudrücken. Ich nahm also ihr Kinn in die eine Hand und tastete mit dem Zeigefinger der anderen Hand in ihrer glitschigen Kehle herum, bis ich die Arterie fand und abdrücken konnte. Schwestern säuberten ihr das Gesicht, und Frau Twigg kam langsam wieder zu Atem. Tapfer kämpfte sie gegen das Erstickungsgefühl an. Ich sah, wie die Furcht langsam wich und Frau Twigg mir zu vertrauen begann. Zehn Minuten waren vergangen, und Frau Twigg – den Kopf tief in den Nacken gelegt – atmete wieder ruhig und normal. Ich versuchte jetzt meinen Finger zurückzuziehen, um an seiner Stelle mit einem Instrument die Arterie abzuklemmen. Doch ich vermochte nicht weit genug in die Kehle hineinzusehen, um das Instrument richtig führen zu können. Und jedesmal, wenn ich den Finger wegzog, brach die Blutung erneut aus, so daß Frau Twigg in Panik geriet. Ihr Kinn zitterte, die Augen schienen ihr aus den Höhlen zu quellen, und mit aller Kraft hielt sie meinen Arm fest.

Schließlich konnte ich sie beruhigen, indem ich ihr versicherte, ich werde mit meinem Finger die Ader abdrücken, bis ein Chirurg und ein Anästhesist zur Stelle seien. Es war eine unbequeme Stellung, in der wir ausharren mußten. Meinen rechten Arm hatte ich hinter ihren Kopf gelegt, um ihn zu stützen. Meine Linke verschwand fast in ihrem verzerrten Mund. Aber nur so war es mir möglich, mit meinem Zeigefinger den kritischen Punkt abzuklemmen. Ich mußte an so manche Sitzung beim Zahnarzt denken und erinnerte mich aus eigener Erfahrung, wie ermüdend und schmerzhaft es jetzt für die zierliche Frau Twigg sein mußte, dauernd den Mund so weit offen zu halten, daß meine Hand in ihm Platz fand. Doch in ihren hellblauen Augen konnte ich den festen Entschluß lesen, dies – falls nötig – auch tagelang durchzuhalten. Ihr Gesicht war so dicht an mir, daß ich deutlich ihre Todesangst spüren konnte. Sogar ihr Atem roch jetzt nach Blut. Doch ihre Augen flehten: „Bitte nicht bewegen! Bitte ja nicht loslassen!“ Sie wußte so gut wie ich, daß sie verbluten würde, falls wir diese unbequeme Stellung aufgäben.

Zwei Stunden hielten wir durch. Nicht einen Moment ließen ihre Augen mich los. In der ersten Stunde hatte ich zweimal, weil ein Muskelkrampf meine Hand befiel, versucht loszulassen. Unmöglich, sofort sprudelte wieder das Blut heraus. Und Frau Twigg hatte mich, sobald sie fühlte, wie es warm in ihrer Kehle heraufquoll, angstvoll an meiner Schulter gepackt.

Niemals wieder möchte ich durchmachen, was ich in jener zweiten Stunde erlebte. Die Spitze meines Zeigefingers war völlig taub geworden. Meine Muskeln verkrampften sich. Bergsteiger fielen mir ein, wie sie da im Felsen hängen und den abgestürzten Partner stundenlang an einem dünnen Seil halten, damit er nicht in die Tiefe stürzt. Genau so war es auch jetzt: Diese paar Zentimeter verkrampfter Finger, der inzwischen völlig gefühllos geworden war, der war das Seil, das ein Leben vor dem Absturz bewahrte.

Ich junger Arzt – Mitte der zwanzig – und diese Einundachtzigjährige waren miteinander auf übermenschliche Weise verbunden. Denn wir hatten keine andere Wahl. Es ging nicht anders, wenn sie dies hier überleben wollte.

Endlich kam der Chirurg. Die Assistenten bereiteten alles für die Operation vor, der Anästhesist schloß seine Geräte an. Frau Twigg und ich – noch immer in unserer ungewöhnlichen Umarmung vereint – wurden in den OP gerollt. Um uns herum schimmerten blitzende Instrumente. Da endlich nahm ich langsam meinen Finger aus ihrer Kehle. Ich fühlte kein Blut sprudeln. Lag es daran, daß mein Finger inzwischen völlig abgestorben war? Oder war es in der Ader – nach zwei Stunden Abdrücken – doch noch zum Gerinnen des Blutes gekommen?

Ich nahm meine Hand vorsichtig aus ihrem Mund, und Frau Twiggs Atem blieb ruhig. Ihre Hand umklammerte noch immer meine Schulter, und ihre Augen hielten mich noch immer fest. Doch langsam, anfangs kaum bemerkbar, zogen sich die Winkel ihres faltigen Mundes nach oben, sie lächelte. Der geronnene Blutpfropf hielt dicht. Frau Twigg konnte nicht sprechen, sie besaß ja keinen Kehlkopf mehr, doch Worte waren auch gar nicht nötig, um ihre Dankbarkeit auszudrücken. Sie wußte, was sie meinen Muskeln zu verdanken hatte. Und ich wußte, welche Todesangst sie ausgestanden hatte.

In jenen zwei Stunden dort in der nächtlichen Krankenhausabteilung war aus uns beiden gleichsam eine einzige Person geworden.

Ich habe jene Nacht wieder in Erinnerung gerufen, weil sie gut zeigt, wie innig menschliche Hoffnungslosigkeit und Gottes Kraft in uns verflochten sind. Meine ärztliche Kunst hätte damals nichts vermocht. Was galt, war allein meine Gegenwart, mein Dabeisein und meine Bereitschaft, einen anderen Mensch in seiner Not nicht im Stich zu lassen.

Es geht mir wie so vielen anderen Ärzten: Echtem Leid gegenüber fühle ich mich ratlos. Da ist ein Mensch, über den bricht der Schmerz wie eine Naturgewalt, wie ein Erdbeben herein; alles stürzt zusammen, alles zerbricht. Da entdeckt eine Frau ein Knötchen in ihrer Brust, und sie fällt in Zweifel, ob sie trotzdem künftig wird als Frau empfinden können. Da kommt ein Kind tot zur Welt, und die Mutter klagt verzweifelt: „Neun Monate habe ich mich vergebens gefreut! So viele Mütter treiben ihr Kind ab, und ich wäre gern bereit, mein Leben zu geben für ein gesundes Baby." Ein junger Mann ist durch die Windschutzscheibe geflogen, sein Gesicht für immer entstellt. Sein Gedächtnis setzt ein, dann wieder aus, wie ein defekter Lichtschalter. Nein, die Ärzte können wenig Hoffnung machen.

Bei solchen Schicksalschlägen fühlen sich die unter uns, die das miterleben, machtlos. Tapfer schlucken wir unser

Angstgefühl herunter, machen im Hospital unsere Visitenrunde, murmeln ein paar aufmunternde Worte. Vielleicht schlagen wir auch in Fachzeitschriften nach, was die wohl zu dem traurigen Fall zu sagen haben.

Zuweilen frage ich Patienten oder deren Angehörige: „Wer half Ihnen in Ihrem Leid?" Zu meiner Verwunderung bekomme ich dann unerwartete Antworten. Die Person, die man mir dann beschreibt, verfügt nicht über besonders gescheite Antworten, stellt auch keine geistsprühende Persönlichkeit dar. Nein, sie ist ruhig, verständig, kann gut zuhören, ohne selbst viel zu reden, verurteilt nicht, erteilt aber auch keine klugen Ratschläge. „Es ist ein beruhigendes Gefühl, daß er da ist." – „Ist einfach da, wenn man ihn braucht." Eine Hand also zum Festhalten, eine verständnisvolle Umarmung, geteiltes Leid.

Wir wünschen uns immer psychologische Begriffe, die so glasklar sind wie jene technischen, die ich in meinen medizinischen Fachbüchern studiere. Doch die menschliche Psyche läßt sich nicht in Bücher pressen. Die beste Hilfe, die wir einem Kranken leisten können, ist: bei ihm sein, ihn ansehen, ihn berühren.

Es sind mehrere Themen, die uns durch dieses Buch begleitet haben: Die Notwendigkeit, dem Haupt getreu zu dienen, die unauffällige Natur unseres festen Skeletts, die zarte Geschmeidigkeit unserer Haut und die heilsame Wunderkraft des Leibes Christi. Sie alle zusammen geben uns das sichere Gefühl: Gott ist in dieser seiner Welt gegenwärtig.

Manchmal kommt es mir – dem Glied am Leibe Christi – so vor, als befinde ich mich wieder wie damals im Krankenzimmer der Frau Twigg. Alle meine Teile – Knochen, Muskeln, Blut und Gehirn – arbeiten wunderbar zusammen, um mir dabei zu helfen, den scheinbar sicheren Tod von meiner Patientin abzuwehren. Doch zugleich muß ich gegen ein Gefühl hoffnungsloser Vergeblichkeit ankämpfen. Was kann ich denn schon groß erreichen? Den Blutsturz für ein Weilchen aufhalten. Und ich zögere damit das Sterben durch unheilbaren Krebs doch nur hinaus!

Ja, ich bete um ein Wunder.

Gottes Plan ist doch offenbar, diese Erde durch einen Leib sich untertan zu machen, der aus schwachen Menschen besteht. Reicht das angesichts der ungeheuren Probleme, die uns in dieser Welt bedrängen? Ich bin mir darüber klar: Diese Frage müßte in einem Buch behandelt werden, das viel umfangreicher und wohl auch gescheiter sein müßte als dieses hier. Doch ich kann einen Schimmer auffangen von der Art und Weise, wie Gott sich zu uns Erdenmenschen stellt. Ich muß dazu auf die Bilder blicken, mit denen er uns das Kommende geschildert hat. Wir können über Gott nur in Bildern sprechen. „Niemand kann den Ozean in einer Teetasse auffangen", hat einmal Joy Davidman gesagt. Weder Worte noch Gedanken können Gott fassen. Schon im Alten Testament wird Gott in Bildern beschrieben. Er ist eben „der ganz Andere". Er erscheint als reiner Geist, voller Glanz und Herrlichkeit. Wer ihm sich naht, muß sterben. Wer es aber übersteht, der kehrt als ein anderer zurück, gleichsam in einer überirdischen Aura. Selbst Moses sah nur Gottes Rücken. Hiob hörte seine Stimme aus dem Sturm, und die Israeliten führte er als Feuersäule durch die Wüste.

Es ist eigentlich nicht verwunderlich, daß die Juden, die so sehr an das Geheimnis Gott gewöhnt waren, daß sie seinen Namen weder auszusprechen noch zu schreiben wagten, Jesu Verkündigung ablehnten. Jesus sagte (Johannes 14,9): „Wer mich sieht, der sieht den Vater." Das war ein hartes Wort in jüdischen Ohren. Nach allem, was sie wußten, hatte ihn eine junge Frau neun Monate unter ihrem Herzen getragen. Dann war er inmitten der Unterschicht des Volkes aufgewachsen. Und was sein Äußeres betraf: Er sah nicht anders aus als andere Leute. Der Argwohn der Juden schien bestätigt, als Jesus starb. Wie sollte es denkbar sein, daß Gott in Fleisch und Blut herniederstieg? Wie konnte Gott sterben? Viele blieben zurückhaltend, auch noch lange nach seiner Auferstehung, die seine Jünger überzeugte und zum Bekennen trieb.

Doch nun ist Jesus fort. Keine Spur seines Körpers blieb auf Erden. Auch den Heiligen Geist können wir nicht wie ein Ausstellungsstück der ungläubigen Welt vorweisen. Da ist nur diese flattrige und unklare Gemeinde derer, die sich nach ihm nennen. Und die ihn und sein Sterben längst vergessen haben!

Wir sind das, was von Jesus auf Erden übrigblieb. Er hinterließ kein Buch, keine ausgeklügelte Lehre und kein stolzes Gedankengebäude. Er hinterließ eine sichtbare Gemeinde, die ihn verkörpert und ihn vor der Welt repräsentiert. Dieses in die Zukunft weisende Bild, angedeutet von Jesus selbst, ausgemalt dann von Paulus, konnte sich erst voll entfalten, nachdem Jesus diese Erde verlassen hatte.

Die entscheidenden Sätze des Apostels Paulus über diesen Leib Christi sind an die Gemeinden in Korinth und in Kleinasien gerichtet. Dieselben Leute, die er im nächsten Atemzug wegen ihrer menschlichen Schwachheiten und Fehler scharf angreift! Dabei muß man sich vor Augen halten, daß Paulus – ein Meister der vergleichenden Bildsprache – nicht etwa sagt, das Gottesvolk sei „wie" der Leib Christi. Nein, er sagt – und zwar immer – „ihr seid der Leib Christi". Gottes Geist ist hier und wohnt mitten unter uns. Und die Welt kann den unsichtbaren Gott nur in uns erkennen. Wir repräsentieren ihn. Er ist in uns Fleisch geworden, gegenwärtig.

„Die Kirche ist nichts anderes als eine Gruppe von Menschen, in der Christus lebendige Gestalt angenommen hat", sagte Bonhoeffer. Nur zu leicht vergessen wir die beiden Hauptpunkte dieses Satzes. Entmutigt geben wir es auf, unsere ohnehin fadenscheinige Mitmenschlichkeit zu üben. Und wenn schon nicht im Glauben, so doch in unserem Tun verleugnen wir, daß Jesus in uns Gestalt angenommen hat.

Die drei vorherrschenden Bilder – Gott als Feuerwolke, Gott als Mensch, dem Tod unterworfen, und als Heiliger Geist, der uns als Leib Christi vereint – zeigen, wie Gott uns immer näher kommt. In der Trinität offenbart sich der Weg Gottes mit uns: Am Anfang war bei uns nur die Furcht, dann wurde Gott einer wie wir, und nun werden wir – wie er! Gott ist wirklich „mitten unter uns". Er nimmt uns als die Seinen an und verbindet uns so auch untereinander.

Wo ist Gott in unserer Welt zu finden? Wo kann man ihn erkennen? Wir dürfen nicht länger auf ein Allerheiligstes hinweisen oder auf den Zimmermann aus Nazareth. Wir selbst repräsentieren Gott in dieser Welt. Sein Heiliger Geist hat in uns Wohnung genommen. Eine große und schwere Aufgabe für uns!

Der Zweite Weltkrieg war vorbei. Deutsche Studenten waren nach England gekommen und arbeiteten mit beim Wiederaufbau einer Kathedrale, die dem Bombenkrieg zum Opfer gefallen war. Die Arbeit ging gut voran. Doch dann brach eine Debatte aus über die Frage, wie man eine große Christusfigur am besten restaurieren könne. Die Statue hielt die Arme ausgebreitet, die Inschrift enthielt die bekannten Worte „Kommt her zu mir alle!" Es gelang in sorgsamer Reparaturarbeit, alle Schäden auszubessern. Bis auf einen: die Hände, die von Bombensplittern völlig zerstört waren. Jetzt stand man vor der Frage: Sollte man sich überhaupt an die schwierige Aufgabe wagen, diese Hände neu zu gestalten?

Am Ende fanden die Mitarbeiter eine Lösung, die noch heute besteht. Die Statue blieb ohne Hände, doch als Inschrift ist jetzt zu lesen: *Christus hat nur uns als seine Hände.* Das ist ein köstliches Geheimnis: „So seid ihr nun nicht mehr Gäste und Fremdlinge, sondern Mitbürger der Heiligen und Gottes Hausgenossen; erbaut auf dem Grund der Apostel und Propheten, da Jesus Christus der Eckstein ist, auf welchem der ganze Bau ineinandergefügt wächst zu einem heiligen Tempel in dem Herrn; auf welchem auch ihr miterbaut werdet zu einer Behausung Gottes im Geist." (Epheser 2,19–22)

Ludwig Kerstiens (Hrsg.):
VERBINDLICHE PERSPEKTIVEN MENSCHLICHEN HANDELNS
Zum Problem der Gültigkeit, Anerkennung und Vermittlung von Werten und Normen, 336 Seiten, farbiger Umschlag,

---

GIBT ES ALLGEMEIN GÜLTIGE NORMEN?

Was soll der Mensch tun und wie soll er es tun? Diese Frage beschäftigt die Menschheit seit Jahrtausenden. Angesichts des Traditionsverfalls und Werteverlusts in unserer Gesellschaft werden diese Fragen immer brennender. Sie richten sich vornehmlich an den Menschen, der sich immer deutlicher seiner Einmaligkeit und Einzigartigkeit bewußt wird.
In dem Buch des Erziehungswissenschaftlers Professor Ludwig Kerstiens(Hrsg.) „Verbindliche Perspektiven menschlichen Handelns" geht es nicht nur darum, nach welchen allgemeinen Geboten und Verboten sich die Menschen richten sollen. Die Frage lautet vielmehr: „Was soll *ich* hier und jetzt verbindlich tun, selbst wenn mir keine allgemein anerkannte Norm vorgeschrieben ist?" In dieser Fragestellung wird die persönliche Freiheit des Menschen deutlich, zugleich aber auch die eigene Unsicherheit. Der Mensch ist in seinem Handeln nicht festgelegt, weder durch Instinkt noch durch äußere Gewalt. Darf er deshalb beliebig und willkürlich handeln? In dieser Frage ist vorausgesetzt, daß es ein „Sollen" gibt, das heißt: eine verbindliche Orientierung, nach der der Mensch sich in seinen Entscheidungen und seinem Handeln zu richten hat.
Nach dieser verbindlichen Orientierung für das menschliche Leben muß gefragt und gesucht werden! Das ist das Thema der hier vorgelegten Untersuchungen. In diesem Sinne ist der Titel des Buches als Frage zu lesen: Gibt es allgemein gültige Werte und Normen? Wie kommt der Mensch dazu, sie anzuerkennen, und muß er sie als gültige Handlungsnorm der jeweils nächsten Generation weitervermitteln? Auf einen Nenner gebracht: Wie ist eine für den Menschen verbindliche ethische Orientierung denkbar?
Das menschliche Handeln wird gesehen als eine Verwirklichung der personalen Beziehung, durch die der Mensch primär mit Gott und anderen Personen, sekundär auch mit den Institutionen und der außermenschlichen Wirklichkeit verbunden ist. In welcher Hinsicht diese Beziehung wesenhaft vorausgesetzt und in welcher Weise ihre Verwirklichung normativ aufgegeben ist, wird eingehend diskutiert. Die Fragen werden ausdrücklich im Kontext christlichen Glaubens gestellt und beantwortet, ohne daß dadurch – nach der Überzeugung der Autoren – eine christliche Sonderethik entstanden ist.

BURG VERLAG

Untere Au 41
7123 Sachsenheim 3
Tel. 0 71 47 / 60 91